Moralbegründungen zur Einführung

Konrad Ott

Moralbegründungen zur Einführung

JUNIUS

Junius Verlag GmbH
Stresemannstraße 375
22761 Hamburg
Im Internet: www.junius-verlag.de

Umschlaggestaltung: Florian Zietz
Satz: Druckhaus Dresden
Druck: Druckhaus Dresden
Printed in Germany 2005
ISBN 3-88506-614-9
2., ergänzte Aufl. 2005
(Zur Einführung; 314)

Bibliografische Information Der Deutschen Bibliothek
Die Deutsche Bibliothek verzeichnet diese Publikation in der
Deutschen Nationalbibliografie; detaillierte bibliografische Daten
sind im Internet über ›http://dnb.ddb.de‹ abrufbar.

Inhalt

»Moral predigen ist leicht, Moral begründen ist schwer.«
Arthur Schopenhauer

1. Was sind Moralen, und was könnte Moralität sein?

Kaum ein Wort wird in derartig unterschiedlichen Bedeutungsweisen verwendet wie das Wort »Moral«. Das Wort hat keinen guten Klang mehr; umgangssprachlich wird es häufig mit abwertenden Konnotationen verwendet und an »Moralismus«, »moralinsauer« usw. assimiliert. Begriffsgeschichtlich bezog sich der Ausdruck »Moral« lange Zeit auf die »mores«, die in einer Gesellschaft faktisch geltenden, etablierten Sitten und Gebräuche. Später fand eine Begriffsverengung, die sich erst am Ende des 18. Jahrhunderts endgültig durchsetzte, statt. Sie markiert eine bedeutsame Differenz zwischen den Verhaltensregeln, die als Konventionen gedeutet werden, und dem, was die moralische Qualität bzw. den »(wahrhaften) moralischen Wert« einer Handlung ausmacht.

Das philosophische Nachdenken über das Problem einer Bestimmung des moralisch Guten setzt in dem geschichtlichen Moment ein, in dem der Verweis auf die Üblichkeiten als Beantwortung der Frage nicht mehr akzeptiert wird, wie man handeln und leben solle.[1] Dies geschieht bereits in der Antike. Schon dort lassen sich – grob vereinfacht – drei Positionen unterscheiden: *Sophistik*, *Skepsis* und *begründungsorientierte Moraltheorie*.

Die antike Sophistik behauptet, daß es in moralischen und politischen Fragen darum geht, die eigene Position erfolgreich gegen andere Meinungen durchzusetzen. Hierzu dient die Rhetorik als Kunstlehre davon, wie man im Redewettstreit den Sieg davonträgt. Entscheidend ist Erfolg und nicht Wahrheit. In der Antike und der Spätantike führt das Bewußtsein moralischer Pluralität zu Formen der moralphilosophischen Skepsis. Sextus Empiricus als Vertreter der sog. pyrrhonischen Skepsis führt den Meinungsstreit der Philosophen um das, was von Natur aus »gut« sei, sowie viele Beispiele unterschiedlicher Sitten und Gebräuche an, um daraus die Skepsis anzuleiten, weil er annimmt, daß sich die vielfältigen Moralvorstellungen per se, d.h. durch ihren Widerstreit, gegenseitig widerlegen. Diese Annahme wird jedoch keiner skeptischen Prüfung mehr unterzogen. Für die Sophistik gibt es keine wesentliche Differenz zwischen Überreden und Überzeugen; für die Skepsis ist die Idee des moralisch-ethischen Begründens irrig.

Der an Begründungen interessierte Moralphilosoph, dessen prototypische und paradigmatische Gestalt Sokrates ist, versucht, im Medium argumentativer Gespräche moralische Einsichten zu gewinnen. Einsicht wird als erinnernde (anamnetische) Schau unveränderlicher Ideen gedacht, wobei die höchste Idee die des Guten ist. Für Sokrates waren ferner drei Tugenden (Einsicht, Freimütigkeit und Wohlwollen) notwendige und hinreichende Bedingungen, damit eine Übereinstimmung zwischen Sprechern als Kriterium praktischer Richtigkeit gelten konnte.[2]

Diese Trias von Sophistik, Skepsis und Moralphilosophie ergibt eine Konstellation, die sich – mutatis mutandis – auch in der Moderne wiederfindet und die das Begründungsproblem prägt. Mit »Ethik« wird im folgenden die philosophische Theorie des Moralischen i.w.S. bezeichnet. Es »gibt« die Ethik nicht im Singular, sondern nur in der Pluralität unterschiedlicher Ethiktheorien.[3] Auch der Ethik schlagen gegenwärtig Mißtrauen und Argwohn entgegen. Soziale Bewegungen verdächtigen sie als angebliche Akzeptanzbeschaffung, während systemtheoretisch aufgeklärte Funktionseliten die angeblich verheerenden Folgen einer »Remoralisierung« ausdifferenzierter sozialer Subsysteme (wie etwa der Ökonomie) fürchten. Die Neokonservativen wiederum sehen die Gefahr einer Auflösung der verbliebenen Restbestände substantieller Sittlichkeit durch die angeblich zersetzende Kraft ethischer Reflexionen. Andere fürchten, durch berufsmäßige ethische Bedenkenträger an der Nutzung von neuen Technologien im Bereich der Bio- und Medizintechnologien gehindert zu werden. Solche Verdächtigungen sind einem naiven Ethik-Enthusiasmus vorzuziehen, der sich an wenig kenntnisreichen Vorstellungen einer »neuen Ethik« begeistert, die alles, was in Gesellschaften unseres Typs im argen liegt, zum Guten wendet. Wo die Begriffsworte derart unterschiedlich verstanden werden, kann das Verhältnis von Moral und Ethik nicht klar sein. Diese Unklarheiten schlagen auf Begründungsprobleme durch.

Der Begriff der Moralen (im Plural) wird als Terminus der beschreibenden Moralforschung (deskriptive Ethik) eingeführt. Die Moralforschung beschreibt, erklärt und analysiert mit geistes-, kultur- und sozialwissenschaftlichen Methoden vorfindliche Moralvorstellungen als soziale Tatsachen. In diesem Sinne kann man von der faktisch vertretenen Moral des Katholizismus, des Protestantismus, des Islam sowie von den Moralvorstellungen der SS und des Stalinismus sprechen. Unter dieser Perspektive ist auch die Moralauffassung, die gegenwärtig in den westlichen Industriestaaten weitgehend anerkannt wird, nur eine Moralauffassung unter mehreren, die sich u.a. durch Anerkennung der Demokratie als Staatsform, der Bürger- und Menschenrechte, durch eine permissive Grundhaltung, aber auch durch ein zunehmendes Umweltbewußtsein usw. kennzeichnet. Derartige Kennzeichnungen besagen zunächst nichts über die Richtigkeit oder Gültigkeit einer Moral.

Auch in der Moderne existieren moralische Subkulturen. Daraus ergibt sich innerhalb moderner Gesellschaften die normativ-ethische Frage nach den Verhältnissen von Wertpluralismus, den Rechten moralischer Subkulturen und einer bürgerlichen Minimalmoral. Die Debatten um »Verfassungspatriotismus«, »Leitkultur«, Integration und Identität beziehen sich auf diese Problematik. In der Ethik wird sie als Verhältnisbestimmung zwischen den vielfältigen Vorstellungen des guten Lebens und einer allgemein verbindlichen normativen Rahmenordnung konzipiert. Die Beschreibung dieser Problematik prägt die Auffassungen darüber, was es ethisch zu begründen gilt und wie dies gelingen könnte.

Die deskriptive Ethik beobachtet (diachron) die Entstehung und Entwicklung, (synchron) die Struktur und die Inhalte sowie (explanativ) die sozialen Funktionen von Moralen. Zur deskriptiven Ethik zählen Moralsoziologie, Moralhistorie einschließlich der in Deutschland seit der sog. historischen Rechtsschule traditionsreichen Rechtshistorie sowie die Moralethnologie. Auch die hypothetischen Konstrukte der sog. evolutionären Ethik, die – seit Darwins *Abstammung des Menschen*[4] – die Entstehung von Moralen aus einem moralfreien Ausgangszustand erklären wollen, gehören zur deskriptiven Ethik. Die deskriptive Ethik nimmt zur Kenntnis, aber enthält sich aus methodischen Gründen der Stellungnahme. Wenn ein Sozialverband es für moralisch richtig hält, Ehebrecherinnen zu steinigen, Witwen zu verbrennen, behinderte Kinder zu töten, Kriegsgefangene zu versklaven oder Menschenopfer zu bringen, so darf der Moralbeobachter als solcher hierzu nicht wertend Stellung nehmen. Zumindest muß er, wie Max Weber betont hat, die Moralvorstellungen, die er im Objektbereich vorfindet, von eigenen Stellungnahmen unterscheiden.

Die Einführung von begrifflichen Unterscheidungen wirft für die deskriptive Ethik methodische Probleme auf. Zu beachten ist die Differenz zwischen einer Teilnehmer- und einer Beobachterperspektive. Während Moralen aus der jeweiligen Teilnehmerperspektive als eine netzartige Struktur von Überzeugungen, Empfindungen und Haltungen vorliegen, ist jede Moral aus der Beobachterperspektive eine komplexe soziale Tatsache, etwas, was es zu verstehen und zu erklären gilt. Das Ziel der deskriptiven Ethik ist insofern das »verstehende Erklären« (Max Weber). Dieses verstehende Erklären ist vom ethischen Begründen scharf zu unterscheiden.

Aus der Perspektive der deskriptiven Ethik gilt es zunächst die Begriffe und Unterscheidungen zu rekonstruieren, die von den Vertretern einer Moral verwendet werden. Die deskriptive Ethik rekonstruiert das Sprachspiel einer Moralgemeinschaft, das mit deren Lebensform, ihren kulturellen Praktiken, ihrem Welt- und Menschenbild usw. verknüpft ist. Als »moralisch« gelten diejenigen Phänomene, die aus der Binnenperspektive eines Sozialverbandes mehrheitlich als solche verstanden werden. Der Bereich moralischer Fragen wurde häufig von Gruppen festgelegt, die über entsprechende Deutungsmonopole verfügen (bspw. eine Priesterkaste). Für moderne Gesellschaften ist es kennzeichnend, daß der Phänomenbereich des Moralischen selbst strittig geworden ist. Eine Person A kann eine Frage als moralisch empfinden, die für eine andere Person B in den Bereich der persönlichen Lebensführung fällt oder moralisch irrelevant ist. Der Bereich des Moralischen ist demnach nichts, was man objektiv vorfindet, vielmehr wird dieser Bereich von den Moralvorstellungen selbst konstituiert. Die deskriptive Ethik ist bestrebt, die Grundannahmen (Axiome) von Moralen zu identifizieren. Letzteres läuft auf die Unterscheidung zwischen einer komplexen phänomenalen Oberfläche und einer Art von Kernbestand hinaus. Insofern unterscheiden sich in jedem Moralsystem Kernzonen, die gegen Änderungen gleichsam abgeschirmt werden, und Randzonen, die einer Änderung eher offenstehen. Moralen unterscheiden sich insofern dadurch, ob sie Nein-Stellungnahmen zu Kernaussagen eher dramatisieren (Häresie, Tabubruch, Frevel usw.) oder eher normalisieren (Kritik, Debatte, Reform usw.).

Die Kerne von Moralen waren, geschichtlich betrachtet, häufig verflochten mit Vorstellungen über die Beschaffenheit des Weltganzen, mit Annahmen über die Gründung des Gemeinwesens (mythische Stifterfiguren) oder über eine transzendente Offenbarung des Moralischen. Immer dann, wenn der Geltungsgrund einer Moral auf derartigen, letztlich unüberprüfbaren Annahmen beruht, soll von *traditionellen Moralen* die Rede sein. Im jüdisch-christlichen und im islamischen Kulturkreis ist ein der Natur gegenüber transzendenter Gott der Urheber der moralischen Gebote. Anscombe hat dieses Modell als das Divine-law-Modell moralischer Geltung (und Begründung) bezeichnet.[5] Sie hat ihre Darstellung des Divine-law-Modells moralischer Geltung mit einer (meta-)ethischen These verbunden, die besagt, daß die Rede vom moralischen Sollen außerhalb dieses Modells ihre Bedeutung einbüße und durch andere Redeweisen (untruthful, unchase, unjust[6]) ersetzt werden sollte. Die von Anscombe anvisierte neue Sprachregelung würde allerdings voraussetzen, daß eine allgemein anerkannte Theorie der Gerechtigkeit vorläge. Systematisch ist die Frage festzuhalten, ob jenseits traditioneller Moralkonzeptionen die Rede von einem moralischen Sollen noch sinnvoll ist. Winch hat in seiner Kritik an Anscombe diese Frage bejaht.[7] Für ihn, der an Feuerbachs Projektionsthese anschließt, entsteht die Vorstellung eines göttlichen Gesetzes (divine law) auf der Grundlage von vorgängigen moralischen Überzeugungen. Die theistische Autorisierung erfolgt für Winch nachträglich; vorgängig sind elementare sittliche Erfahrungen. Als Reaktion auf solche Erfahrungen bildet sich die Vorstellung von einem Gott, der die Moral so erlassen hat, wie ein König Gesetze erläßt. Etliche Inhalte traditioneller Moralen könnten gemäß dieser Deutung unabhängig von dem Divine-law-Modell, d.h. auch in der Moderne, anerkennungswürdig sein.

In allen Moralen gelten Standards, die festlegen, was innerhalb dieser Moral als eine akzeptable Begründung für ein Einzelurteil oder eine Vorschrift (Norm) gilt. Das Begründungskonzept ist hier relativ zu einer bestimmten Moral und kann erforscht und beschrieben werden. So gilt in theologisch fundierten Moralsystemen eine Forderung als begründet, wenn sie sich auf eine zentrale (und unzweideutige) Stelle einer heiligen Schrift zurückführen läßt. Diese relativen Begründungsstandards gilt es ebenfalls zu verstehen. Damit ist die Frage aufgeworfen, ob sich solche Begründungsstandards ihrerseits durch Metastandards bewerten lassen. Die Forderung nach Universalisierbarkeit moralischer Urteile könnte ein solcher Metastandard sein. Diese Forderung taucht zum ersten Mal in der weltweit verbreiteten Goldenen Regel auf. Die Frage nach Metastandards der Begründung eröffnet intern einen Übergang zur normativen Ethik.

Unter einem stärker explanativen Erkenntnisinteresse werden Begriffe eingeführt, die nicht zur Umgangssprache der untersuchten Moralgemeinschaft zählen müssen, aber erklärende Funktionen übernehmen können (Theokratie, Patriarchat, Feudalismus, Kapitalismus usw.). Derartige Begriffe entstammen zumeist der Tradition westlicher Sozialwissenschaften. Dadurch bildet sich eine Differenz zwischen Objekt- und Metasprache (Moralsprache und Terminologie der deskriptiven Ethik).[8]

Marxistisch gesprochen, zählen Moralen zum Überbau einer Gesellschaft. Es muß in einer marxistischen Perspektive prinzipiell möglich sein, zwischen dem Unterbau, d.h. den naturalen Reproduktionsgrundlagen einer Gesellschaft, der Entwicklung der technischen und ökonomischen Produktivkräfte, den sozialen Stratifikationen und Herrschaftsverhältnissen (Produktionsverhältnissen), einerseits und den Inhalten von Moralen andererseits funktionale Beziehungen aufzuweisen. Dies müßte auch für viele Inhalte elaborierter Moraldoktrinen gelten, die man antiken, feudalen oder bürgerlichen Epochen zuordnen kann. Aus dieser materialistisch-ökonomischen Perspektive erscheinen Moralen als »Ideologien«. Die funktionalen Verflechtungen zwischen ökonomisch geprägter Herrschaftsstruktur und Moral herauszustellen heißt dann, Moralforschung als Ideologiekritik zu betreiben. Moralen werden entlarvt. In Moralbegründungen werden die Spuren sozialer Macht aufgewiesen. Daraus ergibt sich außer dem vulgärmarxistischen Slogan, wonach die herrschende Moral immer die Moral der Herrschenden sei, innerhalb der Moraltheorie des Marxismus eine Spannung zwischen der Traditionslinie der entlarvenden Ideologiekritik und der Frage nach den normativen Grundlagen der marxistischen Theorie selbst (Emanzipation, klassenlose Gesellschaft usw.). In der Tradition des westlichen Neomarxismus wurden der normativen Selbstdeutung der bürgerlichen Gesellschaft die normativen Maßstäbe der Kritik entnommen (Konzept der immanenten Kritik). Die immanente Kritik muß aber mehr sagen als nur, daß die bürgerliche Gesellschaft ihren eigenen Idealen nicht gerecht werden kann. »Erst wenn gezeigt werden kann, daß der immanent aufgenommene Maßstab [...] sich im Horizont eines transzendierenden Maßstabes auch [...] rechtfertigen läßt, ist das Urteil der Nichtentsprechung ein ›wahrhaft‹ kritisches.«[9] Das Konzept immanenter Kritik ruht insofern auf der Möglichkeit, daß sich die Prinzipien, die die Selbstbeschreibung der bürgerlichen Gesellschaft ausmachen (Freiheit, Gleichheit, Gerechtigkeit, Menschenwürde, Demokratie, Rechtsstaatlichkeit, Wohlstand), begründen lassen – und zwar ideologiefrei. Das damit aufgezeigte Begründungsproblem ist festzuhalten.[10]

Werden Moralen von ihren Anhängern im Verlauf der Zeit rationalisiert und schriftlich kodifiziert, so spricht man von *Moraldoktrinen*. Diese stellen Überlieferungen, d.h. Traditionen dar, in die einzelne Personen gleichsam »einrücken« (Gadamer). Bei der Herausbildung einer solchen Überlieferung spielt das Medium der Schrift eine bedeutsame Rolle. Die Verschriftlichung der Moral wie auch die des Rechts dürften zu einer Vereindeutigung des Gesollten und zu einer verstetigten Auslegungspraxis durch Expertenkulturen geführt haben. Moraldoktrinen können in der Kombination von heiligen Schriften, Dogmatik, Auslegungstradition, begrifflicher Unterscheidungspraxis und ausgefeilter Kasuistik zu imposanten Systemen ausgebaut werden. Die Morallehren der Hochreligionen sind paradigmatisch hierfür. John Rawls bezeichnet solche Doktrinen als »reasonable comprehensive doctrines«. Diese Morallehren regulieren das Verhalten ihrer Angehörigen umfänglich; sie durchdringen den gesamten Lebensvollzug, so daß sich daraus eine bestimmte soziokulturelle Lebensform ergibt. Sprach-, Denk- und Lebensformen bilden eine kohärente Ganzheitlichkeit (individuelle Totalität), deren Komponenten aufeinander verweisen. Der säkularen westlichen Moral fehlt dieses durchdringende (prägende) Element. Daher treten hier Moralkonzept und Lebensformen auseinander, und es bildet sich eine ausgeprägte Differenz zwischen dem moralisch Richtigen und dem persönlich Guten sowie, was moralpsychologisch wenig verwundert, eine Sehnsucht nach einer neuen umfassenden »Lehre«.

Auch totalitäre politische Weltanschauungen weisen eine Moraldoktrin auf, was bspw. für den Nationalsozialismus oder den orthodoxen Kommunismus galt. Jener war biologistisch[11], dieser geschichtsphilosophisch begründet. Ein Merkmal totalitärer Systeme ist die machtgestützte Vereinheitlichung von Moral, Recht und Politik sowie die Stigmatisierung von Feinden. Das seit dem Tugendterror der Französischen Revolution aufmerksam registrierte »Unmoralischwerden« der Moralen und vor allem die Exzesse von Dogmatismus, totalitären Doktrinen und Moralfanatismus haben gute Gründe geliefert, auf die sich die gebildeten Verächter der Moral stützen können.

Eine Gefahr, die Moralen und nicht zuletzt Moraldoktrinen häufig innewohnt, ist die folgende. *Innerhalb* einer Moral werden Nein-Stellungnahmen zu den Grundprinzipien dieser Moral als unmoralisch bestimmt werden müssen. Es kann nicht moralisch richtig sein, die Grundsätze des moralisch Guten abzulehnen. Wer dies tut, muß entweder im Irrtum befangen (bestenfalls) oder schlecht bzw. böse sein; man muß ihn als Feind betrachten, bekämpfen und ggf. unschädlich machen.[12] Diese Gefahr läßt sich in der abstrakten Sprache der Systemtheorie Niklas Luhmanns reformulieren. Jede Moral ist auf einen generellen Schematismus, d.h. auf die Differenz zwischen »gut« und »böse« codiert, aber sie kann diesen Leitcode moralischer Beurteilung nur einseitig auf sich selbst anwenden. Jede Moral(-doktrin) hält sich daher notwendigerweise für moralisch gut. Diese einseitige Selbstbezüglichkeit in Verbindung mit der Unbedingtheit (Kategorizität), die moralischen Prinzipien und Forderungen innewohnt, birgt für Luhmann Gefahren. Hinzu kommt, daß moralische Kommunikation mit der Bekundung von Achtung und Mißachtung zusammenhängt. Die Integrität von Personen, denen man moralische Vorwürfe macht, wird angegriffen. Daraus ergeben sich Eskalationsrisiken moralischer Kommunikation. Es gibt insofern gute Gründe, vor den Exzessen moralischer Kommunikation zu warnen und der Ethik die Aufgabe zuzuweisen, den Code der Moral zu betreuen. Luhmanns Begriffswort hierfür lautet »Takt«. Takt ist für ihn eine »Anwendung der Moral auf die spezifischen Risiken der Moral selbst«[13]. Stegmaier sagt in diesem Sinne, Ethik sei »Diplomatie im Umgang mit der Moral anderer, moralische Diplomatie«[14]. Wenn man aber sagt, angesichts der Risiken moralischer Kommunikation sei Takt etwas Gebotenes oder Gutes, weil man dadurch Akte der Mißachtung, der Respektlosigkeit, der Kränkung und vielleicht sogar der Demütigung unterläßt[15], so erhebt man damit implizit einen moralischen Geltungsanspruch. Takt ist eine Form der Rücksichtnahme. Eine Ethik, die im Sinne Luhmanns die moralische Kommunikation unter der Leitidee des Taktes betreute, bliebe daher moralischen Motiven verpflichtet.

Ab einem bestimmten Stand der individuellen und sozialen Evolution (Onto- und Phylogenese) zerbrechen die Selbstverständlichkeiten der Moralen. Die ontogenetische Phase, in der man die postkonventionalistische Ebene des Moralbewußtseins erreicht, ist die der Adoleszenz.[16] Dies ist ein schwankendes Stadium des Moralbewußtseins. Die Kontingenz der vielen Moralen und die Kategorizität moralischer Forderungen stehen erfahrbar in einem irritierenden und scheinbar paradoxen Verhältnis zueinander. Es lassen sich unterschiedliche Reaktionsmodi oder Positionierungen aufweisen, die im Anschluß an diese irritierende Erfahrung möglich sind. Skepsis, Egoismus sowie die Suche nach höherstufigen Prinzipien sind derartige Positionierungen.

Phylogenetisch bzw. historisch betrachtet, sind Moralen nur selten völlig isoliert geblieben. So ist die Konfrontation von Moralen (Kulturen, Religionen) ein Teil der Geschichte der Menschheit. Skeptiker haben immer wieder betont, daß Moralen einander fremd und feindlich gegenüberstehen. Dies traf und trifft häufig zu, aber es ist nicht der einzig mögliche Fall. Die Erfahrung der fremden Moral kann auch in Forschungsprogramme übersetzt werden, die ein Verstehen des Fremden bezwecken. Man kann ferner fragen, wie der Umgang mit der fremden Moral beschaffen sein *sollte* – und damit ist ein Übergang zur normativen Ethik gegeben. Die Frage nach dem moralisch richtigen Umgang mit anderen Moralen ist eine höherstufige Frage, der sich die Ethik zugewandt hat.

Es lassen sich verschiedene Reaktionsmodi in der Verarbeitung der Erfahrung fremder Moralen unterscheiden. Ein erster wichtiger Schritt besteht darin, eine fremde Moral *als Moral* anzuerkennen. Ein darauf aufbauender Reaktionsmodus faßt die Möglichkeit ins Auge, daß Moralen voneinander lernen können. Das, was bei solchem Lernen bezweckt und insofern als möglich unterstellt wird, soll offensichtlich ein »Mehr an Moral« oder wenigstens ein freier Umgang mit Moralen sein. Der Weg, die fremde Moral als Moral anzuerkennen und das Lernen als reale Möglichkeit anzunehmen, eröffnet eine Sphäre, in der vernünftig über Moralfragen gesprochen werden kann. Diese Sphäre ist die der Ethik.

Wenn man sich um Verständnis bemüht, so kann man durch einen sorgsamen Vergleich der Moralen Erkenntnisse gewinnen, durch die sich Konflikte entschärfen ließen – so etwa, wenn eine Verhaltensweise in M_1 als bloße Konvention verstanden wird, die in M_2 eine moralische Bedeutung hat (Verhaltensweisen gegenüber Frauen, Kleider- oder Reinigungsvorschriften). In vielen Fällen unterscheiden sich nicht die normativen Grundgehalte von Moralen, sondern die kulturspezifischen Deutungsmuster, die bspw. festlegen, was als Grausamkeit, Ausbeutung, Untreue, Beleidigung oder Feigheit gilt. Derartige Deutungsmuster gehen (allzu) häufig ungeklärt in moralische Urteile ein. Es kommt darauf an, sie zu explizieren.[17]

Unterscheiden kann sich in verschiedenen Moralen auch die Bestimmung des Kreises derer, denen gegenüber man zur Einhaltung moralischer oder rechtlicher Normen verpflichtet ist. In vielen traditionellen Gesellschaften gelten moralische und rechtliche Pflichten nur gegenüber Stammes- oder Volksgenossen. In vielen Moralen sind Fremde entweder Gäste oder Feinde. Solche Moralen waren in der Geschichte der Menschheit dominant. Man bezeichnet sie als partikularistisch; denn sie legen einen scharfen Schnitt zwischen einem partikularen »wir« und »den anderen«. In einer partikularen Moral kann die Binnensolidarität innerhalb der Gemeinschaft sehr hoch entwickelt sein. Der Nationalsozialismus bietet ein modernes Beispiel einer radikal-partikularistischen Moraldoktrin.

Moralen, in denen alle oder wenigstens bestimmte Normen gegenüber allen Menschen eingehalten werden müssen, nennt man universalistisch (oder auch humanistisch).[18] Zur Differenz zwischen Universalismus und Partikularismus mitsamt ihren Konsequenzen kann sich der deskriptive Moralforscher nur kenntnisnehmend verhalten. Es ist eine Tatsachenfrage, ob eine Person P eine M_{part} oder eine M_{univ} vertritt. Die normative Ethik muß eine Begründung dafür liefern, warum der Universalismus »moralisch besser« ist. Häufig sagt man, daß die Einnahme des »moralischen Standpunktes« oder daß das rechte Verständnis der »Logik« moralischer Äußerungen zum Universalismus führen müsse. Aber diese These gilt es ethisch zu begründen.

Intuitiv macht es für die meisten von uns einen moralischen Unterschied, ob die Erfahrung des Fremden mit Forderungen nach Verständnis, Anerkennung, wechselseitigem Lernen, aufrichtigem Dialog, d.h. mit Forderungen nach gewaltfreien Modi des Umgangs, verknüpft wird oder mit einem Aufruf zur Vernichtung der Ketzer und zur Bekämpfung der Ungläubigen in »heiligen Kriegen«. Dies sind freilich nur »unsere« westlich-humanistischen Intuitionen. Warum sollte, grundsätzlich gefragt, ein bestimmter Modus des Umgangs mit Moralen der »moralisch bessere« bzw. »richtige« Weg sein? Gewiß können zur Beantwortung dieser Frage allgemeine Grundsätze des Respekts, der Rücksichtnahme, der Toleranz oder des Gewaltverbotes angeführt werden. Aber warum sollte man diese Grundsätze akzeptieren? Wie könnte also der Vertreter einer, sagen wir, humanistischen Toleranzmoral einen fanatischen Anhänger einer totalitären Moraldoktrin davon überzeugen, daß dieser ihm gegenüber Moralgrundsätze einzuhalten verpflichtet ist, die in seiner Moral gelten, nicht hingegen in der Moral des anderen? Ist die Ethik gerade gegenüber den Fanatikern hilflos? Warum sollten alle den Weg der Suche nach höherstufigen und entsprechend allgemeineren Prinzipien einschlagen anstatt an ihrer Moral(-doktrin) festzuhalten? Sofern man dies ernstlich wissen will, hat man die Sphäre der deskriptiven Ethik hinter sich gelassen. Die Begründung allgemeiner Grundsätze fällt in den Bereich der normativen Ethik. Es fragt sich daher, wie die Begründung des Grundsätzlichen möglich ist.

Der Satz »Wenn Gott tot ist, so ist alles erlaubt« (Dostojewski) ist als ein ethischer Satz unsinnig. Keine Moral erklärt alles für erlaubt, und keine säkulare menschliche Gemeinschaft existiert ohne moralische und rechtliche Regeln. Moralen wohnt eo ipso eine Regulierungsfunktion inne. Jede Moral ordnet menschlichen Verhaltensweisen bestimmte moralische Attribute zu wie etwa: lobenswert, unehrenhaft, unstatthaft, ungehörig, geboten, erlaubt, unter Bedingungen zu dulden, empfehlenswert, unrechtmäßig, hinterhältig, verboten, tragisch, schlimm, verwerflich, gottlos, abscheulich, gräßlich, brutal. Diese Attribute werden als »thick ethical concepts« verstanden. Wingert bezeichnet sie als moralische Werturteile.[19] In ihnen mischen sich Beschreibungen und Bewertungen. Die Umgangssprachen bewerten durch derartige Attribute eher graduell und anhand von impliziten Deutungsmustern. Der Reichhaltigkeit derartiger Attribuierungen korrespondiert eine Vagheit ihres Verwendungssinns. Es sind aber auch bereits in der Alltagssprache kategoriale Zäsuren vorhanden, die bspw. das Erlaubte vom Verbotenen abgrenzen. Dadurch stellt sich die Frage nach dem Zusammenhang zwischen den graduellen Bewertungen moralischer Werturteile und kategorialen Grenzen, d.h. deontischen Grundmodalitäten. Elementare deontische Grundmodalitäten sind in jeder Moral nachweisbar: geboten (etwas tun sollen), verboten (etwas nicht tun dürfen), erlaubt (etwas tun oder lassen dürfen). Die Termini, in denen diese Grundmodalitäten ausgedrückt werden, bezeichnet man als *deontische Operatoren* (deon = gr., die Pflicht betreffend).

Moralen codieren zudem mit dem übergreifenden binären Schematismus von »gut (richtig) versus schlecht/böse (falsch)«[20]. Unter dieser Perspektive sind die Zuordnungen von Handlungsweisen und Attributen die inhaltlichen Festlegungen, die eine bestimmte Moral ausmachen, d.h. deren »Programm«. Oberhalb der Programme liegt der konstitutive Code.

Wir können also begrifflich »thick ethical concepts«, deontische Operatoren und den binären Schematismus unterscheiden sowie die in jeder Moral nachweisbaren Zuordnungen von Attributen oder Kategorien zu Handlungsweisen oder Einzelhandlungen festhalten. Wir schneiden demnach in Moralurteilen aus komplexen Verhaltensmustern Handlungen aus und belegen sie mit moralischen Werturteilen, die mit allgemeineren deontischen Modalitäten verknüpft werden können. Wir bezeichnen, etwas schematisch gesagt, eine Handlung als »grausam«, explizieren die Bedeutung von Grausamkeit, ordnen grausamen Handlungsweisen den Operator »verboten« zu und erklären es für »gut«, daß grausame Handlungen moralisch verboten sind.

Wir können nun erklären, was unter einem Sollgeltungsanspruch zu verstehen ist. Wer eine Handlungsweise H, in der bestimmte Situationstypen mitgedacht sind, mit einem moralischen Attribut oder mit einem deontischen Operator ϕ verknüpft, der erhebt einen Sollgeltungsanspruch in bezug auf eine mögliche Norm, der mit Gründen G_{pro} gestützt oder mit Gegengründen G_{con} kritisiert werden kann. Jeder derartigen Verknüpfung läßt sich, wie zur Bekräftigung, hinzufügen: »Es soll (für uns alle) (als Normadressaten) gelten, daß«. Man kann auch einen Verweis auf den Schematismus anbringen: »Es wäre gut, wenn H ϕ wäre.« Wer einen Sollgeltungsanspruch erhebt, der beansprucht (präsumiert) eben dadurch, ein rationales Normbegründungssubjekt zu sein.

Ein Argument, mit dem sich Sollgeltungsansprüche begründen lassen, hat eine fünfstellige Struktur, die folgende Komponenten enthält: 1. die Verknüpfung von H und ϕ, die den Kern des Sollgeltungsanspruchs ausmacht, 2. eine implizit oder explizit beigegebene Menge von Gründen $\{G_1.....G_n\}$, die diesen Anspruch stützen können sollen, 3. eine Menge von Konsequenzen $(K_1.....K_n)$, die sich aus der Verknüpfung von H und ϕ wahrscheinlich ergeben, sowie 4. Folgerungsbeziehungen (F), die die Beziehungen zwischen den Komponenten herstellen. Formal läßt sich dies als Tupel darstellen: $A = < (H, \phi), \{G1.....G_n\}, (K_1.....K_n), F >$.

Wünschenswerte Konsequenzen können als Pro-Gründe eingesetzt werden, während unerwünschte Konsequenzen von Opponenten als Gegengründe benutzt werden können. Analytisch sollte man Gründe und Konsequenzen trennen; denn es kann Gründe geben, die sich nicht auf Konsequenzen beziehen (etwa der Verweis auf höhere Normen oder auf ethische Prinzipien). Die Handlungsweise H kann genauer spezifiziert werden. So kann man bspw. sehr allgemein darüber streiten, ob das Jagen von Tieren moralisch generell erlaubt oder verboten sein soll. Hält man diese Handlungsweise generell für erlaubt, kann man gleichwohl das Jagen auf bestimmte Tierarten zu bestimmten Jahreszeiten verbieten. Es ist widerspruchsfrei möglich, allgemeine Erlaubnisse mit spezifischen Verboten und allgemeine Verbote mit spezifischen Erlaubnissen zu verbinden.

Es scheint der Fall zu sein, daß jeder (geistig normale) Mensch die Fähigkeit besitzt, eine Moral zu erlernen. Menschen sind in diesem Sinne moralfähige Wesen, was besagt, daß erwachsene Menschen ceteris paribus als Wesen anerkannt werden, denen man normative und nicht nur kausalursächliche Verantwortung unterstellen können muß. Solche Wesen nennen wir »Personen« (oder »moral agents«). Heranwachsenden schreiben wir in moralischer Hinsicht einen graduell zunehmenden Personenstatus zu; das Recht muß Zäsuren der Strafmündigkeit setzen. Die Zuerkennung von Personalität beläßt große kulturelle Spielräume, Menschen die

Zurechenbarkeit abzuerkennen (Geisteskrankheiten usw.). Der (normative) Begriff der Person wird in der Ethik häufig vom (deskriptiven) Begriff des Menschen getrennt. Es kann daher der Möglichkeit nach menschliche Nichtpersonen und nichtmenschliche Personen (etwa Computerprogramme oder intelligente Außerirdische) geben. Definiert man den Begriff der Person (als »moral agent«) über die Fähigkeit, den Sinn und die Bedeutung moralischer Urteile zu verstehen, so kennen wir faktisch keine nichtmenschlichen Personen. Man kann den Personbegriff auch etwas schwächer definieren, so daß den Menschenaffen der Status von Personen zuerkannt werden kann. »Moral patients« sind Wesen, die entweder noch keinen oder prinzipiell keinen Personenstatus besitzen, aber aufgrund anderer Eigenschaften moralisch schützenswert sind. Darauf ist zurückzukommen.

Da nun jede Moral Verhaltensspielräume einengt, ist sie per se untersagend, d.h. restriktiv. Dies impliziert nicht, daß eine Moral repressiv sein muß, wenn man Repression als unbegründete Einschränkung von Handlungsspielräumen versteht. Die damit investierte Unterscheidung zwischen der notwendigen Restriktivität jeder Moral und ihrer möglichen Repressivität besagt, daß jede Repression auch eine Restriktion ist, daß aber das Umgekehrte nicht gilt. Wo die Grenze zwischen Restriktion und Repression verläuft, ist strittig. Wir halten diese Beziehung zwischen Restriktivität und Repressivität als eine, wie ich sagen möchte, *offene deontische Relation* fest, die auf Begründungsfragen verweist.[21] Ein Ideal der Ethik wäre eine Moral ohne Repression, eine Moral, die den freien Willen zwar bindet, ohne ihn jedoch zu beugen (so Jürgen Habermas). Eine Moral ohne Repression wäre eine einsichtige und autonome Moral (Autonomie = Selbstgesetzgebung). Eine autonome Person wäre eine solche, die zugleich Urheber, Beurteiler und Befolger einer begründeten und daher einsichtigen Moral ist.

Es fragt sich, ob und wenn ja, wie sich die vielen Moralen kritisch auf ihre Richtigkeit (Gültigkeit, Anerkennungswürdigkeit), also auf ihre Moralität hin beurteilen lassen. Der Ausdruck »Moralität« wird im folgenden im Sinne der ethischen Idee der *einen* »richtigen« oder »vernünftigen« Moral (im Singular) verwendet, deren Bestimmungen (idealiter) für alle einsichtigen Personen anerkennungswürdig sind. Moral wäre demnach eo ipso eine autonome Moral. Diesen Begriff der Moralität einzuführen heißt, ethische Begründungsprobleme aufzuwerfen. Wie könnte bspw. der Kern von Moralität inhaltlich bestimmt und in seiner Bestimmtheit begründet werden? Eine Konzeption von Moralität zu begründen meint, eine Reihe von grundlegenden, aber unterschiedlichen Sollgeltungsansprüchen argumentativ einzulösen.[22]

Die Moralität ist das nicht empirisch vorfindliche, sondern das allererst zu »findende« Korrelat der Ethik. Dieses Korrelat ist nicht im Sinne eines Objektes zu denken, das sich beobachten ließe. Die Beziehung zwischen Moralität und normativer Ethik ist komplizierter als die zwischen den Moralen und der deskriptiven Moralforschung. Wir bewegen uns in einer vierstelligen Relation. Man sollte sich diese Beziehung so vorstellen, daß die deskriptive Ethik beobachtend *über* den Moralen steht, während die normative Ethik als Medium von Reflexion *und* Begründung *zwischen* den Moralen und der gesuchten Moralität steht.

Deskriptive Ethik
↓
Moralen ↔ Normative Ethik → Moralität

Man kann die normative Ethik insofern als eine solidarische Kritik der vielen Moralen verstehen, die sich dem Anliegen (dem Worum-Willen), aber nicht auch den einzelnen Inhalten der Moralen verbunden weiß und die sich an der regulativen Idee von

Moralität ausrichtet. Das Ziel der normativen Ethik ist somit Moralität. Die Ethik ist kein Selbstzweck, aber auch nicht einfach Mittel zu einem ihr äußerlichen Zweck, sondern ein wesentlich sprachlich verfaßtes Medium der Orientierung auf einen immanenten Zweck. Moralität ist der immanente Zweck normativer Ethik. Die Zwischenstellung der normativen Ethik drückt aus, daß die Ethik auf die vorfindlichen Moralen angewiesen ist. Sie kann die gesuchte Moralität nicht aus dem Nichts neu erfinden.

Wir können nunmehr sagen, daß es zwei Ziele der Ethik gibt: eine Konzeption von Moralität als allgemeingültig zu begründen und dieser Konzeption Geltung in der Welt zu verschaffen. Dadurch unterscheiden sich *theoretische* und *anwendungsorientierte* normative Ethik. Ohne den Bezug zur (wie immer geschichtlich vermittelten) praktischen Umsetzung kann keine Konzeption von Moralität sinnvoll vertreten werden; in diesem Sinne ist normative Ethik notwendig anwendungsorientiert. Theoretisch entscheidend sind die jeweils vorgelegten Begründungsleistungen. In diesem Buch geht es nur am Rande um »angewandte Ethik«. Im Zentrum steht die Frage nach der ethischen Begründbarkeit eines Kerns von Moralität.

Hinter methodischen Erwägungen, wie in der Ethik vorzugehen sei, steht die sachliche Frage, ob Moralität in den vorhandenen Moralen entdeckt werden kann oder eher außerhalb neu erfunden werden muß. Michael Walzer unterscheidet drei Pfade der Moralphilosophie: den Pfad der Erfindung, den Pfad der Entdeckung und den Pfad der Interpretation.[23] Die mögliche ethische Begründung von Moralität muß nicht deren Erfindung aus dem Nichts oder aus einem moralfrei vorgestellten Ausgangszustand bedeuten. Der Pfad der Interpretation, den Walzer selbst vertritt, orientiert sich an den vorhandenen Moralen. Diese sind für ihn etwas, in das vielfältige sittliche Erfahrungen eingegangen sind. Sie sind gleichsam das Produkt von »trial and error« über viele Generationen hinweg. Dies ist eine Position, die der Sittlichkeitslehre Hegels recht nahekommt und die den Moralen große Autorität einräumt.

Der Pfad der Entdeckung entspricht der kantischen Konzeption der Moralbegründung, in der wir uns unsere Intuitionen und Überzeugungen in begrifflicher Form verdeutlichen und kritisch reflektieren. In der von Kant geprägten Tradition wird davon ausgegangen, daß in der »gemeinen sittlichen Vernunfterkenntnis« (Kant) bereits ein Wissen um Moralität angelegt ist, so daß der Ethik nur die Aufgabe zukommt, dieses Wissen »sokratisch zu katechisieren« (Kant). Dies besagt, daß die Moralität in den Moralen entdeckt wird, ohne daß die vorhandenen Moralen unkritisch akzeptiert werden müßten. Der Unterschied zwischen dem Weg der Interpretation und dem der Entdeckung wird um so geringer, je unmißverständlicher ein Vertreter des Wegs der Interpretation die Kritikbedürftigkeit vorhandener Moralen einräumt.

Man muß erläutern, warum man es für sinnvoll hält, an der maßgeblich von Kant geprägten und von Tugendhat und Habermas erneuerten Idee von Moralität mitsamt der darin involvierten Aussicht auf die »Einsichtigkeit einer modernen Moral«[24] und auf eine »inklusive und universale Welt wohlgeordneter interpersonaler Beziehungen«[25] festzuhalten. Einwände gegen diesen Ansatz besagen, daß die Aussicht auf *eine* Moralität bestenfalls eine ehrenwerte Illusion und schlimmstenfalls ein gefährliches Hirngespinst sei. Mit Nietzsche und Marx könnte man geltend machen, in dieser Idee der Moralität spreize sich die christliche Sklavenmoral oder die westliche Bourgeoisie zum universalen Maßstab auf. Mit Luhmann könnte man sagen, daß sich die aufgezeigten Gefahren moralischer Kommunikation in dieser Suche nach der einen Moralität potenzieren könnten. Man kann nicht in abstracto, sondern muß in der Durchführung eines bestimmten Begründungsprogramms zeigen, daß diese Einwände und Befürchtungen gegenstandslos sind.

2. Ebenen (Dimensionen) der Ethik und begriffliche Klärungen

Wenn Ethik die Moral beobachtet, spricht man, wie gesagt, von *deskriptiver Ethik*. Wenn Ethik auf Moral und auf die Semantik, Grammatik oder Pragmatik der Moralsprache reflektiert, so spricht man von *Metaethik*. Ist es der Ethik darum zu tun, Inhalte der Moralität zu begründen (Prinzipien, Moralgebote, Menschenrechte usw.), so geht es um *normative Ethik*. Soll Ethik in unterschiedlichen Praxiskontexten (Medizin, Wissenschaft, Wirtschaft, Umwelt usw.) normative Orientierung bieten, ist von *anwendungsorientierter Ethik* oder etwas verkürzt von *angewandter Ethik* (applied ethics) die Rede.[26]

Es geht in diesem Kapitel darum, anhand einer Unterscheidungspraxis die Punkte zu markieren, an denen sich wesentliche Begründungsfragen stellen. Das folgende Ebenenschema dient zur Unterscheidung. Es handelt sich nicht um eine hierarchisch-deduktive Systematik, sondern eher um eine Art von Gebäude, dessen einzelne Etagen man begangen haben sollte, wenn man in der Ethik »bewandert« sein möchte.

Ebenen (Dimensionen) der Ethik

1. Deskriptive Ethik
   a. Entstehung und Sinn der Moral (evolutionäre Ethik, Anthropologie)
   b. Moralhistorie und -soziologie
   c. Moralentwicklung und Theorie der Moderne

2. Normenlogik
3. Metaethik (Bedeutungstheorie der Moralsprache)
4. Normative Ethiktheorien
   a. Moralprinzipien (und ggf. Grundmodell)
   b. Grundnormen (negative und positive Pflichten)
   c. Menschen- und Bürgerrechte
   d. Extension der »moral community«
5. Angewandte Ethik (Umwelt, Wirtschaft, Technik, Medizin usw.)
   a. Praxisnormen (Grundsätze »mittlerer Reichweite«)
   b. Argumentationsräume (Bereichstopologien)
6. Querschnittsfragen anwendungsorientierter Ethik
   a. Verantwortungszuschreibungen
   b. Risikobeurteilungen
   c. Abwägungskonzepte
   d. Wert- und Normenkonflikte
7. Konzeptionen des guten Lebens (eudämonistische Ethik)
8. Urteile betreffs Maßnahmen, Einzelfällen, Themen usw.

Wer jede Ebene mitsamt ihren Untergliederungen auf eine begründete Weise inhaltlich bestimmen und konsistent aufeinander beziehen kann, der verfügt über eine ethische Theorie und kann sie im Konzert konkurrierender ethischer Theorien vertreten, d.h. erklären, warum er seine Konzeption für insgesamt vorzugswürdig hält. Die anthropologischen Voraussetzungen, die begrifflichen Festlegungen, die metaethische Position, die allgemeinethische Grundlage, die inhaltliche Bestimmung von Moralität, die Untergliederung in Bereichsethiken, die Reflexion auf die normative Dimension unterschiedlicher Praxisfelder und ein Anwendungsmodell ergeben eine Ethiktheorie.

In der *Anthropologie* (Ebene 1.a.) begegnen sich deskriptive Aussagen über den Menschen und normative Bestimmungen.[27] Es gilt in der Gegenwartsethik als Kunstfehler, Begründungsprobleme durch anthropologische Setzungen (»Menschenbilder«) lösen zu wollen. Umgekehrt kommt keine Ethik ohne Anthropologie aus.[28] Die Frage, wieviel Anthropologie die Ethik benötigt, ist umstritten. Salomonisch könnte man sagen: So wenig wie möglich, aber so viel wie nötig. Es ist nicht unerheblich, mit welchen Wissensbeständen, Kompetenzen und Perspektiven die Akteure ausgestattet werden, die als »moral agents« in jede ethische Theoriekonstruktion eingehen. Folgt man dem Pfad der Entdeckung, so wird man »moral agents« einen generellen »moral sense« zuschreiben. Dieser »Sinn« kann erhellt und expliziert werden (bspw. als Sinn für Fairneß oder für die Bedürftigkeit des anderen). Verfolgt man den Pfad der Erfindung, kann man rein eigennützig eingestellte Wesen, die ihren Nutzen maximieren wollen, einer Begründungssituation einfügen, wie dies im Kontraktualismus geschieht.

In einer deskriptiv-anthropologischen Fragerichtung kann die Ethik die Gestalt einer evolutionstheoretisch und psychologisch aufgeklärten Phänomenologie der Moral annehmen.[29] Diese Zugangsweise rekonstruiert moralrelevante lebensweltliche Grunderfahrungen, die das zugleich gefährliche und gefährdete Gemeinschaftswesen Mensch mit sich und seinesgleichen gemacht hat und macht. Dies erläutert, worum es in der Moral geht. Ohne ein diesbezügliches Vorverständnis wären wir außerstande, moralisch relevante Phänomene als solche zu identifizieren.

Baier und Mackie behaupten, der Grund für Moralen überhaupt liege in der prekären Daseinsform instinktreduzierter (freier), endlicher und versehrbarer organischer Einzelwesen, die auf Anerkennung und in der Regel auf ein Leben in Sozialverbänden angewiesen sind. Von Herder über Plessner und Heideggers Daseinsanalytik, die sich anthropologisch deuten läßt, sowie über Gehlen, der die Notwendigkeit der aktiven Handlung betonte, bis in neuere Ansätze hinein (Wyss, Kamlah, Wils) werden folgende anthropologische Bestimmungen betont: Instinktentbundenheit, Weltoffenheit, Sorgestruktur und Widerfahrnischarakter des Daseins, umfassende Bedürftigkeit (Prekarität), aggressive und teilweise ekstatische Antriebsüberschüsse, Scham, Furcht und Angst, Selbstbehauptungs- und Einkörperungsstreben, Kooperationsbedarf und Angewiesenheit, altruistische Impulse (wie »care« oder Mitleid), Entwicklung von entlastenden Institutionen und Gewohnheiten usw. Der Mensch muß »sein Leben führen« (Plessner). Die im Grunde unermeßliche Aufgabe selbständiger Lebensführung bedarf einiger »Stützen« und »Orientierungsmarken«, die die Last der Lebensführung vom Individuum gleichsam wegnehmen und »ableiten«. Moralen, d.h. Normen, Regeln und Institutionen, sind als solche entlastenden »Halterungen« verstehbar.

Wir können mit Plessner Außenwelt (Welt der Objekte), Innenwelt (Welt der Gefühle und Erlebnisse) und Mitwelt (Welt anderer Menschen, Institutionen) als formale Weltbezüge unterscheiden. Von der Mitwelt sagt Plessner, daß sie den Menschen nicht umgibt, sondern ihn »trägt«, indem sie zugleich von allen handelnden Subjekten gebildet wird. »Der geistige Charakter der Person [beruht] in der Wir-Form des eigenen Ichs.«[30] Diese Wir-Form versteht Plessner nicht als eine »aus der Wir-Sphäre ausgesonderte Gruppe oder Gemeinschaft, die zu sich Wir sagen kann« (also nicht partikularistisch), sondern als eine Sphäre, die jeder Aussonderung vorausliegt. Dies führt Plessner zu folgender (spekulativ-metaphorischen) Aussage: »Wollte man für die sphärische Struktur der Mitwelt ein Bild gebrauchen, so müßte man sagen, daß durch sie die raumzeitliche Verschiedenheit der Standorte entwertet wird. Als Glied der Mitwelt steht jeder Mensch da, wo der andere steht [...].« Daher ist diese Sphäre die des »reinen Wir«. Plessner hat versucht, einen Übergang von der Anthropologie zur normativen Ethik aufzuweisen; denn die Beschreibung dieses Bildes ähnelt Bestimmungen des »moral point of view«. Allerdings wird dieser Übergang nur spekulativ angedeutet, wenn Plessner sagt, die Mitwelt sei »absolute Punktualität, in der alles, was Menschenantlitz trägt, ursprünglich verknüpft bleibt, wenn auch die vitale Basis auseinandertritt«[31].

Die Sphäre der Mitwelt ist, wie man im Anschluß an H. Plessner und E. Martens sagen kann, die Sphäre des »Einander«. Das Einander ist spezifisch für die menschliche Lebensform (im Singular) und damit relevant für die Moralität. Es liegen unterschiedliche Modalitäten des Einander vor. Wir können einander etwas antun. Wir sind aufeinander angewiesen. Wir können gegeneinander kämpfen. Wir können miteinander essen und feiern, voneinander lernen, einander begegnen und beistehen, übereinander lachen, uns übereinander wundern, uns umeinander kümmern und uns ineinander verlieben, einander ver- und mißtrauen usw. Die Rekonstruktion der Modi des Einander deckt insofern lebensweltliche Strukturen der Mitwelt auf. Wir können nicht voraussetzen, daß das Miteinander ursprünglicher als das Gegeneinander ist. Wir wissen aus Erfahrung, daß wir einander Übel und Bosheiten verschiedener Art zufügen können. Paradigmatisch hierfür ist das Töten und Verletzen. Das Töten von Artgenossen ist eine Verhaltensweise, die nur bei wenigen Tierarten auftritt (bspw. Ameisen). Wir sind, sowohl einzeln als auch in Gruppen, prinzipiell fähig, Mitglieder unserer eigenen Spezies mit Absicht (und manchmal auch mit Genugtuung) zu töten und zu verletzen. Gruppen von Menschen können zu Hetz- und Kriegsmeuten werden.[32] Es sind ekstatische Formen des Tötens überliefert (»Blutrausch«). Die Hemmschwellen beim Töten sind kulturell variabel; sie können erhöht oder gesenkt und bei hierfür disponierten Individuen gezielt abgebaut werden (Verhaltenskonditionierung bei Elitesoldaten und Folterern). Diese Formen des »Einander-antun-Könnens« sind offenbar moralisch relevant.

Dies gilt auch für Fälle, in denen die psychische Integrität einer Person durch Kränkung, Mißachtung und Demütigung verletzt wird. Demütigung kann ärger sein als leiblicher Schmerz, besonders dann, wenn in einer Moral der Ehre große Bedeutung zukommt. Der Wert bzw. die anthropologische Funktion von Moralen besteht mithin im Schutz von Einzelwesen, die in mehreren bestimmbaren Hinsichten schutz- oder hilfsbedürftig sind.[33] Alle Moralauffassungen setzen die Verletzlichkeit menschlicher Wesen voraus. Moral ist, anthropologisch betrachtet, kein Selbstzweck. Der Wert oder Außenaspekt von Moral rechtfertigt die Rede, die Moral sei für den Menschen da (bzw. für alle Wesen, die als schutzbedürftig und schutzwürdig angesehen werden). Moral ist in dieser Perspektive eine evolutionär entstandene Vorrichtung, durch die versehrbare menschliche und vielleicht auch außermenschliche Individuen sowohl in ihrer leiblichen als auch in ihrer psychisch-personalen Integrität »voreinander« geschützt werden[34] und durch die Gruppen als Gemeinschaften zusammengehalten, stabilisiert und gefördert werden. In der heutigen normativen Ethik wird der Aspekt des Schutzes von Individuen stärker als der Gemeinschaftsaspekt der Moral betont, den die evolutionäre Ethik seit Darwin untersucht hat. Noch heute kommt der Gemeinschaft bzw. deren Gedeihen in vielen Moralen eine eigenständige Bedeutung zu. De facto kann es also der Fall sein, daß Moralen von Individuen fordern, sich der Gemeinschaft und ihren Zielen unterzuordnen und sich ggf. für die Gemeinschaft zu opfern, während es gute ethische Gründe geben kann, Moralität primär am Schutz individueller Wesen auszurichten.[35] Die Frage, ob Verpflichtungen gegenüber der Gemeinschaft bestehen und wenn ja, welche, überschreitet den Horizont der Anthropologie und führt in die normative und politische Ethik hinein.

Anhand anthropologischer Überlegungen kann man verstehen, warum eine Konzeption von Moralität sowohl Respekt als auch Wohlwollen, mithin negative Unterlassungs- und positive Hilfspflichten umfassen muß. Der Außenaspekt des Moralischen zeigt sich ja deutlich an Phänomenen des Wohlwollens wie Pflege, Fürsorge, Beistand, Barmherzigkeit und Aufopferung. Das Wohlwollen (Benevolenz, Altruismus) drückt sich in positiven Hilfspflichten, der »schuldige« Respekt in negativen Unterlassungspflichten aus. Die Achtung gegenüber dem anderen ist in sich gedoppelt, da sie sich einmal auf die Person und zum anderen auf das unvertretbare und kontingent-einzigartige Individuum bezieht.[36] Die »Moral des doppelten Respekts« (Lutz Wingert) und die Phänomene des Wohlwollens decken zentrale Bereiche des Moralischen ab. Dies erklärt, warum wir eine Konzeption von Moralität, die lediglich Unterlassungspflichten enthielte, intuitiv als unvollständig und »kalt« beurteilen würden.

Was moralische Gefühle anbetrifft, so sind Schuld, Gewissensbisse, Scham und die (für Darwin humanspezifische) Reue Indizien dafür, daß man das eigene Verhalten selbst als moralisch falsch empfindet. Diese Gefühlsregungen unterscheiden sich vom Ärger, den man verspürt, wenn man ein untaugliches Mittel zur Erreichung eines Handlungsziels gewählt hat. Wut, Empörung und Entrüstung sind Indizien, daß ein anderer an mir oder an Dritten unmoralisch gehandelt hat. Ich kann mich über Unrecht empören, das Fremden angetan wird. Moralische Empörung ist nicht dem eigenen Wohlergehen verhaftet. Moralische Skrupel verspürt man, wenn es um eigene Handlungspläne geht, deren Folgen andere betreffen könnten. Ekel oder Abscheu sind mehrdeutig, da sie sowohl axiologische (»abscheulicher Gestank«) wie auch moralische (»abscheuliches Verbrechen«) Bedeutung haben können.

Die phänomenologische Analyse moralischer Gefühle kann für Moralfragen sensibilisieren, aber Moralität nicht begründen. Die Äußerung moralischer Gefühle mag man als »Bekundungen« bezeichnen, mit denen hinter den Gefühlen stehende normative Überzeugungen zum Ausdruck gebracht werden. (Der Begriff der Überzeugung wird im folgenden synonym mit dem der Intuition verwendet.) Überzeugungen können uns nicht untrüglich (evident) mitteilen, was die Inhalte von Moralität sind. Sie sind jedoch wichtige Anhaltspunkte moralischer Überlegungen.

Tiefsitzende und hartnäckige moralische Überzeugungen prägen faktisch Charaktere sowie die Strukturen moralischer Aufmerksamkeit. Unser Ensemble von moralischen Überzeugungen ist gewiß heterogen und dürfte, genealogisch betrachtet, unterschiedlichen evolutionären Phasen entstammen. Alte Überzeugungen (Inzesttabu, Rache, Xenophobie, Ehre, Opfer, Strafe als Buße) konkurrieren mit Überzeugungen, die in die Epoche der Hochreligionen zurückreichen (im Christentum: Dekalog, Goldene Regel, Seligpreisungen, Gebot der Feindesliebe) sowie mit Überzeugungen, die sich auf junge politische Erfahrungen beziehen, sich aber schon zu Traditionen verfestigt haben (Menschenrechte, Toleranz, Egalitarismus, Demokratie, Ächtung des Krieges). Noch neu und entsprechend fragil sind moralische Überzeugungen, die die Schonungsbedürftigkeit der kreatürlichen Mitwelt betreffen. Archaische Überzeugungen sind nicht anachronistisch. Faktisch sind die phylogenetisch älteren Überzeugungen nicht abgetötet. Es hilft auch nichts, sie zu verdrängen; denn das Verdrängte bricht sich anderweitig Bahn. Sie können nur anderen Überzeugungen aus Einsicht untergeordnet werden. Die Leidenschaft, Rache nehmen zu wollen, in der Vorstellungen verletzter Gerechtigkeit mitschwingen, wie Kant in seiner Anthropologie herausgestellt hat, regt sich, auch wenn man eingesehen hat, daß es »richtig« ist, seinen Bestrafungswunsch an eine Rechtsordnung abzutreten. Xenophobie, die zwischen Unbehagen, Angst und Feindseligkeit schwankt, ist nach wie vor (beängstigend) aktuell und dürfte angesichts der zu erwartenden Migrationsströme ein moralischer Dauerbrenner werden. Das Problem ist, daß sich die Regeln und Mechanismen, durch die sich Überzeugungen einander unter- und überordnen lassen, mit psychischen Motiven und Sozialisationsbedingungen vermischen, so daß, moralisch-soziologisch betrachtet, unterschiedliche Personen unterschiedliche und auch unterschiedlich stabile Rangordnungen ausprägen.

Unterschiedliche Überzeugungsschichten lassen sich in eine ethische Rangordnung bringen, sofern man über eine Konzeption von Moralität verfügt. Die »besseren« Überzeugungen müssen jedoch nicht notwendig die stärksten Beweggründe sein, wenngleich sie implizit diesen Anspruch erheben. Angst, Stolz, Begierde, Rachsucht, Neid und ähnliche Affekte können sich als die stärkeren Beweggründe (Motive) erweisen. Moralische Einsichten führen nur eine relativ schwache motivationale Kraft mit sich. Nur unter bestimmten Voraussetzungen hinsichtlich des Bedingungs- und Wirkungsverhältnisses verschiedener »Seelenkräfte« kann man darauf vertrauen, daß moralische Einsicht hinreichend motiviert.[37] Wären alle Begründungsprobleme gelöst, blieben genügend Motivationsprobleme übrig.

Wichtig ist die im obigen Ebenenschema vorausgesetzte Unterscheidung zwischen normativ und eudämonistisch ausgerichteten Ethiken. Wenn man sagt, in der Ethik ginge es darum, herauszufinden, »wie wir leben sollen« (so Sokrates' berühmte Formulierung), so sind beide Typen der Ethik noch nicht klar voneinander geschieden. Während sich die eudämonistische Ethik an dem Ideal der existentiellen Authentizität orientiert, sind Gerechtigkeit und Autonomie Ideale der normativen Ethik. Das Streben nach Authentizität bezieht sich auf die Frage, wie mein Leben gelingen kann, ob meine Präferenzstrukturen »wirklich« die meinigen sind usw. Die eudämonistische Ethik möchte zumindest Formbestimmungen eines guten und gelingenden Lebens aufweisen.[38] Martha Nußbaums Konzeption des guten Lebens bietet darüber hinaus weitgefaßte inhaltliche Bestimmungen.

Die Begründung von moralischen und rechtlichen Normen, bei deren (idealiter allgemeiner) Befolgung verschiedene Lebensformen authentisch und ohne Furcht voreinander in *einem* ihnen gemeinsamen sozialen Raum miteinander koexistieren und »fair« kooperieren können, ist das Anliegen der normativen Ethik. Vorausgesetzt wird dabei, daß der soziale Raum für die Begegnung und Konfrontation offen ist und daß sich über unterschiedliche Vorstellungen des guten und gelingenden Lebens in der Moderne kein strikt definierter Konsens mehr erzielen läßt. Moralität bezieht sich demnach auf den Inbegriff der gültigen Regelungen von Interaktionen im sozialen Raum. Der Leitbegriff der Autonomie rekurriert auf die Grundvorstellung, daß Autoren und Adressaten von moralischen und rechtlichen Normen letztlich identisch sein sollen. Jeder einzelne soll nur die Gebote und Gesetze befolgen, die er sich selbst in der Rolle eines jeden aus Einsicht hätte geben können.

Die ethische Idee der Autonomie ist demnach mit der Vorstellung verbunden, daß es Restriktionen des Verhaltens gibt, denen man »aus freien Stücken« beipflichten kann. Aus der Perspektive der Normenlogik (s.u.) ist die Idee von Autonomie nicht erforderlich, und auch aus der Anthropologie läßt sie sich nicht herleiten. Eine moderne Konzeption von Moralität ist unter der Idee der Autonomie zu entwickeln; wir können zur Verdeutlichung von *autonomer Moralität* sprechen, obwohl dies im Grunde tautologisch ist. Wichtig ist, daß die Idee von Autonomie nicht trivialisiert werden darf. Dies geschieht, wenn Autonomie an Willkürfreiheit, Präferenzerfüllung, Interessenverfolgung, Entscheidungssouveränität usw. assimiliert wird.

Die Unterscheidung zwischen eudämonistischen und normativen Fragestellungen bedeutet keine Unabhängigkeit, da auf jeder Seite der Unterscheidung das jeweils andere wieder auftaucht. Eudämonistische Ethiken müssen etwas über Grundnormen wie Toleranz, über Individualrechte oder über den normativen Schutz allgemeiner Formenbestimmungen guten Lebens sagen. Normative Ethiken müssen Aussagen über Grundbedürfnisse, Schutzgüter, über den moralisch richtigen Umgang mit der Vielfalt von kulturellen Lebensstilen und -idealen treffen.

In mehreren Bereichen angewandter Ethik lassen sich normative Probleme nicht losgelöst von eudämonistischen Vorstellungen diskutieren. In der Bio- und Medizinethik geht es bspw. um eudämonistische Interpretationen von Gesundheit, Sexualität, Reproduktion, Krankheit, Altern, Sterben.[39] Eine Theorie distributiver Gerechtigkeit muß Annahmen darüber machen, was bestimmte Güter für unterschiedliche Lebensformen bedeuten können. In vielen nichttrivialen Fällen ist es unklar, ob eine Handlungsweise in den Bereich der Fragen des guten Lebens oder in den der Fragen der moralischen Richtigkeit fällt. Ist Abtreibung oder aktive Sterbehilfe eine Frage des guten Lebens oder eine moralische Frage? Was ist mit Pornographie, Drogenkonsum, Vegetarismus? Die Zuordnung bestimmter Fragen zu einem der beiden Bereiche der praktischen Ethik ist demnach variabel und konfliktträchtig. Neue Zuordnungen verändern die Texturen von Moralen.[40] Dieser Grenzverlauf ist nicht durch eine unaufhaltsame Tendenz zur permissiven Gesellschaft bereits vorentschieden, so daß immer mehr Grenzfragen als eudämonistische Fragen gedeutet und damit der individuellen Entscheidungsverantwortung überantwortet werden müßten. Auch das Umgekehrte ist der Fall, etwa im Verhalten gegenüber Tieren.

Wir können diese Grenzverläufe nicht »beweisen« wie geometrische Verhältnisse; wir möchten aber die Grenze nicht gemäß unserer Konzeption des Guten, nach Gutdünken oder willkürlich ziehen. Wenn wir die Grenzlinie zwischen eudämonistischen und moralischen Fragen nicht aus je unseren eudämonistischen Erwägungen heraus festlegen können, so ist dies ein Argument für ein Primat des Moralischen. Die Grenze muß letztlich von der Seite der Moralität aus festgelegt werden.

Charles Taylor behauptet, daß aufgrund des (wie immer begründeten) Vorrangs des Gerechten vor dem Guten die Fragen des guten Lebens an den Rand der politischen Auseinandersetzung gedrängt wurden und daß wir uns in politischen Kontexten zunehmend scheuen, Fragen des guten Lebens zu artikulieren. Diese Konsequenz ist nicht zwingend. Es scheint mir sinnvoller, gerade die Grenzfragen öffentlich sub specie des Interesses an Moralität zu thematisieren, um anhand der gegebenen Argumente den Grenzverlauf immer wieder neu festlegen zu können. Die Beziehung zwischen normativen und eudämonistischen Fragen stellt insofern eine offene, d.h. polar aufgespannte deontische Relation dar. Deren jeweilige Schließung ist abhängig von Auffassungen, was zum Bereich der Moralität zu zählen ist.

Wenn die je eigene Selbstachtung auf dem Spiel steht, berühren und überlappen sich offenbar normative und eudämonistische Fragen. Die ungelöste Frage lautet, ob die Selbstachtung etwas Eigenständiges zwischen der Moralität und einer authentischen Konzeption des guten Lebens ist oder ob es sich nur um eine Art »Zwischenlager« für Phänomene handelt, die man nicht mehr (Ehebruch) oder noch nicht (Ehrfurcht vor dem Leben) eindeutig dem einen oder anderen Bereich zuordnen kann. Es handelt sich hierbei um Phänomene, die wir aus der Teilnehmerperspektive als moralisch relevant empfinden, bei denen wir aber zögern, unsere eigene Auffassung als Gebot allen anderen aufzuerlegen. Unsere Intuitionen sind uneindeutig oder lassen sich (mit der uns zur Verfügung stehenden Moralsprache) nicht als Argumente ausdrükken, die der Forderung nach Universalisierbarkeit genügen. Umgekehrt scheinen moralische Gehalte verlorenzugehen, wenn wir derartige Probleme in Fragen des guten Lebens umdefinieren und in der Konsequenz hiervon verschiedene Lösungen als gleichberechtigt zulassen.

Jede Ethik muß das Verhältnis von Werten und Normen bestimmen. Es ist sinnvoll, Werte als Präferenzen (Vorlieben) einzuführen. Es geht bei einfachen Bewertungen um ein (in der Regel ordinales) Bevorzugen von etwas gegenüber einem anderen. Negative Präferenzen sind Abneigungen. Präferenzen sind etwas im Bewußtsein Auftretendes. Es sind private Informationen bzw. »first-person-evidences«. Wer eine Präferenz verspürt, hat ceteris paribus ein Interesse daran, sie zu realisieren. Ereignisse, Praktiken und Gegenstände, die eine Präferenz befriedigen, stiften, so sagt man häufig, einen Nutzen. Ein Nutzen ist eo ipso etwas Gutes für den, dem er zuteil wird. Für die heutige Ökonomik ist dieser präferenzbasierte Ansatz maßgeblich. In diesem Ansatz wird der vieldiskutierte Wertpluralismus zu einer Trivialität. Unterschiedliche Personen haben unterschiedliche Präferenzen unterschiedlicher Intensität.

Diesem Ansatz entspricht ein mehrstelliges Modell eines Werturteils: »P schätzt x als a, weil G.« P ist ein Werter, x ist etwas in der Welt, a ist ein Wertwort (axiologischer Term), G ist ein möglicher Grund, der sich auf Wertstandards von P bezieht. Das Konzept einer Präferenz ist entweder einstellig oder zweistellig. Einstellig meint, daß P sagt: »Ich mag x (nicht), weil G.« Zweistellig ist die Ordnungsrelation des Typs: »X ist mir lieber als y.« Auch Präferenzen unterliegen – ceteris paribus – logischen Beziehungen wie etwa der sog. Transitivitätsregel: $(p > q) \& (q > r) \rightarrow (p > r)$. Widerspruchsfreie (konsistente) Präferenzen sind Kennzeichen rationaler Personen, aber natürlich ändern sich Präferenzen im Laufe eines Lebens. Kompliziert werden Beurteilungen von Präferenzen v.a. dadurch, daß Präferenzerfüllungen häufig mit Risiken verbunden sind. Die Regeln der Präferenzlogik gelten daher nur unter Randbedingungen, die selten erfüllt sind. Unter Voraussetzung bestimmter Axiome lassen sich Präferenzen als Nutzenfunktion darstellen. Daraus läßt sich die Kunstfigur des Homo oeconomicus entwickeln, der seinen privaten Nutzen maximieren will.

Hinzu kommt als Faktor die Intensität einer Präferenz oder einer Abneigung. Die Intensität kann nahe bei der Indifferenz liegen (»beinahe gleichgültig«) oder eine existentielle Stärke annehmen. Die eudämonistische Ethik lehrt, darauf zu reflektieren, ob eine Präferenzintensität gleichsam der Sache angemessen ist. Hierzu muß man auf allgemeine kulturelle Wertstandards verweisen. Ein anderes Problem betrifft die existentielle Dimension eines gelebten Lebens. Eine Orientierung an einfachen Präferenzen kann dazu führen, daß ein Leben in trivialen Vergnüglichkeiten dahingeht und existentiell verfehlt wird. Ein eng damit verflochtenes Problem betrifft die künstliche und strategische Erzeugung von Präferenzen im Rahmen einer kapitalistischen Warenwirtschaft. Vielleicht erfüllt man also häufiger, als einem selbst lieb ist, Präferenzen, die auf manipulative Weise erzeugt wurden und insofern nicht wirklich, sondern nur dem Anschein nach die eigenen sind. Diese Gefahr hat etliche Philosophen dazu geführt, Präferenzen zweiter Ordnung geltend zu machen, die sich auf den Wunsch beziehen, die eigenen Präferenzen zu erkennen. Das Ideal der individuellen Authentizität beruht insofern auf einer zweistufigen Konzeption von Präferenzen. Die Ökonomik blendet diese Problematik ab, indem sie einfach voraussetzt, daß Personen ihre Präferenzen am besten kennen.

Durch diese Subjektivierung der Werte entledigt sich die Wertphilosophie (Axiologie) der Begründungsprobleme, die sich ergeben, sobald man Werte als ideale überzeitliche Geltungen (Wertplatonismus) oder als objektive Eigenschaften der Dinge versteht (Wertnaturalismus). So stand die platonisch-idealistische Deutung von Werten als »ideale ewige Geltungen«, die sich bis in Max Schelers und Nicolai Hartmanns Lehre vom »idealen Ansichsein« der Werte fortsetzte, vor dem Problem, seinsmäßig (ontologisch) den Status solcher idealen Gebilde und erkenntnistheoretisch die Möglichkeit ihrer Erfassung erläutern bzw. begründen zu müssen. Hier ist Mackies »Argument der Absonderlichkeit« beider Annahmen, d.h. einer Sonderwelt mit sonderbaren Entitäten und eines Sondersinns mit sonderbaren Fähigkeiten, überzeugend.[41] Ein weiterer Vorteil des wertsubjektivistischen Ansatzes ist es, daß man Anschluß an die Dynamik des Wertewandels und entsprechende sozialwissenschaftliche Theorien gewinnt.

Gruppenspezifische Präferenzen sind Leitbilder. Leitbilder werden von manchen Gruppen akzeptiert und von anderen Gruppen abgelehnt. Ein auf Begriffe gebrachtes Leitbild ist immer ein Werturteil. Allerdings sind Leitbilder derart komplex, daß sie in der Regel mehrere Werturteile sowie eine Vision des guten Lebens mitsamt politischen Affinitäten enthalten. Leitbilder sind häufig mit bestimmten (Kult-)Büchern, Filmen, Musikstilen, mit einer spezifischen Kleidung, einem äußerlichen Habitus usw. verknüpft. Sie haben ihren Sitz im weichen Gewebe kulturellen Orientierungswissens und nisten als Jargon und als Slogans in den Poren umgangssprachlicher Kommunikation. Oftmals werden sie erst im historischen Rückblick vollauf erkannt. Moralsoziologische Leitbildforschung dient der Bewußtmachung von Leitbildern.

Man kann nicht alle Werte zu gleicher Zeit in gleichem Ausmaß maximal verwirklichen. Man muß bei Wertkonflikten abwägen, Kompromisse schließen, Konzessionen machen, Prioritäten setzen usw. Wertkonflikte sind insofern (ähnlich wie Zielkonflikte) alltäglicher Natur. Häufig fehlt es uns schlicht an Zeit, alle unsere Werte zu realisieren. Im Alltag kommen wir mit derartigen Wert- und Zielkonflikten gewöhnlich recht gut zurecht und können sie sogar ironisieren.

Viele Präferenzen lassen sich durch anerkannte Leitbilder und Wertstandards für Alltagszwecke hinlänglich begründen. Die Begründungslast trägt prima facie der, der behauptet, die Befriedigung einer gegebenen Präferenz sei unstatthaft; denn jede normative Einschränkung verhindert die Entstehung eines Nutzens für jemanden. Man muß also begründen, daß der Nutzen nicht kostenlos zu haben ist, sondern daß ihm eine »Externalität« korrespondiert: Irgend jemand wird gestört, beleidigt, gefährdet, belästigt, d.h. geschädigt. Ökonomisch gesprochen, beschäftigt sich Moral mit der Regulierung anfallender Externalitäten subjektiver Präferenzerfüllung.

Den Vorteilen einer präferenzbasierten Axiologie korrespondieren die Gefahren eines Präferenzbefriedigungsmodells ethischer Begründung. Viele Ethiker orientieren sich nicht an der moralischen Qualität von Präferenzen, sondern nur an der maximalen Quantität der Präferenzerfüllungen. Es erscheint ihnen theoretisch eleganter und »liberaler«, Präferenzen zu entmoralisieren und nur noch zu fragen, wie möglichst viele Präferenzen realisiert werden können. Wenn man behauptet, moralisch richtig sei, daß möglichst viele faktische Präferenzen erfüllt würden, so vertritt man ein Maximierungskonzept des moralisch Richtigen, dem wir im Utilitarismus wiederbegegnen werden. Gleichwohl ist und bleibt die Aussage begründungsbedürftig, daß die Befriedigung von unqualifizierten Präferenzen an sich selbst etwas Gutes darstellt, das es zu respektieren gilt. Die Befriedigung mancher Präferenzen kann nicht einfach toleriert werden (Spaß an Grausamkeit). Demnach bedarf es eines allgemein verbindlichen normativen Rahmens, der in die Form einer Rechtsordnung gebracht werden kann.

Verallgemeinerbare Werte qualifizieren sich für die Überführung in Normen. Werte wie Leben, Freiheit, Sicherheit, Gesundheit, Frieden, Familie, Rechtsstaatlichkeit lassen sich in die Form von Normen oder Rechten »einkleiden«. Die Norm, nicht töten zu sollen, gründet in dem Wert, dem jeder normalerweise seinem Leben und dessen Fortdauer beimißt. In *diesem* Sinne mag man von »moralischen Grundwerten« sprechen. Wer sagt, ein Wert solle in eine Norm überführt werden, oder wer einen entsprechenden Normvorschlag unterbreitet, der erhebt einen Sollgeltungsanspruch. Er sagt, daß ein Wert es (aufgrund seiner moralisch qualifizierten Allgemeinheit) wert ist, zur Norm erhoben zu werden, und daß die entsprechende Norm gültig ist. Durch solche Geltungsansprüche verknüpft man die axiologische mit der normativen Dimension der Ethik.

Normen setzen Werte voraus. Werte sind insofern ontologisch primär. Normen hingegen sind begrifflich-konzeptionell höherstehend.[42] Werte lassen sich durch einzelne Substantive ausdrücken (»Freiheit«, »Sicherheit«); Normen müssen durch Normsätze ausgedrückt werden, wobei eine Norm durch mehrere Normsätze äquivalent ausgedrückt werden kann. Normen sind regelförmige Vorschriften, die sich auch als generalisierte Verhaltenserwartungen verstehen lassen. Sie beziehen sich auf Erwartungen, die zu hegen jemand gegenüber anderen berechtigt ist. Im Falle universell gültiger Moralnormen darf ein jeder von allen anderen erwarten, daß diese sich ihm und allen übrigen »moral patients« gegenüber normenkonform verhalten werden. Normen stabilisieren soziale Interaktionen. In vielen anonymisierten sozialen Kontexten ist es unmöglich, das Verhalten aller anderen Personen empirisch abzuschätzen. Man muß auf die Normbefolgung der anderen vertrauen. Schwindet das Vertrauen, so steigen die Aufwendungen, durch die man sich absichern muß. Wir wissen, daß dieses Vertrauen auf die durchschnittliche Normbefolgung in unterschiedlichen Kontexten unterschiedlich rational ist.

Normen sind personenunspezifisch adressiert. Sicherlich lassen sich Normen in bezug auf Adressatenkreise, Eigenschaften oder Situationen spezifizieren.[43] Die Spezifikationen bleiben aber auf einem Allgemeinheitsgrad oberhalb bestimmter Personen. In Normen dürfen keine Eigennamen auftauchen. Spezifikationen können moralisch kritisiert werden. Der Unterschied zwischen »Zutritt nur für Klubmitglieder«, »Zutritt nur für Weiße« und »Zutritt nur im Smoking« ist offensichtlich moralisch relevant. Die erste Spezifikation erscheint prima facie in vielen Fällen legitim, die zweite nicht; bei der dritten kann man je nach Kontext geteilter Meinung sein. Bei der zweiten Aussage scheint eine Begründung erforderlich, warum bestimmten Personen aufgrund kontingenter und unabänderlicher Persönlichkeitsmerkmale etwas grundsätzlich verwehrt werden darf. Bei der dritten muß man begründen, warum die Teilnahme an einem Ereignis einen bestimmten äußerlichen Standard erforderlich macht.

Es lassen sich nach Georg Henrik von Wright folgende Normkomponenten unterscheiden: 1. Charakter/Typ, 2. Inhalt, »Sinn«, »Bedeutung«, 3. Anwendungsbedingung, 4. Normautorität, 5. Normadressaten, 6. »Es-sei-denn«-Klausel, 7. Sanktionsbestimmung.

Bis auf die erste, die einen klassifikatorischen Status hat, sind alle Komponenten mit Begründungsfragen verknüpft. Normen gliedern sich von ihrem Typus her in technische, rechtliche und moralische. Technische Normen sind Festlegungen, die man nicht moralisch begründen muß. Grenzwerte (etwa von Umweltschadstoffen) und Sicherheitsstandards hingegen sind keine rein technischen Normen, sondern bereits Rechtsnormen, um die mit moralischen Gründen gestritten und über die verhandelt werden kann. Rechtsnormen beziehen sich nur auf äußerlich legales Verhalten. Das Recht gibt die Motive für Rechtsgehorsam frei. Für Rechtsnormen sind Motive äußerlich, für Moralnormen nicht (gleichermaßen). Einfache Rechtsnormen (Gesetze) kann man mit Hart als »primäre Regeln« begreifen, während Regeln zur Generierung von Rechtsnormen »sekundäre Regeln« sind. Einfache Rechtsnormen sind veränderbare Satzungen. Eine häufig benutzte Begründungsstrategie für Rechtsnormen besagt, daß eine Rechtsnorm dann gültig ist, wenn sie verfahrensgemäß erzeugt wurde (Legitimation durch Verfahren) und verfassungsgemäß ist (und allgemeinen Grundsätzen der Gerechtigkeit und der Moralität nicht zuwiderläuft).[44] Die Begründung einer Rechtsordnung erfolgt somit im Lichte höherstufiger Legitimitätsgrundsätze. Diese können in die Form des Rechts gebracht werden, haben aber zugleich moralisch-ethischen Gehalt (Volkssouveränität, Herrschaft auf Zeit, Menschenrechte, Gewaltenteilung, Minderheitenschutz, Staatszielbestimmungen).

Bei Rechtsnormen sind wir der Überzeugung, daß ein Verstoß gegen sie nicht folgenlos sein soll.[45] Insofern sind wir für Bestrafungen (Sanktionen). Diese bringt die Sanktionsklausel zum Ausdruck. Aus einer Norm folgt natürlich weder Art noch Ausmaß der Sanktion. Daraus ergibt sich die Notwendigkeit von Debatten über die Zuweisung von Strafmaßbestimmungen. Man denke hierbei an das Beispiel der Zulässigkeit der Todesstrafe, aber auch an weniger brisante Fälle wie das Strafmaß bei Umweltdelikten oder die Grenze zwischen Ordnungswidrigkeit und Straftat.

In vielen Rechtsnormen sind moralische Überzeugungen kodifiziert. Kant meinte, Recht und Moral unterschieden sich weniger nach ihren Inhalten als nach ihrer Verknüpfung mit den Triebfedern des Handelns.[46] Die Forderung nach der »Entmoralisierung« des Rechts ist daher nur dann begründet, wenn damit gemeint ist, das Recht solle unabhängig sein von Fragen des guten Lebens und kulturellen Lebensstilen. Daher sollte besser von »eudämonistischer Neutralität« des Rechts gesprochen werden. Das Recht kann nicht unabhängig von moralischen Grundsätzen sein. Rechtsgrundsätze wie »in dubio pro reo«, »nulla poena sine lege«, »ius non cogit ad impossibilia«, »nemo iudex in causa sua«, »audiatur et altera pars« lassen sich auch mit moralischen Gründen rechtfertigen.[47] Auch sozialstaatliche Anspruchsnormen verweisen auf moralische und ethische Fragen distributiver Gerechtigkeit.

Gewiß kann und sollte nicht alles, was moralisch geboten ist, auch rechtlich normiert werden. Das Recht ist aufgrund seiner

Beschränkung auf äußerliche Verhaltensweisen kaum imstande, subtilere Formen zwischenmenschlicher Verhältnisse zu regeln. Deshalb wird durch (mögliche) Verrechtlichungen sozialer Beziehungen die Moral nicht entbehrlich.

Normen weisen eine »Es-sei-denn«-Klausel auf, die sich auf Ausnahmen bezieht. Niemand darf töten, es sei denn in Notwehr. Man soll nicht lügen, es sei denn, um einem anderen das Leben zu retten. Die Inanspruchnahme der Ausnahmeklausel ist begründungsbedürftig. Die in der Ethik übliche Rede von *prima facie* gültigen Normen bezieht sich auf die Ausnahmeproblematik. Gültige Normen sind hinreichende Begründungen für singuläre Handlungsaufforderungen, sofern dem nichts von moralischem Gewicht entgegensteht. Die Eintragungen in die »Es-sei-denn«-Klausel sind nur dann moralisch akzeptabel, wenn sie ihrerseits moralische Bedeutung haben. Daher müßte man legitime Ausnahmen von der Befolgung prima facie gültiger Normen als berechtigte Auflösungen eines Normen- oder Zielkonflikts oder als Verweis auf Unzumutbarkeit verstehen können. Unzulässige Eintragungen in die Klausel kann man daran erkennen, daß weder Konflikte vorliegen noch ernsthaft Unzumutbarkeiten geltend gemacht werden können. Ich darf niemanden bestehlen, um meiner Liebsten etwas schenken zu können. Ich darf niemanden verprügeln, um der Clique meinen Mut zu beweisen. Jedoch darf ich in bestimmten Situationen ein Medikament stehlen, um jemanden zu retten. Hier könnte der Fall, wenn er nicht so klar ist wie in Kohlbergs berühmtem Fallbeispiel (Heinz-Dilemma), je nach Art der Krankheit, der alternativen Handlungsoptionen und der Wirkweise des Medikaments unterschiedlich zu beurteilen sein. Larmore behauptet, man benötige in vielen Fällen Urteilskraft, um derartige Normenkonflikte auflösen zu können. Eine vollauf befriedigende Theorie der Auflösung von Normkonflikten liegt nicht vor.

Die Ebene der Ethik, auf der die logischen Beziehungen zwischen Normen analysiert werden, bezeichnet man als *Normenlogik* oder als *deontische Logik*.[48] Man kann die Normenlogik als eine Spezialdisziplin begreifen, die als Präzisierungsinstrument neben die alltäglichen Klärungsbemühungen normativer Fragen tritt. Die Formalisierung moralischer Probleme ist sinnvoll, aber es gilt darauf zu achten, was aus welchen Gründen wie formalisiert wird. Die Normenlogik kennt sechs normative Grundmodalitäten bzw. -kategorien, die durch deontische Operatoren ausgedrückt werden. Die Relationen des Gebots, des Verbots und der Erlaubnis sind basal. Diese sechs Grundrelationen sind: 1. positive Verpflichtung bzw. Gebot (»O« für »obliged«), 2. negative Verpflichtung bzw. Verbot (»F« für »forbidden«), 3. ein Recht haben zu tun (»R« für »right«), 4. unilaterale Erlaubnis, nicht zu handeln, 5. bilaterale Erlaubnis, zu tun und zu lassen (»P« für »permitted«) und 6. Indifferenz (»I« für »indifference«).

Deontische Operatoren beziehen sich auf Handlungsweisen; deontische Prädikate, die man mit kleinen Buchstaben (o, f, r, p, i) symbolisiert, auf einzelne Handlungen. Die Anwendung eines Operators auf eine Einzelhandlung, die als Fall einer Handlungsweise vorgestellt wird (»Dies war Betrug!«), wird als deontische Prädikation bezeichnet. Eine deontische Prädikation setzt daher eine Verbindung von deontischen Operatoren und Handlungsweisen, also eine Norm voraus.

Manche Handlungsweisen können ungeregelt (bspw. Rechtslücken) oder in ihrem normativen Status aufgrund ihrer Neuartigkeit ungeklärt sein (etwa das Klonen von Menschen). Unter der permissiven Prämisse »Es ist alles erlaubt, was nicht ausdrücklich verboten ist« hat man es mit ungeklärten Erlaubnissen zu tun. Man weiß in diesen Fällen nicht, ob die fragliche Handlungsweise »wirklich« erlaubt ist, sondern ordnet sie aufgrund eines vorausgesetzten Permissivitätsgrundsatzes bis auf weiteres dem Bereich des Erlaubten zu. Die Voraussetzung ist normativer Natur; rein logisch könnte man ebensogut davon ausgehen, daß alles solange als verboten zu gelten hat, bis es von einer Normautorität erlaubt worden ist. Der Permissivitätsgrundsatz ist logisch nicht begründeter als sein restriktiver Gegensatz.

Was indifferent ist, ist immer auch erlaubt, während das Umgekehrte nicht gilt. Wir können uns nach intensiver moralischer Diskussion dafür entscheiden, Tierversuche, Abtreibung, aktive Sterbehilfe oder die Freisetzung gentechnisch veränderter Organismen (unter bestimmten Bedingungen) zu erlauben. In diesen Fällen ist die (u. U. durch Genehmigungsverfahren auszugestaltende) Erlaubnis das Resultat einer Übereinkunft. Insofern ist von einer geklärten Erlaubnis zu sprechen. Eine geklärte Erlaubnis beruht auf Begründungen. Wir wissen demnach, warum uns eine Handlungsweise als erlaubt gilt, und wir könnten Angaben darüber machen, welche Entwicklungen (etwa das Eintreten befürchteter »Dammbrüche« oder Ereignisse, die wir als Mißbrauch interpretieren) Gründe wären, dieses Urteil zu revidieren. Es kann natürlich auch geschehen, daß geklärte Erlaubnisse sich im Laufe der Zeit in Indifferenzen verwandeln.[49] Wenn über Jahrzehnte Millionen Freisetzungen gentechnisch veränderter Organismen ohne jegliche Schäden für Umwelt und Gesundheit blieben, so würde diese Handlungsweise allmählich indifferent. Der Diskurs um die »grüne« Gentechnik wäre dann historisch geworden. Würden hingegen ernsthafte Schäden auftreten, könnte man von Erlaubnissen zu Verboten überwechseln.

Wenn wir uns auf Bedingungen für Erlaubnisse verständigen, so kann man von einer geklärten und bedingten Erlaubnis sprechen. Von der Subkategorie der bedingten Erlaubnis wird häufig Gebrauch gemacht. Für die Regulierung moderner Risikotechnologien scheinen bedingte Erlaubnisse ein geeignetes rechtliches Mittel, technische Innovationen und Besorgnisse miteinander zu vermitteln. Auch in dem Bereich der Bioethik (bspw. aktive Sterbehilfe, Präimplantationsdiagnostik) werden bedingte Erlaubnisse immer häufiger zur Regulierung benutzt. Kriterien, in denen die Bedingungen ausgedrückt werden, lassen sich als »Checklisten« darstellen und zu Genehmigungsverfahren operationalisieren. Ein derartiges Set von Kriterien ist nicht a priori gültig, sondern es bewährt sich aufgrund von Erfahrungen und deren Auswertung. Es steht daher Veränderungen offen. Bedingte Erlaubnisse sind insofern flexible Regulierungsmechanismen moderner Gesellschaften. Im Unterschied zu einfachen Erlaubnissen müssen bedingte Erlaubnisse allerdings überwacht, d.h. administriert werden. Deskriptiv-ethisch kann man den Rückgriff auf bedingte Erlaubnisse darstellen, normlogisch kann man bedingte Erlaubnisse analysieren; ob die Gesellschaft hiermit einen »richtigen Weg« einschlägt, ist eine normative Frage.

Die Normenlogik analysiert die Verbindungen von Rechten, Erlaubnissen und Pflichten; d.h., sie sagt, was sich logisch ergibt, wenn man annimmt, daß eine Person P ein bestimmtes Recht R »hat«.[50] Anerkannte Rechte beziehen sich auf Handlungsweisen, an deren Ausübung mich kein anderer hindern darf. Insofern implizieren meine Rechte Pflichten für andere Personen. Man selbst ist durch die Rechte anderer in die Pflicht genommen. Worauf jemand ein (moralisches oder rechtliches) Recht hat, das ist ihm auch (moralisch oder rechtlich) erlaubt: $R(x) \rightarrow P(x)$. Die Negation ist widersprüchlich: $R(x) \rightarrow \neg P(x)$; denn es gilt das Axiom: $\neg P(x) = F(x)$ und daraus ergibt sich: $R(x) \rightarrow F(x)$ – und so etwas geht nicht. Es ist daher verboten, zu verbieten, worauf jemand ein Recht hat. Manche Erlaubnisse haben den »schwachen« Sinn von Tolerierungen oder Duldungen, während andere Erlaubnisse den »starken« Sinn von Anrechten haben. Nicht jede Erlaubnis setzt ein Recht voraus oder impliziert ein solches. Es ist bspw. zum Zeitpunkt t 1 erlaubt, in Flugzeugen zu rauchen. Nun wird es in t 2 durch neue Richtlinien der Fluggesellschaft untersagt. Man kann sich als Passagier kaum auf ein Recht auf Rauchen in Flugzeugen berufen, um die Umänderung von P(x) in F(x) zu kritisieren. So gibt es kein Recht, Alkohol trinken zu dürfen, wenn die staatliche Ordnung dies untersagt (wie in islamischen Ländern). Die Gewerbefreiheit gibt dem Spediteur kein Recht, sonntags mit Lkws auf Autobahnen zu fahren usw. Nicht jede Negation einer Erlaubnis ist daher ein unzulässiger Eingriff in Rechte. Allerdings kann man Verbote als Eingriffe in Rechte interpretieren und insofern deren Legitimität bestreiten. In Verbindung mit der Unterscheidung in geklärte und ungeklärte sowie bedingte und unbedingte Erlaubnisse ergeben sich mehrere Möglichkeiten, den genauen normlogischen Status einer Erlaubnis zu bestimmen.

Der Bereich des Erlaubten wird in verschiedenen Ethiktheorien unterschiedlich gefaßt. Es kann bspw. Ethiken der »Ehrfurcht vor dem Leben« oder »holistische« Ethiken geben[51], in denen der Bereich des Erlaubten aus prinzipiellen Gründen stark begrenzt und dann um der Lebbarkeit willen wieder erweitert wird. Gilt demgegenüber die Realisation von menschlichen Präferenzen als (prima facie) »gut«, so wird eine Ethiktheorie den Bereich des Erlaubten möglichst weit fassen wollen; denn je mehr erlaubt ist, um so mehr Präferenzen können realisiert werden. Eine Ethik der Ehrfurcht vor dem Leben stellt das Gewissen auf härtere Proben als eine anthropozentrische Präferenzmaximierungsethik.

Die Normenlogik grenzt v.a. logisch defekte Begründungen aus und arbeitet dadurch der normativen Ethik zu. Logische Fehlschlüsse gelten als Pseudobegründungen. Ein bekannter Fehlschluß ist die »petitio principii«. Man setzt das zu Begründende bereits voraus. Eine solche Begründung begründet für viele Ethiker nicht »ein bißchen«, sondern gar nicht. Andere meinen, es könnte Formen wechselseitiger Voraussetzung oder eines erkenntnisförderlichen Zirkels (sog. »circulus fructuosus«) geben, so daß der

Nachweis einer »petitio principii« nicht notwendigerweise die gesamte Argumentationsführung entwerten müsse. Diese Problematik taucht im Kontext des sog. Münchhausen-Trilemmas wieder auf (Kap. 3).

Ein anderer Fehlschluß ist der naturalistische Fehlschluß (naturalistic fallacy), der besonders in der Umweltethik eine große Bedeutung hat. Das Problem des naturalistischen Fehlschlusses hat drei unterschiedliche Aspekte: einen logischen (Ableitbarkeit von Normen aus Tatsachen), einen metaethischen (Definierbarkeit von »gut« durch empirische Prädikate) und einen wissenschaftsethischen (Wertfreiheit der Wissenschaften).

Was den logischen Aspekt anbetrifft, so stellt ein Schluß von einem naturalen Sein auf ein normatives Sollen einen Fehlschluß dar. Im Hinblick auf den metaethischen Gesichtspunkt hat Moore mit Hilfe des »Open-question«-Arguments gezeigt, daß der Terminus »an sich gut« nicht durch empirische Prädikate zweifelsfrei definiert werden kann. Für die wissenschaftsethische Frage hat Weber dargelegt, daß eine empirische Wissenschaft nur zeigen kann, was man tun könnte, aber nicht, was man tun solle.[52] Frankena hat darauf aufmerksam gemacht, daß das Verbot des naturalistischen Fehlschlusses von der ontologischen Prämisse eines an sich wertfreien natürlichen Seins abhängt. Wenn die Natur als Ganzes weder Sinn noch Wert in sich enthält, so ist es ein Fehlschluß, von einem natürlichen Sein auf ein moralisches Sollen zu folgern. Wer aber bspw. die Natur als in sich »gut« deutet (»Gottes gute Schöpfung«, »kosmos« im antiken Sinne, »GAIA« usw.), der begeht keinen *logischen* Fehler, wenn er aus dem Sein ein Sollen begründet, sondern er vertritt eine anspruchsvolle Ontologie (Lehre vom Sein), die einen solchen Schluß erlaubt. Diese Ontologie zu beurteilen fällt nicht mehr in das Gebiet der Normenlogik.

Außer der Konstruktion von normlogischen Systemen, der Interpretation deontischer Operatoren, der Prüfung normativer

Systeme auf interne Kohärenz und der Aufdeckung von Fehlschlüssen beschäftigt sich die Normenlogik mit einer Reihe von Schlußschemata, die zur Begründung einer Handlungsaufforderung (singulärer Imperativ) eingesetzt werden können. Ein vertrautes Schema der Beurteilung, das seit der Antike als praktischer Syllogismus bekannt ist, lautet: 1. Man soll seine Versprechen halten (Norm). 2. Hans hat ein Versprechen gegeben (Proposition). 3. Also soll Hans sein Versprechen halten (Konklusion).

Das von Hare benutzte syllogistische Schema, das generelle imperative Sätze (Normen) und singuläre indikativische Sätze (Tatsachenbehauptungen) zu singulären Imperativen verknüpft, fordert folgendermaßen zum Handeln auf: 1. Bring alle Kisten zum Bahnhof! 2. Dies ist eine der Kisten. 3. Also bringe sie zum Bahnhof.

Immer erscheint im Obersatz (casus maior) eine generelle normative Aussage, im Untersatz (casus minor) eine Beschreibung, wodurch sich eine Konklusion ergibt. Diese Schemata begründen in einfachen Fällen die Korrektheit einer deontischen Prädikation. Wenn man psychologische Prämissen des Aristoteles teilt, ist die Konklusion zugleich eine Einsicht und ein Handlungsmotiv. Ohne solche Prämissen handelt es sich bei der Konklusion um eine Aufforderung, nicht bereits um ein Tun.

Ein anderes Schema, das von G. H. von Wright stammt und das als praktischer Schluß bezeichnet wird, hat die folgende Form: 1. A beabsichtigt, p herbeizuführen. 2. A glaubt, daß er p nur herbeiführen kann, wenn er x tut. 3. Folglich macht sich A daran, x zu tun.

Dieses Schema ist als »zweckrationaler Schluß« zu bezeichnen, da es von einem Akteur A ausgeht, der sich nach Maßgabe seiner Interessen einen Zweck p setzt und, wie man seit Max Weber sagt, »zweckrational« die passenden Mittel x wählt. Von Wright meint, eine Person, die sich an diesem Schema orientiert, ziehe aus einer technischen Wenn-dann-Regel eine Anweisung für ihr eigenes Verhalten.[53] Für Kant wäre dieses technische Schema den »Regeln der Geschicklichkeit« zuzuordnen. Es kann ja sein, daß es moralische Gründe gibt, die gegen x oder p sprechen.

Einen Weg von der Logik zur Argumentationstheorie hat Toulmin mit seinem Argumentationsschema gebahnt. Dieses Schema transformiert das syllogistische Schlußschema und erweitert es so, daß es für komplexere Begründungen eingesetzt werden kann. Bei Toulmin wird aus der »conclusio« ein »claim« (C/These), aus der »casus minor« werden »facts« (F/Fakten) und aus der »casus maior« werden »warrants« (W/Grundsätze), die ihrerseits durch »backings« (B/Stützen) gerechtfertigt werden können. Hinzu kommt eine »qualification« (Q/Ausnahmebedingung), die in bezug auf praktische Schlüsse die »Es-sei-denn«-Klausel repräsentiert. Dieses Schema stellt sich folgendermaßen dar:

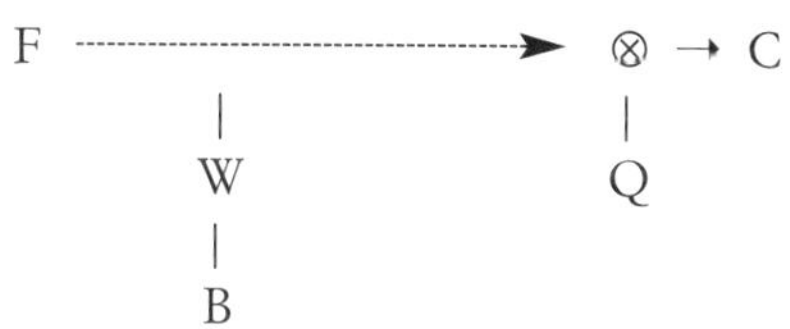

Die »warrants« sind bei praktischen Schlüssen zumeist Normen; die »backings« sind Ethiktheorien, Prinzipien u. dergl. Das Zeichen ⊗ steht für den Fall, daß jemand Q in Anspruch nehmen kann. Es zeigt die Möglichkeit an, gegen den Übergang von F und W zu C gleichsam ein Veto einzulegen.

Man kann eine zeitliche (genealogische) und eine logische (geltungsbezogene) Perspektive auf Begründungen unterscheiden. In der zeitlichen Perspektive können Geltungsansprüche (claims) früher als die sie stützenden Gründe formuliert werden; in der geltungsbezogenen Perspektive wird ein Begründungsversuch in eine normlogische Form gebracht, die Prämissen, Folgerungsbeziehungen und die einzulösende Zielbehauptung unterscheidet.

Logische Korrektheit ist natürlich keine hinreichende Bedingung eines moralisch akzeptablen Urteils. Ein stilisiertes Beispiel aus deutscher Vergangenheit mag dies verdeutlichen: 1. Es ist Wehrkraftzersetzung, Feindsender zu hören. 2. Karl hat gestern abend den Britischen Rundfunk gehört. 3. Der Britische Rundfunk zählt zur Menge der Feindsender. 4. Also hat Karl Wehrkraftzersetzung begangen. 5. Wehrkraftzersetzung wird mit zehn Jahren Zuchthaus bestraft. 6. Also ist Karl mit zehn Jahren Zuchthaus zu bestrafen.

Das moralische Problem betrifft natürlich die normativ-rechtliche Prämisse (1) sowie die Strafmaßbestimmung (5).[54] Hierüber äußert sich die Normenlogik als solche nicht. Dies ist keine Schwäche, die man ihr ankreiden muß, sondern einfach das, was diese wesentlich formale Disziplin außer sich setzt. Sie liefert die formalen Grundlagen des moralischen Argumentierens.

Angesichts der neueren Entwicklungen in der angewandten Ethik, wo häufig aus komplexen Argumentationslagen ein moralisches Urteil gewonnen werden muß, wurde das am dreigliedrigen Syllogismus orientierte Schlußreglement der Normenlogik zu Recht als simplizistisch kritisiert. Insofern besteht in der Normlogik das Desiderat eines »Folgerungsreglements, das [...] den Rede- bzw. Argumentationsbedürfnissen einer (handlungsnormierenden) Praxis hinsichtlich Umfang und Präzision genügt«[55]. Eine gute ethische Theorie müßte die Ebenen der Normenlogik und der Anwendungsethik problemorientiert aufeinander beziehen können. Hierzu dürfte die Argumentationstheorie eine theoretische Klammer sein.

Die Standardsysteme der deontischen Logik kennen nur Normensysteme, Normadressaten sowie eine Normautorität. Normensysteme können auf ihre Widerspruchsfreiheit (Konsistenz) hin überprüft werden. Die Legitimation der Normautorität kann unbestimmt gelassen oder nonkognitivistisch gedeutet werden. Die Normenlogik ist daher mit jeder Position der Metaethik vereinbar. Ob es »bessere« oder »schlechtere« Formen gibt, Normen in und außer Kraft zu setzen, interessiert die Normenlogik nicht. Für von Wright, den bedeutendsten Normenlogiker, waren Normen immer etwas ihren Adressaten heteronom Auferlegtes. Normbefolgung wäre demnach unfreiwilliger Gehorsam (aus Angst vor Strafe).

Robert Alexy bietet ein diskursorientiertes Modell an, in dem verschiedene Subjekte a verschiedene Normen N vorschlagen (ai/Nj). Zimmermann erweitert im Anschluß an Alexy das Schema O (x) zu dem Schema O_k (x), um klarzustellen, daß es immer eine Person k ist, die gegenüber anderen geltend macht, daß eine Handlungsweise x geboten (O) ist. Durch die Einbeziehung von Personen, die kritisierbare Sollgeltungsansprüche erheben, gewinnt man innerhalb der Normenlogik Anschluß an metaethische und (diskurs-)ethische Ansätze, die die Praxis moralischer Argumentation in den Vordergrund rücken. Dies kann hier nicht vertieft werden.

Man kann sich zu jedem beliebigen Normensystem {N} eine Welt hinzudenken, in der alle Personen jederzeit alle Normen befolgen, die in {N} gelten. Also kann man in der Form einer kontrafaktisch-logischen Setzung zu jedem System {N} eine sog. ideale deontische Welt hinzudenken. Auf dem Gebiet der Normenlogik ist dies ein übliches Verfahren, das die technische Darstellung normenlogischer Systeme erleichtert. Es gibt allerdings so viele ideale deontische Welten, wie es Normensysteme gibt. Ethisch begründet wird durch diese kontrafaktischen Setzungen also nichts. Würde man über eine begründete Konzeption der Moralität verfügen, könnte man mit Hilfe einer solchen Setzung eine moralische Utopie entwerfen, in der die richtige Moralität Wirklichkeit geworden wäre. In diesem Sinne hat jede Ethik, die zu einer Konzeption von Moralität gelangt, ein ihr normenlogisch innewohnendes utopisches Moment. Die Differenz zwischen einer Konzeption von Moralität und »ihrer« idealen deontischen Welt macht klar, daß Ethik keine Utopie »ist«.

Jedes plausible Konzept von Moralität wird ein Set von Unterlassungs- und Hilfspflichten umfassen.[56] Dies gilt auch für tugendethische Ansätze, da Tugenden immer auf Normen rückbezogen sind. Unterlassungspflichten führen Grundelemente der Moralität besonders eindrücklich vor Augen: das prima facie kategorische Nicht-tun-Dürfen. Hinsichtlich ihrer dürften sich Intuitionen und ethische Theorien weitgehend im Überlegungsgleichgewicht befinden. Hilfspflichten hingegen sind in bezug auf Anlaß und Ausmaß unbestimmter. In ihnen erweist sich Moralität vorwiegend in asymmetrischen Beziehungen, d.h. den Schwachen gegenüber, die auf unsere Hilfe anders angewiesen sind als wir auf ihre. Dies zeigt, daß es eine Dimension des Moralischen gibt, die über Fairneß hinausreicht. Eine Konzeption von Moralität, in der die Ansprüche der Hilfsbedürftigen nicht berücksichtigt werden müssen, könnte minimalen Standards der Fairneß entsprechen; gleichwohl würden die meisten sie als »kalt« und »gefühllos« ablehnen. Übergebührliches (supererogatorisches) Handeln bezieht sich auf Handlungsweisen, die als moralisch gelten, zu denen wir aber aufgrund des Aufwandes oder des Risikos nicht verpflichtet sind (bspw. in ein brennendes Haus zu rennen, um jemanden zu retten). Aktive Zuwendung gegenüber Fremden, die über pflichtschuldige Nothilfe und kleine Gefälligkeiten in sog. Low-cost-Situationen hinausgeht, fällt in den Grenzbereich zwischen gebotenem und supererogatorischem Verhalten.

Hilfspflichten erfordern vergleichsweise mehr Urteilskraft und Sinn für die Situation. Vielleicht ist es für P nicht »gut«, wenn man ihm immer »aus der Patsche hilft«. Das Ausmaß positiver Hilfspflichten ist zudem mit Fragen der Zumutbarkeit verschränkt. Die Frage, ob eine Hilfeleistung zumutbar ist, verweist (jenseits von

»low cost situations« und rechtlich fixierten Hilfspflichten) auf Fragen des Charakters, der individuellen Psyche und der Selbstachtung. Sie lassen sich nicht durch ein dekretorisches »Du sollst, denn du kannst!« beantworten. Ist es für eine Familie zumutbar, die alte Großmutter in Pflege zu nehmen? Hilfspflichten erkennen wir intuitiv bevorzugt den Individuen gegenüber an, mit denen wir im Nahbereich verbunden sind. Die Anerkennung positiver Hilfspflichten stuft sich faktisch nach sozialer Nähe ab. Ob dies ethisch gerechtfertigt werden kann, ist umstritten. Man könnte ja fordern, das Wohlwollen und die Hilfsbereitschaft gleichmäßig auf alle hilfsbedürftigen Personen zu verteilen, unabhängig davon, in welcher Beziehung sie zufälligerweise zu einer Person stehen, die willens und in der Lage ist, Hilfe zu gewähren. Aber derartige Forderungen sind von Motivationsstrukturen weit entfernt und »abstrakt«. Auch universalistische Ethiken müssen daher einen Bereich abstecken, innerhalb dessen es zulässig ist, Nahestehende gegenüber Fremden zu bevorzugen. Es stellt eine institutionelle Entlastung des einzelnen dar, wenn Hilfeleistungen von Sozialsystemen übernommen werden. Unsere Motive, Fremden in Notlagen zu helfen, werden durch karitative Organisationen und durch wohlfahrtsstaatliche Transfersysteme gebündelt und kanalisiert. Formen institutionalisierter Hilfe entlasten den einzelnen. In manchen Ländern wird das Schwergewicht auf freiwillige Philanthropie (USA) und in anderen Ländern auf staatliche Zuteilung gelegt, wobei Schlechtergestellte einen normativen Anspruch auf Wohlfahrtsleistungen erhalten. Das Verhältnis zwischen freiwilliger Caritas und Wohlfahrtsleistungen führt zu der Frage nach der ethischen Begründung des Sozialstaates.[57]

Es lassen sich im Anschluß an das Gesagte mehrere, wie ich sagen möchte, offene deontische Relationen zwischen Anthropologie und Ethik, normativen und eudämonistischen Fragen, Werten und Normen, Normen und Sanktionen, Rechts- und Moralnormen, Normen und Ausnahmen, Regulierung und Deregulierung, positiven Hilfspflichten und supererogatorischen Handlungen, individuellen Pflichten und Wohlfahrtsinstitutionen aufweisen, die, wenn überhaupt, nur durch argumentative Redehandlungen auf befriedigende Weise geschlossen werden können. Diese Begründungsfragen stellen sich unabhängig davon, welche Ethiktheorie man vertritt. Die Liste solcher Relationen ließe sich verlängern (etwa um die Frage nach der Beziehung zwischen Unglück (»bad luck«) und Ungerechtigkeit), worauf hier verzichtet werden soll. Es läßt sich sagen, daß es ein Kriterium einer guten Ethiktheorie ist, ob sie über Methoden und Konzepte verfügt, um derartige offene Relationen im Interesse an Moralität bearbeiten zu können.

In aller Kürze sei an dieser Stelle eine Position zur Metaethik dargelegt. Eine plausible Metaethik muß folgende Bedingungen erfüllen. Sie muß 1. der Präskriptivität normativer Urteile und 2. dem in Moralurteilen implizit enthaltenen »Element der Allgemeinheit« gerecht werden. Sie muß 3. die verschiedenen Bezugnahmen und Geltungsmodi moralischer Urteile klären und 4. »die Möglichkeit rationaler Argumentation berücksichtigen können« (Albert). Die Position, die mir unter diesen Bedingungen anderen Positionen überlegen oder ihnen an Plausibilität mindestens ebenbürtig zu sein scheint, lautet folgendermaßen: In den Naturwissenschaften befassen wir uns mit einer gegenüber unseren Wünschen und Vorstellungen unabhängigen Außenwelt (Realität). In bezug auf unsere moralisch-ethischen Überlegungen können wir uns nur auf das beziehen, was wir intuitiv als richtig empfinden, wovon wir (mehr oder weniger) überzeugt sind, was bereits von anderen Menschen erdacht, formuliert und erzeugt worden ist (Ethiken, Verfassungen, Rechtsordnungen, Moraldoktrinen usw.) und was wir daraus angesichts heutiger moralischer Probleme vernünftigerweise an guten Gründen glauben entwickeln zu können. Die

Naturwissenschaften verfügen insofern über einen *externen* Prüfstein für ihre Hypothesen und Theorien, während die Sphäre des Moralischen *internalistisch* und *rechtfertigungsimmanent* ist. Das Bestehen von Sachverhalten ist von der Anerkennungswürdigkeit moralischer Normen und Urteile zu unterscheiden. Moralische (oder rechtliche) Normen (oder Prinzipien) verdienen Anerkennung aufgrund von Gründen, denen nichts weiter »korrespondiert« als das Reservoir von Überzeugungen, das Ensemble moralisch gehaltvoller Traditionen und das Spektrum der Ethiktheorien.

Wir alle haben in performativer Einstellung Zugang zu einem Reservoir von moralischen Gefühlen, Intuitionen und Überzeugungen, die wir in dieser Einstellung für richtig oder angemessen halten müssen und die wir angesichts moralischer Fragestellungen in Äußerungen (Sprechhandlungen) übersetzen, mit denen wir implizit (ipso facto) den Anspruch erheben, daß sie von (allen) anderen als gute Pro- oder Contra-Argumente in bezug auf eine Normierung, einen Handlungsplan, eine Entscheidung, die Beurteilung eines Falles usw. verstanden werden mögen. Man muß moralische Gefühle, Intuitionen und Überzeugungen also zur Sprache bringen, d.h. sie explizieren, wenn man andere überzeugen will. Moralische Überzeugungen sind als Orientierungsmarken für die Ethik demnach nicht belanglos. Sie sind Prüfsteine für ethische Theorien (und insofern ein Analogon zum fehlenden »Prüfstein der äußeren Realität«). Moralische Intuitionen sind gleichsam das unverzichtbare Rohmaterial moralischer Argumentationen. Im Medium der Sprache verwandeln wir unsere Intuitionen gegenüber anderen in präsumtive Argumente, die im günstigen Fall zu gemeinsam geteilten moralischen Einsichten führen könnten. Wenn wir unsere Intuitionen artikulieren und explizieren, nehmen wir Bezug auf einen Raum von normativen Geltungsansprüchen und den ihnen zugeordneten Pro- und Contra-Gründen. Die Angabe von Gründen für normative Propositionen ist etwas, was in unserem Sprachgebrauch bereits ausgeübt wird. Wir entdecken dieses Tun und erfinden es nicht. Philosophiehistorisch betrachtet, erläutert das Modell des Gründe-Gebens (logon didonai) seit Sokrates das Verständnis dessen, was das Philosophieren wesentlich ausmacht.

Explizierte Intuitionen stehen als präsumtive Argumente der Kritik und der Korrektur offen. Im Medium der argumentativen Rede können wir uns somit unserer Intuitionen kritisch vergewissern und als Folge hiervon auch sinnvoll von »unseren besten und aufgeklärtesten« Intuitionen sprechen. Diese sind solche, die bereits einige argumentative Tests bestanden haben – und zwar ähnlich, wie unsere besten naturwissenschaftlichen Theorien etliche Falsifikationsversuche überstanden haben. Der intellektuelle Raum axiologischer, moralischer und ethischer Gründe läßt sich als etwas verstehen, was den sozialen Raum der Mitwelt legitim zu regulieren beansprucht. Daher ist er an der Idee von Moralität gleichsam ausgerichtet.

Durch das Vorbringen und Kritisieren von Sollgeltungsansprüchen und der ihnen zugeordneten Gründe lassen wir uns auf die Praxis moralisch-normativer Argumentation ein, die – so läßt sich eine Hypothese formulieren – unter bestimmbaren Regeln steht. Wir können somit versuchen, die möglichen regelförmigen Implikationen dieses Sich-Einlassens auszuloten; d.h. herausfinden, was diese Praxis für uns als deren Teilnehmer bedeutet, wenn es uns ernst mit ihr ist. Wer sich ernsthaft auf eine Praxis einläßt, dem ist es nicht mehr ins Belieben gestellt, zu deren konstitutiven Regeln mit Ja *oder* mit Nein Stellung zu nehmen, da die Nein-Stellungnahme und das Sich-Einlassen in einem widersprüchlichen Verhältnis zueinander stehen.

Man kann Gefühle, Intuitionen und Überzeugungen einerseits, ethische Theorien andererseits als zwei unabhängige und doch aufeinander bezogene »Ressourcen« rationaler moralischer Urteilsbildung anerkennen. Im Medium moralischer Argumentation bewegen wir uns (häufig unschlüssig) zwischen Überzeugungen und Theorien hin und her. Es gibt ethische Theorien, die, wenn man sie nicht modifiziert, Konsequenzen haben, die unseren Überzeugungen widersprechen (Aktutilitarismus, Ökozentrismus). Aber deshalb müssen sie nicht falsch sein. Im Bereich der theoretischen Vernunft gilt in strittigen Fällen der Vorrang der Wissenschaften gegenüber Alltagsintuitionen. Wir akzeptieren im Bereich der Physik Theorien (wie bspw. die Relativitätstheorie), die unseren Alltagsintuitionen kraß zuwiderlaufen. In der Ethik hingegen verbürgen weder moralische Überzeugungen noch Ethiktheorien letzte Gewißheit. Wie John Rawls gezeigt hat, pendeln wir als »moral investigators« zwischen Intuitionen, Argumenten, Grundsätzen und Theorien hin und her und bemühen uns dabei um ein reflexives Überlegungsgleichgewicht (reflective equilibrium). Dieses in sich facettenreiche Konzept verweist auf den Kohärenzaspekt praktischer Richtigkeit. Diese Kohärenz erschöpft sich nicht in der Vermeidung deontischer Widersprüche in einem Normensystem; vielmehr besteht sie aus der Praxis des »Einpassens« neuer Komponenten in eine sich dadurch stabilisierende, vernetzte und erweiterungsfähige Rechtfertigungsbasis. Das Medium, ein solches Überlegungsgleichgewicht annäherungsweise (und gewiß nie endgültig perfekt) zu realisieren, ist wiederum die Praxis der Argumentation.

Dies erlaubt die unreduktionistische Selbstdeutung des Menschen als ein potentiell an autonomer Moralität interessiertes vernunftbegabtes Sprachwesen, das in seiner leiblich-psychischen Dimension auf den Schutz durch Moral und Recht angewiesen ist. Das »genus proximum« der Wesensbestimmung des Menschen (Sinnenwesen) erklärt die Angewiesenheit auf Moral, die »differentia specifica« (Vernunftbegabung) erhellt das praktische Interesse an Moralität und verweist auf das Medium, in dem sich dieses Vernunftinteresse äußert.

Die skizzierte Position nimmt auf Grundvorstellungen einer Diskurstheorie normativer Gültigkeit Bezug. Sie verweist auf dieses Theorieangebot und ist insofern nicht »neutral«. Die Metaethik ist zwar neutral gegenüber einzelnen Normen und Urteilen; sie kann aber nicht neutral gegenüber ethischen Theorien sein. Die Ebene der Metaethik ist aus der Sicht des Verfassers mit dieser sicherlich noch weiter zu verfeinernden und erläuternden Position zu besetzen.

3. Der Begriff der Begründung in der Ethik

Anerkannt wird, daß Normen und Prinzipien, die aufgrund ihrer Präskriptivität das Verhalten einschränken, etwas Begründungsbedürftiges sind. Es ist umstritten, wie das Begründet-Sein im Bereich von Moral und Ethik zu verstehen ist.[58] Tugendhat glaubt, die Ethik habe lange den Fehler gemacht, sich auf die Alternative zwischen einer absoluten Begründung, insbesondere ihrer obersten Grundsätze, und der Unbegründetheit festzulegen. In der Ethik dominierte die merkwürdige Konstellation einer Dichotomisierung zwischen einer »Superbegründung« und dem Unbegründet-Sein. Der Grund hierfür ist der folgende: Die Ethik hat sich lange Zeit an dem Postulat einer *zureichenden* Begründung höchster Prinzipien orientiert (principium rationis sufficientis). Hans Albert versteht das Postulat zureichender Begründung (PZB) als zentrales Postulat der frühneuzeitlichen Methodologie rationalistischen Denkens. Allerdings ist es kein Gesetz der Logik. Man ging gemäß dem PZB davon aus, daß nur zureichend begründete Propositionen allgemeine Anerkennung verdienen. Daraus folgt, daß ein allgemein verbindliches Moralprinzip zureichend begründet werden muß. Erst eine solche Begründung könnte in der Sphäre des Moralischen die Willkürfreiheit einer Person begrenzen. Nur dann, wenn die Einsicht, etwas Normatives anerkennen zu müssen, schlechterdings unabweisbar (zwingend) sei, müsse der freie Wille sich dem fügen. Der freie Wille beugt sich, so könnte man sagen, nur einer zureichenden Begründung. Bleibt ihm ein Schlupfloch des Zweifels, ist er zu nichts verpflichtet, sondern vermag sich so oder anders zu entscheiden. Viele Ethiker haben sich darauf kapriziert, diese letzten Schlupflöcher des Zweifels zu schließen. Der Preis hierfür war die Abwendung von praktischen Gegenwartsfragen.

Bezieht man das PZB auf die obersten Prinzipien von Moral oder Ethik, so ergibt sich ein grundlegendes Problem. Unter einem Prinzip der Moral ist ein oberster Grundsatz zu verstehen, der allen übrigen Normen, Regeln, Kriterien Bewertungen usw. vorangeht.[59] Sätze, die alle Handlungen aller Personen in allen Situationen orientieren bzw. regulieren können sollen, oder Sätze, die (notwendige oder hinreichende) Bedingungen für die Gültigkeit möglicher Normen beinhalten, sind als wirkliche[60] Moralprinzipien zu verstehen. Ich plädiere dafür, den engen und strengen Sinn eines, so Kant, »obersten Prinzips aller Moralität« beizubehalten. Moralprinzipien können sich entweder auf richtige Handlungsweisen (Handlungsprinzipien) oder auf Bedingungen gültiger Normen beziehen (Legitimitätsprinzipien).

Das Begründen von obersten Moralprinzipien scheint direkt in die Paradoxie zu führen, daß man es aus anderen, höheren Prinzipien ableiten muß. Ein Prinzip aber, das man aus etwas anderem deduzierend ableiten könnte, ist kein oberstes Prinzip, sondern eben etwas Abgeleitetes. Dies führt zur Ansicht von der »Grundlosigkeit des Sollens« (Simmel). Gerade das Oberste, woran alles übrige »hängt«, scheint seinerseits haltlos zu sein.

Man kann dieses Problem auch so ausdrücken: Die Begründung eines Moralprinzips ist entweder voraussetzungsvoll oder voraussetzungslos. Eine zugleich voraussetzungslose und zureichende Begründung wäre entweder ein begrifflicher Widerspruch oder der Rekurs auf etwas schlechthin Untrügliches bzw. Evidentes. Aber was sollte dies sein, und wie will man begründen, daß Evidenzen wirklich Evidenzen sind? Eine voraussetzungsvolle Begründung führt zum sog. Münchhausen-Trilemma. Demnach steht jeder mögliche Versuch, Moralprinzipien mit Voraussetzungen zureichend zu begründen, vor folgenden unliebsamen Alternativen: 1. Zirkelschluß (petitio principii), 2. unendlicher Regreß (regressus ad infinitum) und 3. dogmatischer Abbruch (»Setzungen« von Axiomen).

An irgendeiner Stelle des Begründungsversuches muß das PZB suspendiert werden. Zumeist werde, so Hans Albert, die Resignationslösung eines honorigen Dogmatismus gewählt (Betonung der Menschenwürde, der Verfassung o.ä.).[61] Das Regreßproblem ist das systematisch wichtigste Argument für die Unmöglichkeit einer zureichenden Begründung moralischer Prinzipien. Gewiß ergibt sich für jede Begründung ein Regreßproblem; denn es erscheint immer möglich, Gründe, die für etwas ins Feld geführt werden, ihrerseits anzuzweifeln, was zur Angabe von Gründen für Gründe für Gründe zwingt. Je weiter man den Regreß treibt, um so wahrscheinlicher gerät man in zirkuläre Strukturen oder an Punkte, wo man »nicht mehr weiter weiß«. Keuth schreibt nun in bezug auf den Regreß: »Da das Argument nie endet, wird auch nichts begründet.«[62] Die »Unaufhörlichkeit« des Argumentieren-Müssens entwertet für Keuth alles Gesagte als Begründung vollständig. Aber warum sollte eine endliche Reihe von (guten) Gründen gar keine begründende Kraft aufweisen? »Infinite regresses of justification are vicious only when their infinitude nullifies their justification. Why should we think that an finite set of reasons is no reason at all?«[63] Dies gilt wiederum nur unter dem PZB. Ansonsten liegen Gründe vor, die irgendwie »zählen«.

Eine mögliche Lösung des Regreßproblems unter dem PZB liegt in dem Gebrauch reflexiver bzw. transzendentalpragmatischer Argumente, in denen nicht deduziert wird, sondern mit deren Hilfe man einen skeptisch eingestellten Opponenten auf etwas hinweist, was dieser als Bedingung der Möglichkeit sinnvollen Zweifelns »immer schon« anerkannt hat und woraus etwas für die normative Ethik folgen soll. Diese Argumentationsführung werden wir im Kontext der Diskursethik darstellen. Hier sollen andere Vorschläge erwähnt werden, dem Trilemma zu entrinnen.

Vertreter kohärentistischer Ethiken haben geltend gemacht, daß nicht alle zirkulären Strukturen eine Begründung entwerten. Für Zoglauer liegt die Lösung des Münchhausen-Trilemmas darin, daß es nichtlineare-«zirkuläre« Begründungen *legitimerweise* geben kann. Zoglauer: »Die Begründungskette gelangt niemals an ein definites Ende, sondern sie verzweigt sich.« Dies führt dazu, daß eine Proposition p mit einer Evidenzbasis gestützt werden darf, zu der, wenn man sie vollständig entfaltet, auch p, aber nicht nur p zählt. Dies ist im Kohärentismus für eine Begründung nicht »tödlich«[64]. Man löst sich hierbei von dem »Ketten«-Modell des Begründens. Zoglauer unterscheidet zwischen selbstbestätigenden und selbstwidersprechenden Zirkeln. Diese sind »vitiös«, jene sind in kohärentistischen Ethiken zugelassen. Das Argument verweist darauf, daß auch in den Naturwissenschaften zirkuläre Strukturen vorkommen und als unvermeidlich, aber als häufig harmlos angesehen werden. Die kohärentistische Position gibt implizit das PZB auf.

Man kann auch geltend machen, daß der Begründungsbegriff nicht so konzipiert sein darf, daß nur der Skeptiker gewinnen kann. Dies aber ist unter dem PZB offenbar der Fall. Wenn die Begründungslasten nicht einseitig dem Ethiker aufgebürdet werden, so steigen die Aussichten für »erfolgreiche« Begründungen, wobei zu klären ist, was den Erfolg einer nicht zureichenden Begründung ausmacht. Der unendliche Regreß entsteht, wenn man dem Skeptiker das Recht einräumt, immer nur »Warum?« zu fragen, ohne daß er selbst eine Behauptung aufstellen oder Gründe für die Sinnhaftigkeit seines Zweifels angeben muß. Das PZB verleiht dem Skeptiker dieses Recht. Es erzeugt gewissermaßen einen epistemisch außergewöhnlichen Begründungskontext, in dem jeder nur erdenkliche Zweifel ausgeschlossen sein muß, ohne daß der Skeptiker die Gründe dafür darlegen muß, warum ein erdenklicher Zweifel hier relevant oder angemessen ist. Die radikale Skepsis ist insofern die abstrakte Negation eines überzogenen certistischen Postulates.

Ein naheliegender Ausweg reduziert Begründungsanforderungen mit Blick auf die Entwicklung der Wissenschaftstheorie.[65] Von dem PZB ist die Wissenschaftstheorie abgerückt, und es ist nicht einzusehen, warum ausgerechnet die normative Ethik, die rechtfertigungsimmanent ist, am PZB sollte festhalten müssen. Albert und die kritischen Rationalisten haben das PZB für sich nie akzeptiert.[66] Tugendhat hält es für einen Fehler anzunehmen, daß es nur eine »schlichte (absolute) Begründung oder gar keine gibt«[67]. Der Skepsis muß man deshalb nicht verfallen. Wie immer der Begründungsbegriff dann gefaßt wird, ergibt sich eines: Es kann in der Ethik gute Begründungen geben, die nicht zureichend sind.

Das PZB bezieht sich nicht auf den Begründungsbegriff oder ein Begründungskonzept, sondern auf ein Begründungsideal. Wenn überhaupt, dann ist es nur in einigen Fällen sinnvoll, sich in der Ethik an diesem Ideal zu orientieren. Im folgenden wird das PZB aufgegeben. Es genügt vollauf, wenn sich die Ethik bei ihren Begründungen an den in Naturwissenschaft oder auch Jurisprudenz anerkannten Begründungsstandards orientiert und nicht an dem Ideal, daß jeder denkmögliche Zweifel ausgeschlossen sein muß.[68] Es wird statt dessen ein pragmatisches und pluralistisches Begründungskonzept vertreten. Dieses Konzept unterscheidet Typen von Begründungszielen. Es deckt ein Kontinuum ab, das von transzendentalen Argumenten über Formen praktischen Schlußfolgerns, Konzepte und Typen des argumentativen Einlösens eines Sollgeltungsanspruches bis hin zur Plausibilisierung reicht.

Dieses Begründungskonzept kann sich u.a. auf Aristoteles berufen: »Denn es kennzeichnet den Gebildeten, in jedem einzelnen

Gebiet nur so viel Präzision zu verlangen, als es die Natur des Gegenstandes zuläßt. Andernfalls wäre es, wie wenn man von einem Mathematiker Wahrscheinlichkeitsgründe annehmen und vom Redner zwingende Beweise fordern würde.« (Nikomachische Ethik, 1094b) Deshalb wird man in der Metaethik und der eudämonistischen Ethik keine Beweise verlangen, während man sich in der Normenlogik bei Ableitungen nicht mit Plausibilitäten begnügen wird.

Dieses pluralistische Begründungskonzept wird von einer allgemeinen, aber unspektakulären Auffassung getragen, was »begründen« bedeutet: eine Proposition, die jemand ernsthaft vertritt (mit der jemand einen Geltungsanspruch erhebt), mit möglichst guten Gründen zu stützen, um andere von dieser Proposition zu überzeugen. *Begründen heißt argumentieren.* Eine Argumentation ist also ein Verfahren, in dem mindestens zwei Personen versuchen, einander durch Gründe zur Annahme von Propositionen, Geltungsansprüchen, Thesen usw. rational zu motivieren.

Ein pluralistisches Begründungskonzept verlangt auf den unterschiedlichen Ebenen der Ethik Angaben darüber, was genau begründungsbedürftig ist, welche Begründungsanforderungen angemessen sind, wie Begründungslasten verteilt sein sollen, welche Sorten von Gründen zulässig sind usw.[69] Es verlangt bspw. nicht, daß auf allen Ebenen der Ethik nur transzendentale Argumente zulässig sind; denn es wäre absurd, angewandte Ethik allein mit transzendentalen Argumenten betreiben zu wollen bzw. zu müssen.

Der Begründungsbegriff hat auf jeder der Ebenen der Ethik einen anderen konzeptionellen Status. Es macht einen Unterschied, ob man das logische Verhältnis zwischen Rechten und Erlaubnissen analysiert (Normenlogik), eine metaethische Position entwickelt, faktisch vorhandene Meinungen erforscht (deskriptive Ethik), eine Hypothese für den Adaptionswert altruistischen Handelns entwickelt, Moralphänomenologie betreibt, ein oberstes Moralprinzip oder grundlegende Moralnormen zu begründen sucht (normative Ethik), nach einem moralisch vertretbaren Umgang mit unterschiedlichen Risiken fragt und hierzu Kriterien entwickelt, Verantwortungszuschreibungen konzeptualisiert, Vorrangregeln für die Auflösung von Normenkonflikten einführt oder über die Angemessenheit einer Semantik urteilt (Querschnittsthemen), ob man thematisch bestimmte Argumentationsräume rekonstruiert, aus komplexen Argumentationslagen auf zu treffende normative Regulierungen »schlußfolgert«, sich in einem Einzelfall ein begründetes Urteil bildet oder Begründungslasten verteilt.[70]

Ein pluralistisches Begründungskonzept impliziert nicht, Begründungsprobleme zu vernachlässigen. Das Gegenteil ist der Fall. Als Faustregel soll gelten: Je umfassender der Begründungsanspruch ist, um so höher ist die Begründungslast. Da es auf der Ebene 4 um die Begründung von Prinzipien und Moralnormen geht, die das Urteilen und Handeln aller Personen regulierend leiten sollen, ist der Begründungsbedarf auf dieser Ebene anspruchsvoll zu konzipieren. Allenfalls hier ist das PZB als ein anzustrebendes Ideal sinnvoll. Ideale kann man nur annaherungsweise realisieren. Kriterium einer guten Ethiktheorie wäre es, wenn diese sich auf Ebene 4 a dem PZB als einem Ideal, also als IZB, gleichsam stellen könnte. Auf anderen Ebenen ist das PZB nicht einmal als Ideal sinnvoll.

Begründungsbedürftig sind nur Propositionen, die mit einem ernsthaften Geltungsanspruch geäußert werden. Eine Frage, ein Witz, ein Gebet oder ein Lied sind nicht begründungsbedürftig; begründungsbedürftig kann lediglich ihre Äußerung in einer bestimmten Situation sein (»Es war taktlos, ihm diese Frage zu stellen oder ausgerechnet ihm diesen Witz zu erzählen«). Daß wahre Aussagen taktlos und verletzend sein können, ist bekannt. Natürlich soll man in vielen Fällen Aussagen unterlassen, selbst wenn sie wahr sind. Es ist auch unbestritten, daß der Gebrauch des Vokabulariums moralischer Werturteile einer gewissen Zurückhaltung bedarf. Hierbei geht es um die wichtigen Fragen situativer Angemessenheit. Diese sind für das konkrete Verhalten einer moralischen Person von großer Bedeutung. Fragen situativer Angemessenheit finden jedoch ihren Ort auf der Ebene 8 und sollten mit Begründungsfragen im engeren Sinne nicht konfundiert werden.

Normative ethische Theorien lassen sich von einer metatheoretischen Perspektive aus darstellen. Die im folgenden favorisierte Bezugnahme auf das maßgeblich von Stegmüller entwickelte strukturalistische Theoriekonzept (STK) mag überraschen, denn das STK wurde nicht mit Blick auf ethische Theorien entwickelt. Die Versuche Wolfgang Balzers, das STK auf Freuds Psychoanalyse[71], auf Jacobsons Poetik[72] sowie auf den Marxismus anzuwenden[73], erscheinen mir durchaus instruktiv für das Verständnis dieser Theorien. Gleiches gilt für Gähdes Anwendung des STK auf den Utilitarismus. Aufgrund dessen erscheint es zulässig, den Kerngedanken des STK versuchsweise auf ethische Theorien zu beziehen.

Für das STK brauchen Theorien nicht zureichend begründet zu werden. Eine Pointe des STK liegt darin, Theorien als komplex strukturierte, dynamische Entitäten zu betrachten, die sich verändern und entwickeln können, ohne dabei ihre Identität einzubüßen.[74] Im STK ist eine Theorie T die Verbindung zwischen ihrem (intern strukturierten) Kern K und der Menge der von der Theorie selbst intendierten Anwendungen I : T = < K, I >. Es muß also nicht nur K, sondern auch eine Zuordnung von K zu I geben. Wer nun erstens K anhand formaler Merkmale inhaltlich bestimmen und möglichst gut begründen, zweitens eine Zuordnung von K und I plausibilisieren und drittens erfolgreiche Anwendungen bzw. einige Elemente von I vorweisen kann, der verfügt über eine Theorie und kann versuchen, sie zu einem Theorienetz zu entfalten.

Der Kern K einer Theorie T enthält sog. Basiselemente sowie Modelle. Das Basiselement einer ethischen Theorie ist in aller Regel deren Moralprinzip. Der Kern jeder Ethiktheorie ist zugleich eine Explikation des moralischen Standpunktes (moral point of view).[75] Es wäre daher falsch, den »moral point of view« mit einem bestimmten Moralprinzip zu identifizieren. Was den Modellbegriff anbetrifft, so sind Modelle keine Abbilder der Wirklichkeit, sondern theoriegenerierte Konstrukte, die sich repräsentativ auf den Gegenstandsbereich einer Theorie beziehen. In Verbindung mit paradigmatischen Anwendungen ergibt sich aus dem Theoriekern eine Grundkonzeption von Moralität.

Die Menge I ist eine »pragmatisch vorgegebene, jedoch prinzipiell offene Menge, die mit dem Fortschreiten der Theorie variiert«[76]. I ist eine heterogene Menge, wobei verschiedene Anwendungen verschiedenes Gewicht haben. Unterschieden wird zwischen I und der Menge der »paradigmatischen Anwendungen« (Ip). Man kann Ip im Sinne von Kuhns Musterbeispielen verstehen.[77] In bezug auf Ip muß eine Theorie erfolgreich sein. Natürlich ist Ip eine Teilmenge von I. I wächst im Fortschritt einer Theorie aus Ip gleichsam hervor. Dieser Prozeß ist ein wichtiger Moment der Theoriendynamik. Ein Element aus Ip darf niemals nachträglich aus der Menge I entfernt werden. Außerdem unterscheidet man im STK zwischen der Menge If als den »festen« Anwendungen von K und der Menge Ia als Menge der nur »angenommenen« I. Auch I besteht somit aus einem Tupel, nämlich I = < Ip, If, Ia >. Über die nähere inhaltliche Fassung dieses Tupels können auch die Anhänger einer Theorie geteilter Meinung sein, ohne daß sie deshalb aufhören, gemeinsam die gleiche Theorie zu vertreten.

Auch die Entwicklung einer Ethiktheorie kann so verlaufen, daß die Prinzipien und Grundannahmen zeitlich früher auftauchen und erst anschließend die Gründe formuliert werden, die für oder gegen diese Ethik sprechen. Unter einer logisch-synchronen

Perspektive kommt es darauf an, Theoriekerne zu rekonstruieren und zu beurteilen.

Wenden wir uns nun dem Problem zu, das für viele als Grundproblem der Ethik überhaupt gilt: die Vielfalt der Ethiktheorien selbst. Nida-Rümelin spricht mit Blick auf diese Vielfalt von einer »Grundlagenkrise« der Ethik, die sich zu einem Relativismus höherer Stufe zu entwickeln droht. Die vielen Moralen hat man ohnehin, hinzugekommen sind die verschiedenen Ethiken. Für Tugendhat ist nicht der Egoismus oder die radikale Skepsis das zentrale Problem der Moralbegründung, sondern die wachsende Pluralität unterschiedlicher Moralkonzepte und Ethiktheorien. Die sog. »neuen« Ethiken im Bereich der Umweltethik verschärfen diese Grundlagenkrise. Die Mehrheit der Ethiker hat sich mit diesem Theoriepluralismus abgefunden. Man sagt, dieser sei zwar ein im Prinzip unerträglicher Zustand, aber eine unabänderliche Gegebenheit. Man hofft für die angewandte Ethik (Ebene 5) auf »Prinzipien mittlerer Reichweite«, »stabile Oberflächenkonsense« oder einen »vernünftigen Pluralismus«.

Das dieser Resignationslösung entgegengesetzte Programm ist das einer rationalen Theoriewahl zwischen konkurrierenden Ethiktheorien. Meine These lautet: Theoriewahl in der Ethik ist möglich und nötig. Unter dem PZB stellte sich das Problem der Theoriewahl in der Ethik schlicht so: Zu wählen ist die Ethik, der in ihrem Kern die zureichende Begründung eines Moralprinzips geglückt ist. Im Hinblick auf das STK gilt zwar ebenfalls, daß Begründungsleistungen über die Qualität einer Ethiktheorie entscheiden; die Anzahl der Kriterien vermehrt sich jedoch.

Eine Wahl zwischen ethischen Theorien muß neutrale oder »faire« Kriterien zugrunde legen können. Diese Kriterien müssen zugleich diskriminierend wirken; d.h., nicht alle Theorien dürfen anhand aller Kriterien gleich gut abschneiden. Einige Überlegungen hierzu finden sich bei Hooker.[78] Law nennt unter Rekurs auf Hooker folgende »reasonable constraints on acceptable moral theories«: »The theory should survive a process of reflective equilibrium. The theory should be internally consistent. The theory should provide help with hard cases. The theory should specify what (if anything) ties together our various general principles and justifies them.«[79]

Als weitere Kriterien habe ich genannt und erläutert[80]: Kompatibilität mit wissenschaftlicher Rationalität, Respektierung des Eigensinns unterschiedlicher Praxisfelder, Bezug auf eine Metapraxis, Begründungsstärke hinsichtlich des vertretenen Moralprinzips, konsistenter Bezug zu einer (plausiblen) metaethischen Theorie und möglichst keine Anleihen bei konkurrierenden Theorien im Kern der Theorie.

Hinzufügen möchte ich im Anschluß an das Gesagte folgende Kriterien: Gliederungsmöglichkeit gemäß des Ebenenmodells, Möglichkeit der Schließung offener deontischer Relationen, Einbettungskapazität, klare Struktur gemäß STK, Erfolg bei paradigmatischen Anwendungen, PZB als Begründungsideal auf Ebene 4 a.

Diese Kriterien ergeben eine Liste zum Zwecke einer möglichen Beurteilung unterschiedlicher Ethiktheorien. Wir haben nun drei strukturale und kriteriale Hilfsmittel, mittels deren wir Ethiktheorien vergleichen und auf ihre Qualität hin beurteilen können: 1. Ebenenmodell, 2. STK-Metaperspektive und 3. Liste von »Güte«-Kriterien für Ethiktheorien.

Nunmehr stellt sich die Aufgabe, (idealiter alle) Ethiktheorien gemäß dem STK und unter besonderer Berücksichtigung der Begründung des jeweiligen Theoriekernes anhand der aufgelisteten Kriterien nacheinander durchzumustern, um zu einem abschließenden Urteil zu gelangen. Dadurch wird das »Begründetsein« einer Ethik relativ zu anderen Ethiken zu beurteilen sein, mithin komparativisch ausfallen. Das ist ein Lebenswerk und nicht Gegenstand einer Einführung.

Im weiteren sollen folgende Ethiktheorien auf ihre Theoriekerne und auf paradigmatische Anwendungen hin analysiert werden[81]: die Ethik Immanuel Kants, der Utilitarismus, der Kontraktualismus, der Ansatz von Alan Gewirth und die Diskursethik. Im Kontext des Konsequentialismus wird kurz auf die Ethik des (orthodoxen) Marxismus eingegangen; im Kontext des Kontraktualismus wird die Gerechtigkeitstheorie von John Rawls behandelt. Die sog. physiozentrischen Ethiken werden im Kontext des Inklusionsproblems behandelt, die Menge der moralisch zu berücksichtigenden Wesen (moral community) festzulegen. Viele Theorien liegen mittlerweile in »klassischen« und »nichtklassischen« Varianten vor. Man kann die Entwicklung der Ethik der vergangenen Jahre sogar dahingehend beschreiben, daß die klassischen Varianten an Attraktivität verloren haben und neue Variationen vorgestellt worden sind. Um diese beurteilen zu können, muß man jedoch die klassischen Ansätze verstanden haben. Hierzu wollen die nachfolgenden Kapitel beitragen. Die Nichtbehandlung anderer bedeutender Ethiken (bspw. Mitleidsethik, Kommunitarismus, Aristotelismus) rechtfertigt sich rein pragmatisch mit dem Umfang dieses Bändchens.

Es gibt Vorschläge für Moralprinzipien, die unhaltbar sind, wie etwa das Prinzip, das Heinz von Foerster vorgeschlagen hat. Es lautet: »Handle stets so, daß die Anzahl der Möglichkeiten wächst« (»Always act so as to increase the number of choices«).[82] Dieser Satz eignet sich nicht als Moralprinzip. Wenn bspw. im Land A Mörder zu lebenslänglicher Haft verurteilt werden müssen und Witwen nicht verbrannt werden dürfen, im Land B hingegen Mörder entweder zum Tode oder zu lebenslänglicher Haft verurteilt werden können, während Witwen entweder verbrannt oder aber nicht verbrannt werden dürfen, muß man diesem Prinzip zufolge die Zustände in Land B moralisch höher bewerten als die in Land A. Wenn eine Verfassung einen Angriffskrieg verbietet, eine andere aber nicht, wäre diese gegenüber jener moralisch zu bevorzugen, weil sie mehr Möglichkeiten bietet. Man kann dieses (Pseudo-) Prinzip nicht dadurch retten, daß man die Möglichkeiten moralisch qualifiziert, so daß die »guten« Möglichkeiten vermehrt und die »schlechten und bösen« vermindert werden sollen. Dies setzte vorgängige moralische Kriterien der Unterscheidung voraus. Es kann kein oberstes Prinzip der Moral sein, daß möglichst viel möglich sein soll. Generell schneiden Ethiken, die auf der Basis des sog. radikalen Konstruktivismus konzipiert wurden, in vielerlei Hinsichten äußerst schlecht ab.[83]

Etliche Moralprinzipien werden als Fortbildung und Verbesserung der in vielen Moralsystemen nachweisbaren Goldenen Regel konzipiert. Die Goldene Regel (vgl. Mt 7, 12 und Lk 6, 31) dürfte wohl weltgeschichtlich das erste universelle Moralprinzip sein. Sie ist *formal*, da sie keinen spezifischen Gehalt außer dem der Reziprozität enthält, und *universalistisch* in dem Sinne, daß das »keinem anderen« letztlich nur die Deutung zuläßt: »keiner anderen Person, wer immer sie sei«. Die wörtliche Anwendung der Goldenen Regel führt jedoch nicht in allen Fällen zu moralisch intuitiv befriedigenden Lösungen.[84] Sie hat u.a. den Nachteil, daß sie an die Ich-Perspektive gebunden ist und die Wünsche, Bedürfnisse, Präferenzen, Einstellungen der anderen nur aus dieser Ich-Perspektive wahrnehmen kann. Wenn ich (etwa aus Stolz) nicht möchte, daß man mir in einer Notlage hilft, kann ich mich gemäß der Goldenen Regel dafür entscheiden, selbst niemandem zu helfen, der sich in einer Notlage befindet. Dies wird gewöhnlich als ein Nachteil der Goldenen Regel gewertet. Andere Konsequenzen sind die folgenden: Bei geeigneten Annahmen über das Wollen der Beteiligten und einer wortwörtlichen Deutung des »Was du nicht willst, das man dir tu« ergibt sich, daß Gefängniswärter die Häftlinge freilassen, Landbesitzer ihr Land kostenlos verpachten müssen usw. Als Faustregel ist die Goldene Regel in vielen Situationen brauchbar, als ethisches Prinzip ist sie unbefriedigend, wenn man sich an den Wortlaut hält. Es geht daher eher um den Sinn der Goldenen Regel. In ihr sind miteinander zusammenhängende Sachprobleme enthalten, die eine Ethiktheorie lösen können muß: Rollentausch, Sich-hinein-Versetzen in die Lage des anderen, Universalisierbarkeit des Wollen-Könnens, Egalitarismus, Unparteilichkeit. Die Moralprinzipien der von Kant ausgehenden Tradition sind ihrem Anspruch nach Verbesserungen und Transformationen der Goldenen Regel.

4. Die Ethik Immanuel Kants

Kants Ethik hat bis auf den heutigen Tag teils fasziniert, teils aufgrund ihres Rigorismus abgeschreckt.[85] Konkurrierende Ethiktheorien wie etwa Hegels Sittlichkeitslehre, Schopenhauers Mitleidsethik mit ihrer Kritik am Kantischen Gesetzesdenken, neuerdings auch die Ethik Tugendhats und die Diskursethik wurden aus einer Auseinandersetzung mit der Ethik Kants heraus entwickelt. Nietzsche begegnete der Ethik Kants mit Unverständnis und kommentierte sie polemisch.[86] Im Neokantianismus hat Kant die akademische Ethik des ausgehenden 19. Jahrhunderts und beginnenden 20. Jahrhunderts geprägt.[87] Sozialistische Theoretiker bemühten sich um eine Vermittlung von Marx und Kant.[88] Max Weber hatte große Hochachtung vor der Ethik Kants, die er als Musterbeispiel einer Gesinnungsethik einordnete. Die Ethik Kants kann als *der* paradigmatische Entwurf einer modernen Ethik gelten.[89] Kants Schriften zur Ethik lassen sich folgendermaßen charakterisieren[90]: Kant beschäftigt sich in der *Grundlegung zur Metaphysik der Sitten* mit der Ermittlung und Begründung des obersten Prinzips aller Moralität.[91] In der *Kritik der praktischen Vernunft* (KpV) geht es um dessen Voraussetzungen und Konsequenzen; in der *Metaphysik der Sitten* und den politischen Schriften wird der Theoriekern zum System entfaltet. Kant gibt in der *Grundlegung* zudem Musterbeispiele wie das Lügeverbot, die zu den paradigmatischen Anwendungen zu zählen sind. Insofern ist die STK-Beziehung von T = < K, I> klar bestimmt.

Die Sekundärliteratur zur Ethik Kants i.w.S. ist kaum noch zu überblicken.[92] Hier kann es nur um die Grundzüge bzw. um den Kern dieser Ethik gehen. Diese Grundzüge werden von Kant in einem architektonischen Parallelismus zur *Kritik der reinen Vernunft* (KrV) konzipiert. Die Begrifflichkeit der KrV (reiner Verstand, Synthesis, synthetisches Urteil a priori usw.) prägt die Kantische Ethik. Die Übertragungen ergeben sich bei Kant aus der Voraussetzung einer Einheit des Bewußtseins; d.h., für ihn können »die Gesetzmäßigkeiten der ›Bewußtseinsleistungen‹ [...] nicht völlig uneinheitlich sein«[93].

Kants Ethik ist vom Typus her rationalistisch, formal, deontologisch und universalistisch. Sie versteht sich als reine Moralphilosophie, die mit keiner empirischen Wissenschaft, keiner Glückseligkeitslehre und keiner Theologie vermischt ist. Formal ist sie, da der kategorische Imperativ keinen bestimmten Inhalt aufweist. Deontologisch ist sie, da sie zu kategorischen Pflichten führt. Universalistisch ist sie, da sie nicht nur für Menschen, sondern für alle möglichen Vernunftwesen in allen erdenklichen Situationen Gültigkeit beansprucht.[94]

Für Kant soll die reine Vernunft praktisch werden. Die reine Morallehre untersucht nicht die empirischen Bedingungen des menschlichen Wollens – dies ist Gegenstand der Psychologie –, sondern »die Idee und die Prinzipien eines möglichen reinen Willens« (Kant). Daher darf man ein Moralprinzip weder auf empirische Anthropologie (Menschenkunde) noch auf das Streben nach Glückseligkeit gründen, sondern nur auf Vernunft, die vom Verstand unterschieden wird.[95] Der Verstand ist für Kant das »Vermögen der Regeln« und ihrer korrekten Anwendung; die Vernunft hingegen bezieht sich kritisch auf die Leistungen des Verstandes. Die theoretische Vernunft ist demnach gegenüber dem Verstand reflexiv und präskriptiv (kritisch), etwa indem sie die Grenzen des Verstandesdenkens bestimmt, über die dieses nur bei Strafe begrifflicher Verwirrung hinausgelangen kann. Eine analoge Beziehung besteht im Bereich der praktischen Vernunft. Die lebenspraktische, mit Interessen, Gewohnheiten und Traditionen vermittelte Verständigkeit der Menschen führt zu Maximen, während die reine praktische Vernunft zu einem sittlichen Prinzip führt, das die Beurteilung von Maximen auf ihre Moralität hin ermöglicht.

Gleichwohl möchte diese scheinbar so strenge Ethik der »gemeinen sittlichen Vernunfterkenntnis« (Kant) nahebleiben. Die Ethik lehrt für Kant die gemeine sittliche Menschenvernunft kaum etwas inhaltlich Neues, sondern »katechesiert« sie auf sokratische Weise. Sie will, wie es in der KpV heißt, keinen neuen »Grundsatz der Sittlichkeit einführen, und diese gleichsam zuerst erfinden gleich als ob vor ihm die Welt, in dem was Pflicht sei, unwissend oder in durchgängigem Irrtume gewesen wäre« (VII, S. 113). Sie bietet aber eine neue »Formel«. Diese Formel, der kategorische Imperativ, wird von mehreren »Nebenformeln«[96] flankiert. Kants Ethik ist demnach dem Pfad der Entdeckung (im Sinne Walzers) zuzuordnen. Entdeckt werden sollen die Grundzüge von Moralität sowie der Zusammenhang von Moralität und Freiheit.

Alle Imperative (Gebotsformeln) oder Regeln gebieten für Kant entweder hypothetisch (bedingt) oder kategorisch (unbedingt). Er unterscheidet 1. Regeln der Geschicklichkeit, 2. Ratschläge der Klugheit und 3. Gesetze der Sittlichkeit. Regeln der Geschicklichkeit und Ratschläge der Klugheit gebieten hypothetisch, d.h. unter Voraussetzung einer Absicht oder eines Zwecks. Regeln der Geschicklichkeit sind technisch. Wenn du dir den Zweck a setzt, dann wähle b, c, d als die zur Realisierung dieses Zwecks geeigneten Mittel. Der praktische Syllogismus von Wrights ist in kantischer Perspektive ein technisches Schema.[97] Die am Modell des äußerlich erfolgreichen Eingriffs in die Welt orientierte Zweck-Mittel-Rationalität[98] kann die Begründung von Moralität nicht leisten. Mehr noch: Sofern wir uns aus Neigung Zwecke setzen und gemäß den Regeln der Geschicklichkeit realisieren, handeln wir Kant zufolge wesentlich unfrei, denn unsere Neigungen sind ausnahmslos kausal determiniert.

Ratschläge der Klugheit beziehen sich auf einen Zweck, der bei jedem Menschen »als wirklich« vorausgesetzt werden kann, nämlich das Streben nach Glückseligkeit. Die Ratschläge der Klugheit beziehen sich auf Mittel zum »eigenen größten Wohlsein« (VII, S. 45). Sie sind relativ in bezug auf Entwürfe des guten Lebens und daher ebenfalls hypothetisch. In ihnen macht sich kein striktes Sollen geltend, sie werden im grammatischen Modus des »sollte« gegeben. Sie obligieren nicht, sondern legen Empfehlungen nahe, zu denen der Adressat sich abwägend verhalten kann. Der Grund moralischer Verbindlichkeit muß Kant zufolge kategorisch, d.h. un-bedingt (ohne Voraussetzung eines Zweckes) mit Notwendigkeit und ausnahmslos gelten. Wie kann ein solcher Grund gelegt werden?

Den Ausgangspunkt zur Begründung dieses obersten Prinzips der Moralität nimmt Kant in der *Grundlegung* bei der Bestimmung eines moralisch guten Willens. Hierbei wird zwischen »gut« im moralischen und im außermoralischen Sinne von »tauglich«, »geeignet« usw. unterschieden. Kant zeigt anhand von Beispielen, daß nichts in der Welt als uneingeschränkt gut gelten könne als ein moralisch guter Wille. Alles im außermoralischen Sinn »Gute« einschließlich vieler Charaktereigenschaften (wie Mut) kann sich mit unmoralischen Zwecken verbinden. Für Kant enthält der Begriff der moralischen Pflicht (wenngleich nur unter gewissen Einschränkungen) den des guten Willens. Pflicht wiederum ist »die Notwendigkeit einer Handlung aus Achtung fürs Gesetz« (VII, 26). Das gesuchte »Sittengesetz«, das Kant in Analogie zu den Naturgesetzen der Physik Newtons denkt, bindet einen guten Willen ähnlich, wie Naturkörper durch Naturgesetze determiniert sind.[99] Das Sittengesetz wird als »kategorisch nötigend« gedacht. Die Möglichkeit eines solchen kategorischen Imperativs muß Kant zufolge »a priori« (d.h. unabhängig von aller empirischen Erfahrung) untersucht werden. Der kategorische Imperativ wird (in Analogie zur KrV) als synthetischer Satz a priori konzipiert.[100] Der Begriff des kategorischen Imperativs (KI) muß für Kant analytisch zu seiner Formel führen. (VII, 50) Man muß (mindestens) vier Fragen unterscheiden: 1. Wie lautet der kategorische Imperativ? 2. Wie begründet er sich? 3. Wie ist er als solcher überhaupt möglich? 4. Welche Konsequenzen für weitere Moralgebote ergeben sich aus ihm?

Der KI ist eine Metaregel, »die bloß den Willen, in Ansehung der Form seiner Maximen, a priori bestimmt« (VII, S. 141). Er besteht aus den beiden Komponenten einer gegebenen Maxime und der auf Allgemeinheit abgestellten Formbestimmung von Gesetzen überhaupt, d.h. der Gesetzmäßigkeit. Die Maxime gibt einen *Inhalt* und die Gesetzmäßigkeit die *Form*. Der KI lautet: »Handle nur nach derjenigen Maxime, von der du zugleich wollen kannst, daß sie ein allgemeines Gesetz werde« (VII, S. 51), oder in der Formulierung der KpV: »Handle so, daß die Maxime deines Willens jederzeit zugleich als Prinzip einer allgemeinen Gesetzgebung gelten könne« (VII, S. 140). Der KI gibt dem Willen einen »Kanon der moralischen Beurteilung« (VII, S. 54) von Maximen an die Hand. »Der Wille wird als unabhängig von empirischen Bedingungen, mithin als reiner Wille, durch die bloße Form des Gesetzes als bestimmt gedacht, und dieser Bestimmungsgrund als die oberste Bedingung aller Maximen angesehen.« (VII, S. 141) Der KI erzeugt keine Maximen, sondern prüft sie. Er motiviert den Willen zur Frage nach der Eignung einer Maxime zum Gesetz; d.h., ob eine subjektive Handlungsregel die Form eines Gesetzes annehmen könnte und ob man dies »wollen könne«. Der vernünftige Wille prüft sich (»kannst *du* wollen«) und die Maximen seines eigenen empirischen Willens (»daß *deine* Maximen«) auf ihre mögliche Gesetzförmigkeit hin. Insofern prüft die Vernunft den Verstand. Kants Konzeption der Verallgemeinerung zum Gesetz hat die Diskussion um die *Universalisierbarkeit* der Inhalte von Moralität maßgeblich angestoßen.[101]

In der Formulierung des KI gibt es einen Unterschied. Aul schlägt zur Differenzierung folgende Formulierungen vor: 1. Eine Maxime muß als allgemeines Gesetz *gelten können*. 2. Man muß *wollen können*, daß eine Maxime als allgemeines Gesetz gilt.[102]

Beide Formulierungen sind nicht äquivalent. Wenn eine Maxime nach 1 unmoralisch ist, dann ist sie es auch gemäß 2. Das Umgekehrte gilt nicht; denn »eine Maxime, die als allgemeines Gesetz gelten kann, braucht man darum nicht zugleich als solches auch wollen zu können«[103]. Die erste Formulierung bezieht sich auf den möglichen Nachweis eines Widerspruchs, während sich die zweite auf ein komplexeres Argument bezieht, das nicht unabhängig von empirischen Annahmen ist. Die Differenz von 1 und 2 ist relevant für die Anwendung des KI.

Der KI besagt, daß im Prinzip jede Maxime dieser Tauglichkeitsprüfung unterzogen werden kann. Er versetzt die Person, die ihn handhabt, in die Rolle eines hypothetischen Gesetzgebers. Das vernünftige Wesen muß sich für Kant »durch alle Maximen seines Willens als allgemein gesetzgebend betrachten« (VII, S. 66). Daraus erklärt sich die Formel, man solle so handeln, als ob die Maxime durch den eigenen Willen zum allgemeinen Natur(!)gesetz werden sollte. (VII, S. 51)

Kants Definition der Maxime lautet: »Die Regel des Handelnden, die er sich selbst aus subjektiven Gründen zum Prinzip macht, heißt seine Maxime.« (VIII, 311) An anderer Stelle bezeichnet er Maximen als »subjektives Prinzip des Wollens«. Maximen liegen in der Form von Handlungsregeln vor oder lassen sich in eine solche Regel umformen. Maximen lassen sich als »gute Vorsätze« fassen.[104] Sie sind Verkörperungen der lebenspraktischen Klugheit.

Sie orientieren das Handeln, gewährleisten aber nicht dessen Moralität.[105] Maximen bestimmen den empirischen Willen. »Sich eine Maxime zu setzen heißt, einer konkreten, subjektiv akzeptierten und planmäßig ausgebildeten Regel zu folgen.«[106] Wer seine Maximen befolgt, entwickelt Haltungen und Charakterzüge. Von Menschen, die sich an ihre Maximen halten, sagt man daher, sie hätten »Grundsätze«. In dieser Rede geht die Differenz von Maxime und Moralprinzip unter, auf der die Kantische Ethik ruht. Maximen sind keine Prinzipien. Personen, die fragwürdige Maximen stets befolgen, haben durchaus Charakter, aber eben keinen guten. Charakterstärke und Moralität der Gesinnung sind daher zu unterscheiden. Jene bezieht sich auf das Befolgen von Maximen überhaupt, diese auf die moralische Qualität der Maximen.

Keine Maxime gilt für alle Situationen gleichermaßen. So ist die Maxime »Der Klügere gibt nach« in vielen Situationen falsch. Dies gilt auch für die Maxime, sich nicht in Angelegenheiten einzumischen, die einen nichts angehen. Ein Problem liegt darin, herauszufinden, wann eine Maxime (nicht) zur Anwendung kommen soll. Die Frage nach den Anwendungsfällen einer Maxime ist von der Frage nach ihrer Eignung zum Gesetz deutlich zu unterscheiden.

Maximen können, was die schier unerschöpfliche Quelle des Volksmundes anbetrifft, in der Form von Sprichwörtern, Merkversen, Faustregeln usw. vorliegen. Kant hat aber nicht nur diese Maximen im Auge, sondern es geht ihm auch darum, solche Maximen auf materiale Grundsätze des Handelns zurückzuführen.[107] Der Begriff der Maxime wäre bei Kant demnach doppeldeutig; einmal wären es praktische Handlungsregeln, zum anderen bereits verallgemeinerte Grundsätze. Forschner schreibt: »Jedenfalls sieht das Verfahren der Verallgemeinerung einer Maxime vor, zunächst zu einer gegebenen Regel den allgemeinsten Grundsatz zu suchen und ihn dann als objektives Gesetz zu denken.«[108] Zusammenfassend läßt sich sagen, daß der *Verstand* die Maximen bildet, die *Urteilskraft* über ihre Anwendung befindet, während die *reine praktische Vernunft* sie auf ihre Moralität hin beurteilt. Bei dieser Beurteilung mittels Vernunft verbleiben der konkreten Individualität für Kant nur wenig Spielräume.

Alle Maximen, die sich nicht zum allgemeinen Gesetz eignen, sind unerlaubt und müssen als subjektive Handlungsregeln verworfen werden. (VII, S. 63) Maximen, die den Test bestehen, sind als Handlungsregeln statthaft. Kant fordert nicht, auf Maximen zu verzichten oder sich alle erlaubten Maximen zu eigen zu machen. Der Bereich des Erlaubten ist demnach recht groß.

Ableitungen des KI aus empirischen Sätzen, aus technischen Regeln oder Ratschlägen der Klugheit scheiden grundsätzlich aus. Ein synthetischer Satz a priori müßte vielmehr durch eine transzendentale Deduktion begründet werden. Eine solche liegt bei Kant jedoch nicht vor; denn hierzu müßte die Freiheit des Willens als positiver Begriff vorausgesetzt werden können, was Kant zufolge unmöglich ist. Das Begründungsproblem zeigt sich in der *Grundlegung* in folgender Passage: »Denke ich mir aber einen kategorischen Imperativ, so weiß ich sofort, was er enthalte. Denn da der Imperativ außer dem Gesetze nur die Notwendigkeit der Maxime enthält, diesem Gesetze gemäß zu sein [...], so bleibt nichts, als die Allgemeinheit eines Gesetzes überhaupt übrig, welchem die Maxime der Handlung gemäß sein soll.« (VII, S. 51) Der Gedanke an einen KI, in dem der Begriff des Imperativs (als Gebotsformel), die Abgrenzung zu hypothetischen Imperativen, die Gesetzesform sowie die Unterscheidung von Form und Inhalt mitgedacht sind, scheint für Kant unmittelbar mit dem Wissen um ihn verknüpft zu sein. Die Formulierung von der Notwendigkeit der Maxime, dem Gesetz gemäß zu sein, drückt die Grundvorstellung des KI bereits aus. Diese Denkbestimmungen in Verbindung mit der Abscheidung alles Empirischen führen zu der Einsicht, daß »nichts übrig bleibt« als die »Gemäßheit« der Maxime mit der Allgemeinheit des Gesetzes, »welche Gemäßheit allein den Imperativ eigentlich als notwendig vorstellt« (VII, S. 51).

In der KpV findet sich eine Begründung des KI, die Anlaß für eine umfängliche Debatte um Kants sog. »naturalistischen Fehlschluß« gegeben hat. Kant bezeichnet das Bewußtsein des Sittengesetzes als »einziges Faktum der reinen Vernunft«, das »sich für sich selbst uns aufdringt als synthetischer Satz a priori« (VII, S. 141 f.). Dieses »Faktum« sei »unleugbar« und zugleich »ursprünglich gesetzgebend (sic volo, sic iubeo)« (VII, S. 142). Man wirft Kant hier vor, dies sei keine Begründung, sondern eine metaphysische Setzung (also ein dogmatischer Abbruch). Bezeichnend ist Kants Formulierung »sich für sich selbst uns aufdringt«, die m.E. die geltungslogische Selbständigkeit des KI ausdrücken soll. Dem entspricht seine Rede von der »Majestät des Sittengesetzes«. Eine zureichende Begründung gibt Kant also nicht. Der KI stellt sich gleichsam in seiner Souveränität und Majestät selbst heraus. (Vielleicht könnte man sagen, daß die Erkenntnis des KI bei Kant beinahe Widerfahrnischarakter hat.)

Kant begründet in der *Grundlegung* die Bedingung der Möglichkeit des KI präsuppositionslogisch. Wenn es nichts von absolutem Wert gebe, »so könnte für die Vernunft überall kein oberstes praktisches Prinzip angetroffen werden« (VII, S. 60). Kant meint, der KI müsse »mit dem Begriffe des Willens eines vernünftigen Wesens überhaupt« (VII, S. 58) verbunden sein. Zur Begründung der Möglichkeit des KI bedarf es der Existenz von Wesen, deren »Dasein an sich selbst« einen absoluten Wert hat bzw. deren Dasein Zweck an sich selbst ist. Er identifiziert »inneren Wert« mit »Würde«. (VII, S. 68) Die Begründung dieser Präsupposition zählt zu den schwierigsten Teilen der Kantschen Ethik.[109] An einigen Stellen scheint Kant mit Setzungen (»nun sage ich«) zu arbeiten. Man kann seine Begründung folgendermaßen verstehen:

Menschen sind die Subjekte der Maximenprüfung. Ohne Wesen, die sich des KI bedienen könnten, d.h., die die Rolle eines hypothetischen Gesetzgebers einnehmen könnten und deren Wille der Möglichkeit nach moralisch vernünftig sein könnte, könnte es den KI nicht »geben« (was immer hier »geben« meint). Der KI gewinnt Wirklichkeit durch Wesen, die eines guten Willens fähig sind.

Die aus dieser Darlegung resultierende »Selbstzweckformel« lautet: »Handle so, daß du die Menschheit, sowohl in deiner Person, als *in* der Person eines jeden andern, jederzeit zugleich als Zweck, niemals bloß als Mittel brauchest.« (VII, S. 61) Dies bedeutet nicht, daß alle Personen mitsamt ihren Präferenzen und Ansprüchen zu achten seien. Zu achten ist allein das vernünftige Wesen, d.h. das, was die »Menschheit« ausmacht, *in* der Person und allenfalls sekundär die empirische Person selbst. »Die Sittlichkeit und die Menschheit, so fern sie derselben fähig ist, [ist] dasjenige, was allein Würde hat.« (VII, S. 68) Insofern partizipiert jeder Mensch an der Würde (Kant: der »Majestät«), die letztlich nur dem Sittengesetz selbst zukommt. Die Würde des Menschen ist für Kant eine abgeleitete Größe.

Der Grund für die Selbstzweckformel muß für Kant ein solcher sein, der aus der Vorstellung dessen, was notwendig für jedermann Zweck ist, weil es *Zweck an sich selbst ist*, ein *objektives* Prinzip des Willens ausmacht, mithin zum allgemeinen praktischen Gesetz dienen kann. Der Grund dieses Prinzips ist: Die vernünftige Natur existiert als Zweck an sich selbst. So stellt sich notwendig »der Mensch sein eignes Dasein vor« (VII, S. 60 f.). Die Möglichkeit eines KI gründete somit in dieser subjektiv-allgemeinen Vorstellung. Tugendhat hat hier einen Fehlschluß geltend gemacht: »Daraus, daß jeder sein eigenes Dasein sich auf eine bestimmte Weise vorstellt [...], folgt niemals ein ›objektives Prinzip‹ im Sinne Kants, das darin bestehen müßte, daß nun jeder die Existenz eines jeden (und nicht nur seine eigene) so vorstellen müßte.«[110] Aus subjektiver Allgemeinheit kann sich unter Kants Prämissen kein a priori gültiges kategorisches Prinzip ergeben. Insofern wäre das Begründungsziel verfehlt. Man müßte akzeptieren, daß es in dem empirischen »hypotheton« dieser subjektiv-allgemeinen Vorstellung begründet wäre. Einerseits gilt, daß es ohne selbstzweckhafte Personen keinen KI »geben« können soll. Andererseits verleiht nur der KI der Menschheit Würde, muß demnach für die Bestimmung der Selbstzweckhaftigkeit vorausgesetzt werden können. Kant zufolge liegt zwischen KI und Selbstzweckformel die Beziehung einer Äquivalenz (»nur Formeln desselben Gesetzes«, »sagt ebensoviel als«, »im Grunde einerlei«, VII, S. 69 ff.) vor. Tugendhat hat dies akzeptiert. Wenn wir uns in der Weise des KI zu anderen Menschen verhielten, würde dies, so Tugendhat, direkt auf das Verbot hinauslaufen, andere zu instrumentalisieren. Für Kant ist die Selbstzweckformel eine Voraussetzung des KI, nicht nur eine Konsequenz.

Eine Nebenformel, die sich in Kants Schrift *Zum ewigen Frieden* findet, ist der sog. Publizitätsgrundsatz: »Alle auf das Recht anderer Menschen bezogene Handlungen, deren Maxime sich nicht mit der Publizität verträgt, sind unrecht.« (XI, S. 245) Dieses Kriterium der Publizität bezieht sich auf jede Maxime, »die ich nicht darf laut werden lassen [...] und zu der ich mich nicht öffentlich bekennen kann, ohne daß dadurch unausbleiblich der Widerstand aller gegen meinen Vorsatz gereizt werde« (XI, S. 245). Dieses Kriterium rekurriert auf die Reaktionen (Empörung, Entrüstung), die sich von einer Öffentlichkeit erwarten lassen. Kant erklärt diese Reaktionen (fälschlicherweise) für »a priori«. Wenn bestimmte Maximen nicht mehr öffentlich mit Mißbilligung und Empörung quittiert werden, dann haben sie den Test ihrer Publizität bestanden. Insofern kann der Publizitätsgrundsatz bei Kant nur den Status eines ergänzenden Supplements zum KI und zur

Selbstzweckformel haben, der in den Bereich der politischen Philosophie gehört. Es fragt sich, ob Kant bei der Formulierung dieses Grundsatzes bestimmte normative Strukturen von Öffentlichkeit präsupponiert. Zumindest hat für ihn in der allgemeinen Menschenvernunft ein jeder seine Stimme. Diese individuellen Sprecher artikulieren sich innerhalb von rationalen Verbindlichkeiten.

Die anthropologischen Voraussetzungen Kants bestimmen den Menschen als Sinnenwesen, das empirischen Gesetzmäßigkeiten unterliegt (und insofern kausal determiniert ist), und als mögliches Verstandes- und Vernunftwesen. Hierfür steht die Formel vom Menschen als »Bürger zweier Welten«, nämlich der phänomenalen und einer intelligiblen Welt. Die Intelligibilität bezieht sich auf die Möglichkeit, den Willen durch Vernunftgründe bestimmen und dadurch Kausalität aus Freiheit setzen zu können. Die Idee eines »reinen, für sich selbst praktischen Willens« ist mit dieser Konzeption des Intelligiblen eng verbunden. Die autonome Person ist nur ihrer eigenen Gesetzgebung unterworfen. Erdmann schreibt: »Der Mensch als Phänomen empfängt das Gesetz, der Mensch als Noumenon gibt es.«[111] Deshalb schlägt das Sittengesetz die Eitelkeit, die Selbstsucht und die Selbstliebe nieder und erhöht zugleich den Menschen als Person unendlich über den Naturzusammenhang. Der Mensch kann bspw. den Naturgewalten unterliegen, aber durch Naturereignisse in seiner Moralität nicht erniedrigt werden.

Der menschliche Wille ist ewig »auf dem Scheidewege« zwischen Pflicht und Neigung. Sofern wir unseren Neigungen folgen (sinnlich »affektiert« werden), sind wir unfrei. Sofern wir moralischen Motiven folgen, handeln wir frei. »Der freie Wille und der Wille unter sittlichen Gesetzen ist einerlei.« (VII, S. 82) Dies ist der Kantische Begriff der Autonomie. Der KI ermöglicht die auf den ersten Blick paradoxe Leistung, daß man *sich selbst* das moralische Gesetz als allgemeines geben kann. Der nicht leicht zu fassende

Kantische Sinn von Autonomie wird gegenwärtig dadurch verwischt, daß man ihn mit Formen der Willkürfreiheit und der existentiellen Authentizität konfundiert oder ihn gar ästhetisiert.

Das Verhältnis zwischen Moralität und Freiheit ist das von Erkenntnisgrund (ratio cognoscendi) und Seinsgrund (ratio essendi).[112] Aufgrund unserer Moralität denken wir unser Handeln notwendig unter der Idee der Freiheit. Wir können die Freiheit des Willens nicht theoretisch beweisen (ebensowenig wie die Existenz Gottes), sondern die Erfahrung der Moralität zwingt uns, die Freiheit des Willens als notwendig zu postulieren. Wenn uns jemand ein unmoralisches Angebot macht, dessen Annahme mit großen Vorteilen, dessen Ablehnung hingegen mit großen Nachteilen für uns verbunden ist, so erkennen wir unsere Freiheit, weil wir einsehen, daß wir dieses Angebot zurückweisen sollen und dies auch könnten. Diese Einsicht ist unabhängig davon, ob wir dies tatsächlich tun.

Moralischen Wert hat für Kant eine Handlung nur dann, wenn sie aus Pflicht bzw. aus Achtung vor dem Sittengesetz geschieht. Wir können jedoch nur erkennen, ob wir selbst oder andere Personen pflichtgemäß handeln. Ob sich das, was moralischen Wert hat, je ereignet (hat), können wir nicht zweifelsfrei wissen; denn wir können niemals ausschließen, daß eine versteckte Neigung wie Angst oder Ehrliebe die eigentliche Triebfeder einer pflichtgemäßen Handlung gewesen ist. Wir können das Sittengesetz erkennen (und insofern ist Kant Kognitivist), aber nicht empirisch beobachten, ob seine Anerkennung die Ursache einer Handlung ist. Das Unheimliche der Ethik Kants ist dieses »ignoramus, ignorabimus«, wofür er in seiner Anthropologie einen Grund gibt, der mit dem Paradox der Selbstbeobachtung zusammenhängt. Wenn nämlich die Triebfedern der Affekte in Aktion sind, so kann der Mensch sich nicht beobachten. Wenn er sich hingegen beobachtet, so ruhen diese Triebfedern. (XII, S. 401)

Beide Prinzipien (KI und Selbstzweckformel) sollen zur Anwendung gelangen. In irgendeiner Weise soll gezeigt werden, daß sich einige verallgemeinerte Maximen gleichsam selbst unmöglich machen. Erinnern wir uns hierzu an die obige Differenzierung. Für Kant sollen gemäß der ersten Formulierung die Maximen verworfen werden, deren Verallgemeinerung zum Gesetz in einen Widerspruch führt. Das paradigmatische Beispiel ist die Maxime, lügenhafte Versprechungen zu machen, da diese Maxime, verallgemeinert gedacht, die Vertrauensbasis der Rede und damit ihre eigene Erfolgsbedingung zerstört. Schon Hegel und Rickert haben geltend gemacht, daß aus dem formallogischen Prinzip des zu vermeidenden Widerspruchs ethisch nicht viel folgt. Selbst bei Kants Musterbeispiel haben wir es nicht mit einem formallogischen Widerspruch zu tun, d.h. einer Kontradiktion, die in allen möglichen Welten auftritt.[113] Nur in Verbindung mit (schwachen) empirischen Annahmen darüber, worauf sich Menschen einlassen, sowie über normale Reaktionsweisen von Menschen auf lügenhafte Versprechen tritt ein Widerspruch auf. Die logische Definition von Notwendigkeiten als »gültig in allen möglichen Welten« darf hier nicht in Anschlag gebracht werden. Kants Argument gilt somit »nur« in dieser Welt. Ich meine allerdings, daß dies vollauf genügt.

Andere Maximen sind sub specie moralischer Intuitionen unsympathisch, lassen sich aber auch in dieser Welt widerspruchsfrei verallgemeinern: »Trete nach unten und krieche nach oben« (in bezug auf soziale Hierarchien), »Häng dein Fähnchen immer nach dem Wind« usw. Sofern man akzeptiert, daß man selbst gemäß dieser Maxime behandelt wird, gerät man in keinen Widerspruch hinein, sondern muß lediglich normativ-moralische Erwartungen an andere Personen absenken. Hier verbleiben offenbar Spielräume des je individuellen Wollen-Könnens. Wir können dann zwar zu bedenken geben, daß die Verallgemeinerung zum Gesetz wenig wünschenswerte Folgen hätte, aber wir können keinen Widerspruch nachweisen. Der Hinweis auf unerwünschte Konsequenzen ist empirisch. Die zweite Formulierung würde in einer möglichen Interpretation besagen: »Wenn du nicht willst, daß man dich gemäß Maxime M behandelt, dann trage nicht dadurch, daß du dir M zu eigen machst, dazu bei, daß gemäß M zu handeln allgemeine Gewohnheit wird.«[114] In dieser Deutung würde jedoch die zweite Variante den Maßstäben nicht mehr genügen, die Kant an einen KI stellt. Aul hält diese Deutung für nicht sachgerecht und zieht eine stärker konsensorientierte Lesart der zweiten Aussage in Erwägung. Demgemäß wäre herauszufinden, ob sich eine Verallgemeinerung unter allen zukünftigen Adressaten eines möglichen Gesetzes als zustimmungswürdig erweisen kann.

Kant nennt mehrere Anwendungen des KI. (VII, S. 52 ff.) Man kann die Kantischen Beispiele als paradigmatische Anwendungen des obersten Prinzips begreifen: 1. Verbot des Suizids, 2. unbedingtes Verbot, lügenhafte Versprechen zu machen, 3. Gebot, seine natürlichen Talente zu entwickeln, 4. Gebot, Nothilfe zu leisten. »Dieses sind nun einige von den vielen wirklichen oder wenigstens von uns dafür gehaltenen Pflichten, deren Ableitung aus dem einigen angeführten Prinzip klar in die Augen fällt.« (VIII, S. 54) Kant glaubt also, daß sich aus dem Prinzip der Ethik eine Reihe von Pflichten begründen läßt. Ob die Beispiele überzeugen, sei dahingestellt. Die Gesetze der Sittlichkeit im Plural unterscheiden sich von dem Sittengesetz im Singular, d.h. dem Moralprinzip. Wenn sich nun, wie Kant glaubt, diese Pflichten zwangsläufig aus dem KI ergeben, so zählten sie sub specie des STK zu Ip. Wenn sie ausnahmslos gültig sind, so wird jede Urteilskraft bei der Anwendung überflüssig.

Das Prinzip der Selbstzweckhaftigkeit jeder Person ist für Kant die »oberste einschränkende Bedingung der Freiheit der Handlungen eines jeden Menschen«. Dies erlaubt aufgrund der Formel

»niemals nur, sondern immer auch zugleich« vielerlei Formen *partieller* Instrumentalisierung von Menschen (bspw. in Arbeitsverhältnissen). Daher ist es fraglich, ob sich der Sozialismus aus der Selbstzweckformel ableiten läßt, wie dies Ende des 19. Jahrhunderts häufig versucht wurde. Selbst wenn man die Selbstzweckformel vereinfachend auf Personen an sich bezieht, erlaubt sie es nur, Handlungsweisen, die eine vollständige Instrumentalisierung mit sich bringen, als unmoralisch zu identifizieren (römische Zirkusspiele, Sklaverei). Das Prinzip ist selbst in vereinfachter Lesart auslegungsbedürftig, da man in vielen Grenzfällen fragen kann, ob eine Instrumentalisierung nicht »zu weit geht«. Je umfassender die Instrumentalisierung einer anderen Person ausfällt, um so moralisch fragwürdiger wird sie – aber dies ist eine gradualistische Faustregel. Auch der Kantischen Ethik stellen sich insofern Probleme der graduellen Bewertung. Selbst wenn man ein Verbot der Instrumentalisierung anderer zur Moralität rechnet, stellen sich Interpretationsprobleme, die der dialogischen Erörterung bedürfen.

Moralische Konflikte lassen sich für Kant immer auflösen; echte Dilemmata treten in seiner Konzeption von Ethik nicht auf (obligationes non colliduntur). (VIII, S. 330 f.) Wenn in einer Situation mehrere Gebote einschlägig sind und insofern verschiedene Verpflichtungsgründe (rationes obligandi) vorliegen, so kann einer davon zur Verpflichtung nicht zureichen und ist insofern schwächer: »der stärkere Verpflichtungsgrund behält den Platz (fortior obligandi ratio vincit)« (VIII, S. 331). Der Begriff des Verpflichtungsgrundes ist allerdings mehrdeutig.

Die Frage, warum man überhaupt moralisch sein solle (»Why be moral?«), beantwortet Kant durch eine Postulatenlehre. Diese nimmt weiten Raum in der KpV ein. Für Kant müssen (im Anschluß an die in der KrV vorgenommene Kritik aller theoretischen Gottesbeweise) außer der Freiheit des Willens ein gerechter Gott und eine unsterbliche Seele moralisch-praktisch postuliert werden, da moralische Personen zwar glückswürdig sind, aber in dieser Welt nicht unbedingt auch des Glücks teilhaftig werden. Die Moral lehrt uns nicht, wie wir glücklich werden, sondern, wie wir des Glückes würdig werden. Moralische Personen sind nun oftmals weitaus weniger glücklich, als sie es zu sein verdienten – und umgekehrt. Wenn man Kants Postulatenlehre mitsamt des Primats der praktischen Vernunft übernimmt, hat man eine begründete Antwort auf die Frage »Why be moral?« Die gesamte Konstruktion der Postulatenlehre wirft jedoch eine Fülle von Schwierigkeiten auf (Lehre vom »höchsten Gut« als Verbindung von Moralität und Glück, Primat der praktischen Vernunft). Ich möchte sie als eine imposante Verlegenheitslösung bezeichnen. Die (moralisch skandalöse) Diskrepanz zwischen Moralität und Glück läßt sich gewiß nicht theoretisch und wohl kaum praktisch beheben. Vielmehr stößt die Ethik hier an Grenzen, jenseits der die Religion ihren Ort hat.

5. Die Ethik des Utilitarismus

Als die bedeutsamen Gegenentwürfe zum Kantianismus versteht man konsequentialistische, d.h. folgenorientierte Ethiken. Behandelt werden hier (kurz) der Marxismus sowie (ausführlich) der Utilitarismus als zwei paradigmatische Konzeptionen einer konsequentialistischen Ethik. In Folgenethiken werden Handlungen und Regeln ausschließlich entweder nach ihren erwartbaren oder nach ihren tatsächlichen Konsequenzen (einschließlich aller Nebenwirkungen, Spätfolgen usw.) bewertet.[115] In einer konsequentialistischen Ethik geht es um die Realisierung von möglichst guten Weltzuständen. Es soll eine möglichst »gute« Welt geschaffen werden – im klassischen Verständnis eine Welt, in der das größtmögliche Glück der größtmöglichen Zahl über den längstmöglichen Zeitraum (so die bekannte Kurzformel für den Utilitarismus) realisiert wird. Der Konsequentialismus bindet sich dadurch stark an Überlegungen prognostischer Art. Es gibt in einer Folgenethik keine Handlung, die »an sich gut« bzw. an sich ge- oder verboten ist. Normen gelten als faustregelartige Konstrukte ohne eigenen moralischen Wert. Richtig sind sie, wenn ihre Befolgung nützlich ist. Ob sie zu befolgen sind oder nicht, wird ebenfalls von der Folgenbetrachtung abhängig gemacht.

Als teleologische Ethiken bezeichnet man konsequentialistische Ethiktheorien, die sich auf das Erreichen von Zielen beziehen, die als »gut« (geboten, richtig) definiert sind. In teleologischen Ethiken kommt es darauf an, ob eine Handlung, Maßnahme, Regel usw. dem Ziel dienlich oder förderlich ist. Die Ethik des orthodoxen Marxismus war eine teleologische Ethik, in der alle Handlungen am Endziel der klassenlosen Gesellschaft gemessen wurden (»sozialistische Sittlichkeit«). Diese, wie ich sagen möchte, revolutionär-teleologische Betrachtungsweise findet sich in dem kategorischen Imperativ des jungen Marx aus dem Jahre 1844, der allerdings in kantischer Perspektive nicht wirklich kategorisch ist; er fordert, »alle Verhältnisse umzuwerfen, in denen der Mensch ein erniedrigtes, ein geknechtetes, ein verlassenes, ein verächtliches Wesen ist«. Die maßgeblichen Bestimmungen des Kommunismus: 1. Überfluß der Güter durch Entfaltung der Produktionskräfte mitsamt der Möglichkeit, jedem nach seinen Bedürfnissen Güter zuteilen zu können, 2. kollektiv geplante Verwaltung von Sachen statt Herrschaft über Menschen, 3. allmähliches Absterben des Staates, 4. distributive Gleichheit, 5. »wahre« Demokratie, 6. Entstehen allseits entwickelter Persönlichkeiten usw., lassen wenig Zweifel daran, daß für Marx das kommunistische Gesellschaftsideal eine Verwirklichung seines »kategorischen Imperativs« darstellt.

Der Zielzustand des Kommunismus war in axiologischer und normativer Hinsicht als »gut« definiert. Dieser moralische Impuls wurde mit einer Geschichtsphilosophie verbunden, in der sich der Geschichtsprozeß selbst auf widersprüchlich-dialektische Weise auf dieses Ziel hin bewegt. Als entscheidender Schritt des Sozialismus »von der Utopie zur Wissenschaft« (Engels) gilt die Erforschung der Geschichtsgesetze mit den Mitteln hegelscher Dialektik und politischer Ökonomie.

Im Leninismus und später im sog. real existierenden Sozialismus wurde diese teleologische Betrachtungsweise in den Kontext von Klassenkampf und Aufbau der sozialistischen Gesellschaft gerückt. Dieses Ziel herbeizuführen oder zu seiner Herbeiführung beizutragen war »moralisch gut«. Schischkin: »Das höchste Kriterium der kommunistischen Moral [...] sieht der Marxismus-Leninismus im Kampf für den Kommunismus.«[116] Alle sonstigen Normen dürfen je nach der Deutung der »konkreten und objektiven Umstände des Klassenkampfes« relativiert, d.h. auf- oder abgewertet werden. »Die marxistische kommunistische Moral kennt keinen Dogmatismus. Sie erklärt keine Moralnorm, keine Moralregel für alle Bedingungen anwendbar. [...] In allen konkreten Fällen liefert das Kriterium der kommunistischen Sittlichkeit dem Menschen den Leitfaden, sich richtig zu verhalten, und bewahrt unsere moralischen Urteile und Wertungen vor Dogmatismus.«[117] Die moralische Orientierung wird strikt teleologisch gedacht. Wer sich »objektiv« auf der richtigen Seite der Bewegung des Geschichtsprozesses befindet, dem ist vieles erlaubt, was die (nunmehr häufig als »bürgerlich« bezeichnete) Moral untersagt. Umgekehrt kann die Befolgung moralischer Maßstäbe der »guten Sache« schaden.

Eine Konsequenz dieser Ethikkonzeption ist es, daß »das ethische Urteil mit dem politischen Urteil durch die innere Notwendigkeit des Kampfes verbunden«[118] ist. Das Deutungsmonopol hinsichtlich der Verbindung von Ethik, Situationsdeutung und Politik kommt im orthodoxen Kommunismus der Parteiführung zu. Diese Verbindung läßt sich an Antworten auf die Frage studieren, ob der Zweck die Mittel heiligen könne. Häufig wurde dies bejaht. Man darf, wenn es der »Aufbau des Sozialismus« oder die »Stärkung der Einheit der Partei der Arbeiterklasse« oder dergl. erforderlich zu machen scheint, bestimmte oppositionelle Gruppen oder »objektiv reaktionäre« soziale Klassen beseitigen. Dadurch legitimieren sich »Säuberungen«, Schauprozesse und Formen der Vernichtung durch Arbeit in den Lagern Sibiriens. Unabhängig vom Ende des östlichen Staatssozialismus als eines erfolglosen ökonomischen Systems ist zu sagen, daß die teleologische Ethik des orthodoxen Marxismus strukturell gefährlich war und die Konsequenzen des GULAG, wie sie u.a. Solschenizyn beschrieb, dieser Ethikkonzeption nicht äußerlich waren. Diese Kritik geht tiefer als der Hinweis auf »demokratietheoretische Defizite«.

Der Utilitarismus ist die meistvertretene konsequentialistische Ethik der Gegenwart. Begründet wurde der Utilitarismus von W. Paley (*The Principles of Moral and Political Philosophy*, 1785), J. Bentham (*An Introduction to the Principles of Morals and Legislation*, 1789), J.S. Mill (*Utilitarianism*, 1863) und Henry Sidgwick (*Methods of Ethics*, 1904). Vorläufer utilitaristischen Denkens finden sich bereits im antiken Hedonismus. Der Utilitarismus hat großen Einfluß auf die moderne Wohlfahrtsökonomik, auf die Entscheidungstheorie und die Kosten-Nutzen-Analyse ausgeübt.[119] In Deutschland hatte er lange Zeit einen schlechten Ruf und wurde häufig unfair dargestellt. Bedeutende gegenwärtige Vertreter des Utilitarismus sind R.M. Hare, J. Broome, D. Birnbacher und P. Singer. Der Utilitarismus wird, wie die meisten ethischen Theorien, in unterschiedlichen Varianten vertreten. Es soll zunächst seine »klassische« Form dargestellt werden, um anschließend Modifikationen und deren Gründe diskutieren zu können. Der klassische Utilitarismus wird gewöhnlich über vier (oder fünf) Komponenten charakterisiert, die den Kern der Theorie bestimmen: konsequentialistische Orientierung, hedonistische Wertbasis, Gleichheitsgrundsatz, Maximierungsstruktur und Kalkülisierungsideal.

Der Utilitarismus ist somit eine egalitäre, hedonistische, konsequentialistische Maximierungsethik, in der der Gedanke einer Nutzensummen-Berechnung, d.h. eines Glückskalküls, eine große Rolle spielt oder zumindest lange Zeit gespielt hat. Es gibt in dieser Ethik nur ein einziges normatives Prinzip, das mit einer hedonistischen Anthropologie (hedone = gr. Lust, Glück) verknüpft ist. Die intendierten Anwendungen erstrecken sich auf alle Handlungsweisen, in denen die Differenz von Glück und Unglück eine Rolle spielt. Den Utilitarismus kennzeichnet ein einfacher Theoriekern in Verbindung mit einem weiten Anwendungsbereich.

Moralisch richtige Handlungen sind für Utilitaristen solche, die den über die Summe der Differenz zwischen Freude und Leid definierten Nutzen befördern, d.h. Nutzen maximieren. Das moralisch Richtige ist für den Utilitarismus das, was das außermoralisch Gute maximiert. Weil die Erfüllung einer Präferenz oder ein lustgetönter Bewußtseinszustand etwas in sich Gutes ist (außermoralisch), soll möglichst viel davon realisiert werden (moralisch). Unnerstall bringt den Grundgedanken des Utilitarismus in folgende Formulierung: »Ein Zustand B ist moralisch-normativ besser als ein Zustand A oder gleichwertig genau dann, wenn die Summe der Nutzenwerte der Individuen für den Zustand B höher als die entsprechende Nutzensumme für den Zustand A oder gleich ist.«[120] Dies gilt auch für einzelne Handlungen. Eine axiologische »Besser-als«-Beziehung ist immer auch eine moralische »Besser-als«-Beziehung. Der Utilitarismus orientiert sich daher an der Hervorbringung optimaler Weltzustände. Dies zieht ein wesentliches Charakteristikum des Utilitarismus nach sich: das (teils recht virtuose) Hin- und Herschieben von (potentiellen) Nutzenquanten durch Raum und Zeit sowie ihre Übertragung auf unterschiedliche Personen(-gruppen) unter der Fragestellung, welche Handlung die Nutzensumme maximiert. Der Utilitarist jongliert mit Glücksquanten.

Die Begründung des Prinzips des Utilitarismus erfolgt bei Bentham anthropologisch. Das Ziel des menschlichen Strebens und das Prinzip der Moralität sind letztlich identisch. Im Kern der Theorie werden eine deskriptiv-anthropologische und eine normativ-ethische These verbunden. Die deskriptive These besagt, daß alle Menschen letztlich immer nach Lust (pleasure) und nach der Vermeidung von Leid (pain) streben; die ethische These besagt, daß die Maximierung der Differenz zwischen Lust und Leid moralisch richtig ist. Bei Bentham liegt eine Verknüpfung zwischen den empirischen Triebfedern und den normativen Prinzipien unserer Handlungen vor: »Nature has placed mankind under the governance of two sovereign masters, pain and pleasure. It is for them alone to point out what we ought to do, as well as to determine what we shall do. On the one hand the standard of right and wrong, on the other the chain of causes and effects, are fastened to their throne. [...] The principle of utility recognizes this subjection.«[121]

Dies gilt auch bei Mill: »The end of human action is necessarily also the standard of morality.«[122] Die Menschen streben faktisch immer nach Glück und nach Leidvermeidung, *folglich* sollen Glücksmehrung und Leidminderung notwendigerweise auch die obersten Prinzipien der Moral und damit der Ethik sein. Eine weitere Begründung des Nutzenprinzips hielt Bentham weder für möglich noch für erforderlich. Für ihn muß die Kette der Begründungen an ein Ende gelangen, und dies ist beim Nutzenprinzip der Fall. Bentham glaubte, daß jeder Einwand gegen das Nutzenprinzip dieses Prinzip bereits als gültig voraussetzen müsse. Hinter das Nutzenprinzip könnten wir demnach nicht zurückgelangen, und daher dürfen wir es als oberstes Axiom sehen.

Mill teilt (zumindest verbal) Benthams Anthropologie, deutet aber eine andere Begründung des Nutzenprinzips an. »In reality there is nothing desired except happiness.«[123] Wenn jeder (letztlich) nur nach Glück strebt, strebt niemand (letztlich) nach etwas ganz anderem. Aber es fehlt die Begründung, weshalb sich hieraus ein Moralprinzip ergeben sollte. Mill bietet nun folgende Begründung des Utilitätsprinzips: »Happiness is the sole end of human action, and the promotion of it the test by which to judge of all human conduct; from whence it necessarily follows that it must be the criterion of morality, since a part is included in the whole.«[124] Dieser Satz macht eine notwendige Folgerungsbeziehung geltend. Unbestritten sei »for the sake of argument« die Prämisse, daß Glück das einzige Ziel allen menschlichen Handelns sei. Wenn wir annehmen, daß die Beförderung des Glücks der »Test« aller Beurteilung menschlichen Verhaltens ist, so folgt daraus, daß dies das Kriterium der Moralität sein muß, *wenn* wir »Beurteilung« bereits normativ im Sinne der utilitaristischen Ethik deuten. Dann ist das Argument zirkulär oder enthält zumindest einen Begriff, der bereits im Sinne der Theorie definiert ist. (Im STK spricht man von »theoretischen Termen«.) Deuten wir die Beurteilung deskriptiv im Sinne einer Erklärung menschlichen Verhaltens, folgt ethisch nichts. Der mit dem begründenden »since« eingeleitete Nachsatz über das Verhältnis von Teil und Ganzem wird m.E. nur in einer normativen Lesart verständlich. Mill sagt also, daß wir dann, wenn wir die Beförderung des Glücks zum ethischen Kriterium der Beurteilung menschlichen Verhaltens nehmen, ein solches Kriterium gewonnen haben. Zudem wird dieses Kriterium als alleiniges Kriterium verstanden.

Mill hat noch eine weitere Begründung vorgelegt, die er sogar als Beweis bezeichnet: »Dafür, daß das allgemeine Glück wünschenswert ist, läßt sich kein anderer Grund angeben, als daß jeder sein eigenes Glück erstrebt [...]. Da dieses jedoch eine Tatsache ist, haben wir damit nicht nur den ganzen Beweis, den der Fall zuläßt, sondern alles, was überhaupt als Beweisgrund dafür verlangt werden kann, daß Glück ein Gut ist: nämlich daß das Glück jedes einzelnen für diesen ein Gut ist und daß das allgemeine Glück ein Gut für die Gesamtheit der Menschen ist.«[125] Dieser Beweis führt nur bis zur Anerkennung von Glück als eines wünschenswerten Gutes (im Sinne einer materialen Güterlehre), nicht aber zur Anerkennung eines obersten Prinzips der Moral. Sidgwick hat mit einem ähnlichen Argument den Übergang vom Egoismus zum Utilitarismus begründet. Ein Egoist, der sein eigenes Glück für wünschenswert erachtet und darüber hinaus einen Gleichheitsgrundsatz anerkennt, sei zur Anerkennung des utilitaristischen Prinzips genötigt.[126] Allerdings hat Sidgwick an anderer

Stelle betont, daß er das utilitaristische Prinzip nur intuitionistisch fassen könne. »For the supreme rule of aiming at the general happiness, as I had come to see, must rest on a fundamental moral intuition.«[127] Sidgwicks Lösung wird aufgrund der Probleme des metaethischen Intuitionismus zumeist abgelehnt.[128] Die Begründung des utilitaristischen Moralprinzips ist axiomatisch (Bentham), intuitionistisch (Sidgwick) oder kaum nachvollziehbar bzw. zirkulär (Mill).

Der Begriff des Nutzens erfüllt im Utilitarismus eine rein definitorische Funktion in bezug auf die Wertbasis. »Nutzen« wird definiert als Maß bzw. als die Summe an Glückszuständen. Glück wird im klassischen Utilitarismus über positiv getönte mentale Zustände, »pleasure«, »happiness«, »joy« usw., oder negativ als Unglück, d.h. als »pain«, »suffering«, definiert. Daher weist der klassische Utilitarismus eine hedonistische Wertbasis auf. Lust bzw. Glück gilt als in sich gut, Unglück bzw. Schmerz als in sich schlecht. Für Bentham ist Nutzen die Eigenschaft von Objekten, durch die sie »pleasure« hervorbringen und »pain« verhindern. Der ethische Utilitarismus ist nicht primär an ökonomisch definiertem Nutzen (Konsum) oder an Allokationseffizienz orientiert. Die axiologische Basis wird in den Varianten des Utilitarismus unterschiedlich gefaßt. Der heutige Utilitarismus hat in der Regel eine differenziertere Wertbasis als der schlichte »Pleasure-pain«-Hedonismus, den Bentham vertrat. Üblich sind Begriffe wie etwa »Wohlergehen« (»wellbeing«, »welfare«), »Präferenzerfüllung« oder »Interessenbefriedigung«. So etwa bei Peter Singer: »Beste Konsequenzen bedeutet das, was per saldo die Interessen der Betroffenen fördert.«[129] Bei Bentham war der Begriff des Interesses an den der Lust gebunden, und es ist fraglich, ob der Utilitarismus je einen *grundsätzlich* anderen Interessenbegriff vertreten hat. Eine Begründung für die hedonistische Wertbasis findet sich bei Birnbacher. Für ihn gibt es nur einen einzigen Wert, der unter modernen Bedingungen konsensfähig ist, »nämlich der Wert des Erlebens von subjektiv als positiv bewerteten Bewußtseinszuständen«[130]. Über andere mögliche Werte wie Tugend, Seligkeit, Weisheit herrscht Uneinigkeit. Daß Birnbacher die Konsensfähigkeit dieser Wertbasis als Grund einführt, diesen Wert zu übernehmen, schließt nicht aus, daß Personen Lustempfindungen zwar als »kleinsten gemeinsamen axiologischen Nenner« akzeptieren und gleichwohl darüber hinaus eine anspruchsvollere Wertbasis zur Grundlage ihres Lebensentwurfes machen (»Selbstvervollkommnung«, »Selbsterkenntnis«, »Selbstachtung«, »Weisheit«, »Dienst an einer guten Sache«). Auch eine Orientierung an den Seligpreisungen der Bergpredigt wäre eine solche stärkere Axiologie. Die »schwache« Axiologie des Utilitarismus muß überboten werden dürfen. Der Utilitarist darf dies weder untersagen noch für irrelevant bei der utilitaristischen Beurteilung erklären. Er muß bei seinen Folgebetrachtungen demnach berücksichtigen, daß es Personen gibt, die sich mehr und anderes wünschen als maximale Erfüllung von Präferenzen. Er muß in Rechnung stellen, daß sich diese Personen in einer, sagen wir, hedonistischen Spaßgesellschaft sehr unwohl fühlen. Er muß als Konsequenz akzeptieren, daß diese »stärkeren« Axiologien seine Kalkulation erheblich verkomplizieren können.

Jede Person ist souverän in bezug auf ihre Präferenzen. Niemand darf anderen Präferenzen verordnen. Es gibt im Theoriekern keine Kriterien, anhand deren sich die Qualität vorliegender Präferenzen beurteilen ließe. Entscheidend ist vielmehr die faktisch verspürte Intensität einer Präferenz. Es gilt prima facie als besser, eine intensiv verspürte Präferenz zu realisieren als eine nur schwach ausgeprägte. Hare schreibt: »Eine Präferenz [...] wird in der utilitaristischen Kalkulation nur ihrer Stärke nach gewichtet.«[131] Diese Position hat seit den Anfängen des Utilitarismus bissige Kritik hervorgerufen, so in der Formel, für den Utilitarismus sei ein Haufen glücklicher Schweine »besser« als ein unglücklicher Sokrates (»Happiness-for-pigs«-Einwand). Mill hat diese Konsequenz bestritten. Systematisch ist jedoch entscheidend, daß innerhalb des Theoriekerns keine Möglichkeit besteht, Präferenzen moralisch oder auch nur axiologisch zu qualifizieren.

Alle Glücks- und Leidzustände aller Betroffenen zählen gleichermaßen. Mill spricht von einem »equal claim of everybody to happiness«. Zumeist heißt es, der Handelnde dürfe sich selbst nur genau so berücksichtigen wie alle übrigen. Darin liegt das egalitäre Pathos des Utilitarismus. Dieser (zur Entstehungszeit des Utilitarismus politisch relevante, nämlich antiaristokratische) Egalitarismus wird häufig mit der Perspektive eines unparteilichen, wohlwollenden Betrachters (benevolent spectator) verknüpft. Dieser Gleichheitsgrundsatz fordert nur, daß jedes Lustquantum gleichermaßen berücksichtigt wird; er sichert nicht gleiche Rechte eines jeden. Die Begründung dieses Egalitarismus bleibt rudimentär. Man kann argumentieren, daß ein Gleichheitsgrundsatz aus dem Utilitätsprinzip folgt, oder ihn als unabhängiges normatives Axiom in den Theoriekern einführen.

Der Utilitarismus möchte also, daß möglichst viele Menschen (und Tiere) möglichst glücklich und möglichst wenige Menschen (und Tiere) unglücklich sind bzw. werden. Die ideale Welt des Utilitarismus ist eine dementsprechende Welt. Hunger, Not und Elend, harte Arbeit, Demütigungen, Vertreibung, Schmerz, Krankheit, Folter, Krieg usw. wird ein Utilitarist ablehnen. Man soll verhindern, daß Menschen in Unglück geraten oder gestürzt werden. Annehmlichkeiten, wie sie ein Leben in gesichertem Wohlstand mit sich bringen, wird der Utilitarist hingegen begrüßen.

Allerdings ist der Nutzen eines jeden mit dem Nutzen eines oder aller anderen verrechenbar. Es kommt aufgrund der Maximierungskomponente nur auf die Gesamtsumme der Differenz zwischen Freude und Leid an. Deshalb kann im Prinzip das Leid von einzelnen Individuen als Opfer in Kauf genommen werden, wenn dadurch die Gesamtdifferenz steigt. Diese Orientierung an der Gesamtbilanz führt dazu, daß Individuen nur verrechenbare »Posten« in der Bilanz sind. Im Extremfall werden Individuen als »Gefäße« für Lust und Unlust betrachtet, wozu sich jedoch kein heutiger Utilitarist offen bekennen möchte.

Der Utilitarismus schließt schmerzempfindliche Tiere mit in die »moral community« ein. So bereits bei Benthams berühmtem Kriterium moralischer Berücksichtigungswürdigkeit: »The question ist not: Can they reason, but: Can they suffer?« Utilitaristen sind in bezug auf die Menge der moralisch zu berücksichtigenden Wesen zumeist Pathozentriker (besser: Sentientisten).[132] Da Glück und Unglück nur von individuellen Lebewesen verspürt werden können, ist der Utilitarismus eine individualistische Ethik in dem Sinne, daß nur Einzelwesen moralisch »zählen«. Ganzheiten wie Kulturen, Staaten oder Gemeinschaften sind nicht um ihrer selbst willen zu berücksichtigen. Es gibt daher in der politischen Philosophie des Utilitarismus kein Gemeinwohl außerhalb des Zufriedenheitsniveaus der Staatsbürger. Für Bentham ist die Gemeinschaft ein »fictious body«; real sind nur die Interessen der Einzelpersonen.

Die Zukunft ist mit der Gegenwart prinzipiell gleichgestellt. »It is clear that the time at which a man exists cannot affect the value of his happiness from a universal point of view; and that the interests of posterity must concern an utilitarian as much as those of his contemporaries.«[133] Daraus folgt, daß das Diskontieren zukünftigen Nutzens unzulässig ist.[134] Die Zukunftsverantwortung ist im Theoriekern angelegt und kann auf Fragen nachhaltiger Ressourcennutzung angewendet werden. Zukünftige Generationen sind gegenwärtigen gleichgestellt.

Bentham unterschied sieben Glücks*faktoren*[135] (circumstances) und vierzehn Glücks*arten*[136] (kinds). Man könnte Faktoren und Arten zu einer Matrix kombinieren. Man müßte als Utilitarist bei jeder Handlungsalternative diese Matrix vollständig durchlaufen, die Eintragungen der Konsequenzen mit Wahrscheinlichkeitswerten versehen und diese Eintragungen unter Berücksichtigung der Präferenzintensitäten in einen Kalkül zusammenführen, um zu wissen, was man tun solle. Dies hielt auch Bentham für unpraktikabel. Man sollte Bentham zufolge ein solches Prüfungsverfahren aber immer als Ideal im Auge behalten, auch wenn man es nur in der Annäherung verwirklichen kann.

In Benthams Liste der Glücksarten gibt es einige, die moralisch intuitiv suspekt sind (Sadismus, Schadenfreude, Hohn und Spott, Genugtuung der Rache, Machtausübung). Wir können uns faktisch darüber freuen oder uns daran ergötzen, wenn andere leiden. Zu saldieren in der Glücksbilanz wäre dieses Leid mit der Freude über dieses Leid sowie mit möglichem Mitleid. Wenn viele sich darüber freuen, wenn einer leidet, mit dem keiner Mitleid empfindet, ist es dann richtig, dieses Leid zuzufügen? Sind die Freuden des Sadisten anderen Freuden gleichgestellt? Zählen »kultiviertere«, »edlere« Vergnügungen genauso wie »plebejische« oder »vulgäre«? Bei Bentham sind alle Arten von »pleasure« gleichwertig. Diese Lösung ist konsequent. Bentham redet ungeniert von den Freuden der Bosheit und hält die Freude an einfachen Gesellschaftsspielen für gleichrangig mit der Freude an Dichtung und Theater. Anders argumentiert Mill, für den einige Pleasure-Formen »höher«, »edler«, »feiner« als andere sind. Die Bewertung von Glückszuständen allein nach ihrer Quantität und Intensität ist nach Mill absurd: »It is quite compatible with the principle of utility to recognize the fact, that some kinds of pleasure are more desirable and more valuable than others.«[137] Mill führt zur Begründung das Urteil (lebens-)erfahrener Menschen ein, die Pleasure-Formen anhand gebildeter »preferences« in eine Rangordnung bringen. Dies aber ist ersichtlich eine Ad-hoc-Lösung, die konsequente Utilitaristen ablehnen (müssen). Harsanyi fordert, ähnlich wie Mill, »antisocial preferences« aus der Nutzenfunktion auszuschließen: »Some preferences [...] must be altogether excluded from our social-utility function. In particular, we must exclude all clearly antisocial preferences, such as sadism, envy, resentment, and malice.«[138] Allerdings kann die Begründung Harsanyis für diesen Ausschluß ebensowenig überzeugen wie die Mills. Es fragt sich, anhand welcher normativer Kriterien ein Utilitarist »antisoziale Präferenzen« identifizieren kann. Die »antisozialen Präferenzen« sind c.g.s. die, die gemäß einer kantischen Moralauffassung unmoralisch sind. Der Utilitarismus kann sich zu diesen deontologischen Einschränkungen möglicher Nutzenmaximierungspfade nicht ohne weiteres bekennen. Ein Grund, einen Nutzen gänzlich aus einer Nutzenbilanz auszuschließen, ist kein rein utilitaristischer Grund. Ein konsequenter Utilitarismus, der keine Glückszustände gegenüber anderen auszeichnen will, erscheint daher kontraintuitiv, während ein wie immer korrigierter Utilitarismus inkonsequent wirkt.

Der Utilitarismus konzipiert moralische Überzeugungen als eine besondere Art von Vorlieben. Harsanyi schreibt: »Any moral judgement is a judgement of preference, but it is a judgement of preference of a very special kind.« Als nächsten Schritt nimmt Harsanyi an, daß diese »moral preferences« »will by definition always assign the same weight to all individuals' interests, including his own. These moral preferences will be expressed by his social-welfare function.«[139] Hier liegen zwei unterschiedliche Annahmen dicht beisammen: erstens die mit moralischen Präferenzen gegebene gleiche Berücksichtigungswürdigkeit aller Interessen; zweitens, daß die Erfüllung moralischer Präferenzen in die Nutzenfunktion einzugehen hat. Bei Kant erlaubt das Sittengesetz nur das »herbe Gefühl der Achtung«; im Utilitarismus hat man unterschiedlich intensive moralische bzw. altruistische Präferenzen. Es ist für Utilitaristen kontingent, ob und warum und mit welcher Intensität eine Person altruistische Präferenzen verspürt und was diese Präferenzen inhaltlich besagen. Eine interessante Konsequenz ergibt sich aus folgendem Umstand: Diese moralischen Präferenzen müssen nicht utilitaristischer Provenienz sein; auch die von Kantianern, Biozentrikern und Christen »zählen«. Es ist also möglich, daß eine Person P eine intensive antiutilitaristische moralische Präferenz gegen eine Handlungsweise, etwa die des Klonens von Menschen, empfindet. Diese Präferenz muß ein Utilitarist in Rechnung stellen, selbst wenn er vom utilitaristischen Standpunkt am Klonen von Menschen nichts per se Verwerfliches entdecken kann. Jede Berechnung müßte nun, strenggenommen, als eine doppelte Buchführung vorgenommen werden: einmal vom utilitaristischen Standpunkt allein (Kalkül 1), zum zweiten vom utilitaristischen Standpunkt unter Berücksichtigung des Umstandes, daß viele Personen antiutilitaristische Überzeugungen haben (Kalkül 2). Kalkül 2 erscheint konsequenter im Sinne des Utilitarismus zu sein. Noch komplizierter wird es, wenn Utilitaristen behaupten, daß antiutilitaristische Überzeugungen aufgrund ihres hohen »Akzeptanznutzens« (Hare) gut sind.

Trapp zufolge gründet sich die moralische Optimalität einer Handlung auf das Maximum der Nutzensumme, bei Sidgwick definiert als »greatest attainable surplus of pleasure over pain«. Diese für den Utilitarismus unverzichtbare Maximierungskomponente wird auch als »Prinzip der einfachen Aggregation« bezeichnet. Aus diesem Prinzip ergibt sich zwangsläufig der Gedanke an ein formalisiertes Berechnungsverfahren, d.h. an einen Kalkül. Eine mathematische Nutzensummenformel nennt man utilitaristischen Kalkül. Benthams Idee ging in diese Richtung: »Sum up all the values of the pleasures on the one side and those of all the pains on the other.«[140] Dies ist der klarste Ausdruck der Maximierungs- qua Aggregationsidee. In manchen Definitionen wird eine Ethik nur dann als »echter Utilitarismus« verstanden, wenn die Bewertung von Handlungsfolgen anhand eines formalisierten Nutzenkalküls vorgenommen wird. Der Utilitarismus stützt sich auf einen »so weit wie möglich objektivier- und nachprüfbaren Folgenkalkül«[141]. Die Berechnung dieses Kalküls kann einem unparteilichen utilitaristischen Beobachter anvertraut werden. Ein Nutzensummenkalkül ist sub specie des STK das Grundmodell der utilitaristischen Ethik. Es zählt zum Theoriekern und kann nur modifiziert bzw. abgeschwächt, nicht aber aufgegeben werden.

Allerdings wird jeder Utilitarist sofort zugeben, daß eine »echte« Kalkulation äußerst kompliziert ist. Die entscheidende Frage lautet, ob sie »nur« dies oder ob sie prinzipiell unmöglich ist. Dies führt zur Frage nach »Lusteinheiten« oder »Nutzenquanten«. Ist ein Orgasmus der Genuß eines Kaugummis mal 15,8? Zudem geht die »Komputation« in die Zukunft und vermittelt sich mit Wahrscheinlichkeiten. Für die Unmöglichkeit eines Kalküls spricht folgendes Argument: Eine interpersonale Vergleichbarkeit von Glück in kardinaler Form (und nur ein kardinaler, nicht aber ein ordinaler Vergleich läßt eine Kalkülisierung zu) ist unmöglich. Das Argument gegen den Utilitarismus sieht so aus: 1. Ein Utilitarismus bedarf eines Kalküls. 2. Kalkülisierung erfordert einen kardinal meßbaren interpersonalen Vergleich von Nutzen. 3. Dieser ist prinzipiell unmöglich. 4. Folglich ist der Utilitarismus undurchführbar.

Diesen Einwand kann der Utilitarist kontern. So sagt etwa Hare, es genüge, Präferenzstärken grob miteinander zu vergleichen; ein »echter« utilitaristischer Kalkül sei nicht erforderlich. Der strenge Kalkül wird zu einer Art intuitiver Überschlagsrechnung. Innerhalb des Utilitarismus ist ein deutliches Abrücken von der Idee eines Kalküls zu registrieren. In den neueren Arbeiten von Birnbacher spielt diese Idee keine zentrale Rolle mehr. Birnbacher meint, ein förmlicher Kalkül scheide schon aus praktischen Erwägungen aus. Es könne nur um eine möglichst umfassende und gründliche Folgenabwägung gehen. In diesem abgeschwächten Sinne sollte natürlich jede gute Ethiktheorie ein konsequentialistisches Moment besitzen. Der Utilitarist muß, wie Birnbacher weiß, mindestens eine stärkere These vertreten, d.h., er muß an der Maximierungskomponente festhalten, um den Theoriekern nicht konturlos zu machen.

Einige Argumentationsmuster werden immer wieder gegen den Utilitarismus vorgebracht.[142] Die moralische Beurteilung einer Handlung ist in vielen Fällen relativ zu einem instabilen, reversiblen, möglicherweise durch Dissense und Unsicherheiten geprägten Wissensstand. Angesichts unübersichtlicher Wirkungsketten könnte dies einen Nachteil für den Utilitarismus bedeuten. Ist eine Handlung dann moralisch richtig, wenn ihre Folgen »optimal« im von der Theorie definierten Sinne sind, kann man aber die Folgen unterschiedlicher Handlungen nicht genau abschätzen, wird es ungewiß, was man tun soll. Diesen Einwand kontert der Utilitarismus mit einer ausgefeilten Risikotheorie, in der es darum geht, Erwartungswerte zu maximieren.

Ein anderer klassischer Einwand ist gewichtiger. Der Utilitarismus in Reinkultur widerspricht unseren moralischen Überzeugungen. Verglichen mit der Alltagsmoral führt ein uneingeschränkter Utilitarismus zu einer Fülle von »Anomalien«.[143] Utilitaristen werden sich bemühen, diese Anomalien zu entdramatisieren, oder werden sie nur für ungewöhnliche bzw. artifiziell konstruierte Fälle zugeben. Auch können Utilitaristen geltend machen, daß Intuitionen eine solide Ethiktheorie nicht widerlegen können. Der Antiutilitarist wird hingegen versuchen, die kontraintuitiven Konsequenzen in ein möglichst grelles Licht zu tauchen. Er wird ferner behaupten, daß Ethiken, die unseren moralischen Überzeugungen widersprechen, nicht »moralisch richtig« sein *können*. Es geht also darum, ob Anomalien auftreten, wie dramatisch sie tatsächlich sind und welche Möglichkeiten dem Utilitarismus bleiben, diese kontraintuitiven Anomalien zu beheben.

Da Sexualität eine Quelle von »pleasure« darstellt, würde eine utilitaristische Sexualmoral Aufforderungen beinhalten, das Ausmaß der Geschlechtslust zu maximieren. Utilitaristen müßten für eine moralische Pflicht eintreten, daß jeder seine diesbezüglichen Fähigkeiten und Techniken verbessern solle. Kettners pikantes Beispiel betrifft die utilitaristisch begründbare Pflicht junger Frauen, gelegentlich mit älteren Männern zu schlafen, wenn dies – was empirisch nicht unwahrscheinlich ist – die Glückssumme in der Welt erhöht.

Die Anwendung des uneingeschränkten Utilitarismus führt zu merkwürdigen Konsequenzen in vielen Praxisfeldern. Die normative Sinndimension des Sports (faire Wettkämpfe mit ungewissem Ausgang) ist mit dem Prinzip der Nutzenmaximierung unverträglich. Es ist wohl kaum das Ziel sportlicher Aktivitäten, das größtmögliche Glück der größtmöglichen Zahl zu befördern. Sind unfaire Handlungen oder Regelverstöße erlaubt oder geboten, wenn durch sie die Glückssumme wächst? Darf man unbeliebte Athleten benachteiligen, wenn man dadurch große Freude bei den Zuschauern hervorrufen kann? Darf man als utilitaristischer Schiedsrichter Luxemburg ein regulär erzieltes Tor aberkennen, um Brasilien das Ausscheiden bei der Fußballweltmeisterschaft zu ersparen und so tiefe Trauer bei hundert Millionen Brasilianern zu vermeiden? Soll ein Ringrichter einen Boxkampf abbrechen, um einen angeschlagenen Boxer zu schonen, oder soll er den Kampf nach einer Weile fortsetzen, wenn das Publikum seinen großen Spaß daran hat, diesen allseits unbeliebten Boxer einmal gründlich verprügelt zu sehen?

Robin-Hood-Strategien, Reiche zu bestehlen, um den Armen zu helfen, sind für Utilitaristen akzeptabel. Dies muß man nicht als stark kontraintuitiv empfinden. Den alten, einsamen Wucherer schmerzlos zu töten, um mit dem Geld viel Nutzen zu stiften, ist allerdings auch erlaubt oder sogar geboten. Hier würden viele zögern. Es gibt im klassischen Utilitarismus keine direkten Gründe gegen das Töten. Das Tötungsverbot ist nur eine Konsequenz der empirisch normalerweise vorliegenden Präferenzintensität, am Leben bleiben zu wollen. Jede noch so intensive Präferenz kann in einer Aufaddierung überboten werden. Das heimliche und schmerzlose Töten zum Zweck der Nutzenmaximierung ist daher zulässig. Gerade das Tötungsverbot ist nun aber intuitiv stark in der Moral verankert. Eine Ethik, in deren Konzeption von Moralität das Tötungsverbot nur indirekt begründet werden kann (etwa über die verbreitete Angst davor, heimlich getötet werden zu dürfen), dürfte einen Schwachpunkt aufweisen.

Wenn die Präferenz eines Nazis, einen Juden zu töten, sehr stark ist, während der Jude nach vielen Demütigungen den Tod herbeiwünscht, ist das Töten des Juden erlaubt. Öffentliche Hinrichtungen zur Volksbelustigung sind im reinen Utilitarismus nicht prinzipiell ausgeschlossen. Wenn 95% der Bevölkerung 5% versklaven und die wenigen Sklaven mit ihrem Schicksal halbwegs zufrieden sind, ist dies zulässig. Wenn jemand, der eine sehr starke Präferenz verspürt, eine komatöse Frau zu vergewaltigen (fraglich ist, ob der Utilitarist dieses Wort akzeptieren würde), dies heimlich tun kann und die Frau selbst »nichts mitbekommt« (also nicht geschädigt wird), so spricht nichts gegen die Ausführung dieser Handlung. Gemäß Kalkül 1 wäre diese Handlung zulässig, gemäß Kalkül 2 wäre die gleiche Handlung womöglich falsch, da viele Personen sexuelle Kontakte mit komatösen Frauen abscheulich finden dürften.

Wie ist der Fall zu bewerten, wenn in römischen Zirkusspielen zum großen Ergötzen vieler Zuschauer gelegentlich einige Christen den Tieren zum Fraß vorgeworfen werden, die womöglich stolz darauf sind, Märtyrer zu werden? »Nach dem reinen Summenprinzip müßte mit wachsender Anzahl der Zuschauer irgendwann der Punkt kommen, an dem der Utilitarist gegen derartige

Sitten nichts mehr einzuwenden hat.«[144] Hare schlägt vor, diese Praktiken allmählich durch andere zu ersetzen (Wagenrennen, Fußball). »Man könnte vielleicht damit anfangen, die Christen den Löwen in einer spannenden Jagd entkommen zu lassen, auch das wäre für das Publikum recht spannend.«[145]

Jeder, auch der schlimmste Nutzenverlust müßte sich durch viele kleine, marginale Nutzenzuwächse ausgleichen lassen. Wenn sich sehr viele Leute nur ein bißchen besser fühlen, wären Greuel gerechtfertigt. Ab einer bestimmten Anzahl Glücklicher wäre es legitim, wenigen Menschen Höllenqualen zu bereiten, wenn die Glücklichen davon marginal profitieren würden. Intuitiv würden wir darauf verzichten, die Nutzenmenge zu maximieren, wenn der Preis hierfür eine derartige kraß ungleiche Verteilung wäre.

Der Utilitarismus fordert außerdem, die Anzahl der Menschen so lange zu erhöhen, wie die Freude darüber, am Leben zu sein, das Leid und die Unbilden bestimmter Lebensbedingungen noch überwiegt. Da die meisten Menschen auch unter widrigen Umständen gern leben, wird die Nutzensumme durch die wachsende Zahl der Nutzenempfinder gesteigert. Dies würde eine »Kalkutta«-Lösung zur moralischen Pflicht machen. Ähnlich kontraintuitiv ist die individuelle Hervorbringungspflicht oder das Verbot der Empfängnisverhütung, die Hare vertritt.[146]

Der Utilitarismus verlangt in anderen Hinsichten hohe moralische Opfer. Unser Umgang mit Geld ist fast immer falsch, da wir mit Geld etwas moralisch Besseres tun könnten (bspw. es den Armen geben). Reiche Personen müßten größere Teile ihres Vermögens solange an ärmere Mitbürger verteilen, wie die Nutzensumme wächst. Hier verlangt der Utilitarismus weitaus mehr als der Kantianismus, für den die Mildtätigkeit eine unvollkommene Tugendpflicht ist.

Ein weiteres Problem des Utilitarismus liegt darin, daß man (fast) immer falsch handelt, weil sich zu (fast) jeder Handlung eine andere Handlung hinzudenken läßt, die besser im Sinne des Utilitarismus ist. Es wäre besser, anderen zu helfen als philosophische Bücher zu lesen. Also handelt der Leser dieses Buchs falsch. Hier kann ein Utilitarist entgegnen, daß darin, recht betrachtet, keine kontraintuitive Konsequenz liegt, sondern daß der Utilitarismus uns auf unsere besseren Handlungsmöglichkeiten aufmerksam macht.

Da der Utilitarismus die Unterscheidung zwischen Tun und Unterlassen nicht in dem Sinne benutzen darf, daß aktives Tun moralisch anders bewertet wird als Unterlassen (wozu wir intuitiv neigen)[147], so ergibt sich, daß es eigentlich genauso schlimm ist, nicht alles Mögliche zur Rettung verhungernder Menschen zu unternehmen wie aktiv Menschen zu töten. Moralisch betrachtet, stünde dann jeder von uns mit Massenmördern auf einer Stufe.[148] Dies ist eine stark kontraintuitive Konsequenz.

Der Utilitarismus ist auf keine Staatsform festgelegt. Er fordert, die Staatsform zu wählen, in der die Menschen am glücklichsten sind. Dies kann kontingenterweise die Demokratie sein. Eine brutale Terrorherrschaft wäre aufgrund der Furcht und des Schrekkens, den sie über die Menschen bringt, mit dem Utilitarismus kaum vereinbar. Eine milde Diktatur mit einem wohl ausgebauten Sozialsystem hingegen ist u.U. zulässig, wenn den Bürgern die Mühen der Demokratie allzu lästig werden sollten und die Diktatur mittels »panem et circenses« für überwiegend gute Stimmung sorgt.

Fraglich ist auch, welchen Stellenwert Menschenrechte im Utilitarismus haben können. Bentham lehnte die Idee der Menschenrechte als unsinnig ab. Für die Idee angeborener Menschenrechte hatte er nur Spott übrig. Dadurch setzt sich der Utilitarismus in ein Spannungsverhältnis zu Auffassungen von Moralität, in denen der Respekt vor den Rechten anderer eine paradigmatische Rolle spielt.

Einzelne Personen können um des Anstiegs der Nutzensumme willen geopfert werden (utilitarian sacrifice). Der Utilitarismus trennt »mental states« von ihren Trägern. Nur »mental states« sind als in sich wertvoll definiert, nicht Individuen. Diese Ersetzbarkeit ist unvereinbar mit kantischen moralischen Ansichten über den Wert (die »Würde«) der individuellen Person. Im Utilitarismus darf man aufgrund von Kalkülen auch gegen den eigenen Willen geopfert werden – und dies ist moralisch »schwer verdaulich«. »Utilitarian sacrifice« führt in der Bioethik zu Konsequenzen, die viele als unerträglich oder empörend empfinden (bspw. aktive Tötung schwerbehinderter Neugeborener).

Singer unterscheidet in bezug auf solche Fragen zwischen der Einzelexistenz- und der Totalansicht-Version des Utilitarismus. Jene Perspektive bezieht sich auf die Binnenperspektive eines Wesens, das sein Leben insgesamt als lebenswert empfinden dürfte bzw. lieber leben als nicht leben möchte (ein Kind, das an Spina bifida oder an Trisomie 21 leidet). Die Totalansicht-Perspektive hingegen ist die des utilitaristischen Beobachters, der kalkuliert, ob die Welt insgesamt »besser« wäre, wenn man schwerbehinderte Menschen schmerzlos töten oder behinderte Kinder abtreiben würde, sofern dies die Bedingung dafür wäre, daß dadurch andere, gesündere, glücklichere Menschen zur Welt kommen würden. Das Ergebnis des Kalküls ist absehbar. Dies ist eine bioethische Spielart des »utilitarian sacrifice«. Die Lebensbewertung »von außen« wird durch die Theoriestruktur nicht ausgeschlossen.

Wichtig ist nun die Frage, ob Utilitaristen diese Beispiele, die die Theorie in ein schlechtes Licht rücken, als fair akzeptieren müssen. Ich denke, sie sind fair gegenüber Vertretern der klassischen aktutilitaristischen Theorie, nicht aber gleichermaßen gegen modifizierte Varianten (s.u.).

Der Utilitarismus hat zudem mit selbstbezüglichen Paradoxien zu kämpfen. Sofern die Konsequenzen des Konsequentialismus für Konsequentialisten nicht akzeptabel sind, hebt sich diese Position selbst auf. Sie wäre »self defeating«. Würden wir im Alltag alle als Aktutilitaristen handeln, so würden sich chaotische soziale Verhältnisse ergeben. Aktutilitarismus pur führte in der Konsequenz zu massiven Kooperationsproblemen und zu anomischen Verhältnissen – und das wäre nicht wünschenswert. Harman meint, es gebe gute utilitaristische Gründe, die Menschen nicht zu Utilitaristen zu erziehen.[149] Sein Kommentar zum berühmten Krankenhaus-Beispiel (einen Unschuldigen töten, um vier Patienten zu retten) ist bezeichnend. Der Arzt sollte vom utilitaristischen Standpunkt aus das tun, was unseren Intuitionen gemäß moralisch falsch ist. Der Utilitarist muß sagen, daß die Intuitionen falsch sind. Er gibt aber gleichwohl eine »Erklärung«, warum es vom utilitaristischen Standpunkt aus vernünftig ist, Kinder so zu erziehen, daß sie antiutilitaristische (also falsche) Überzeugungen haben. Wenn man aber in vielen Situationen gemäß falschen Überzeugungen handeln soll, so sagt die utilitaristische Ethik, daß es häufig besser ist, falsch zu handeln (und umgekehrt). Ein »korrekt kritisch denkender Utilitarist«[150] wird seinen Kindern kantianische Intuitionen lehren. Utilitaristen sollten ferner den Utilitarismus nicht öffentlich als Ethik lehren, und sie müssen vor einer Welt aus lauter Utilitaristen warnen. Eine konsequentialistische Ethik, die vor den Konsequenzen ihrer Anwendung warnen muß, dürfte inkonsistent sein.

Aufgrund vielfältiger Schwierigkeiten kam es zu einer Aufspaltung des Utilitarismus in mehrere Theorievarianten sowie zur Konzeptionalisierung von Reparaturstrategien. Eine dieser Strategien ist eine sog. »kognitive Therapie«, d.h. eine Konfrontation von Präferenzen mit Sachinformationen, die allerdings nur dann greift, wenn die Betroffenen sich sachlich irren. (Über ihre eigenen Präferenzen können sie sich nicht irren.) Die Paradoxien der Selbstanwendung löst die kognitive Therapie ebenfalls nicht. Eine kognitive Therapie ist von der Forderung nach einer Präferenzveränderung zu unterscheiden.[151] Die zur Behebung kontraintuitiver Konsequenzen eingeführte Forderung nach einer Veränderung von (bösen) Präferenzen ist normativ, ohne daß der Utilitarist sich zu den Präsuppositionen dieser Normativität bekennen kann. Er kann nicht einfach sagen, daß er manche Präferenzen moralisch abscheulich findet. Also muß er sagen, daß durch die Präferenzveränderung langfristig der Gesamtnutzen erhöht wird. Aber das führt in Schwierigkeiten. Deren geringste ist es, die psychischen Kosten einer Präferenzveränderung zu bilanzieren. Kusser hat gezeigt, daß das Argument der Präferenzveränderung dazu führt, daß diese Option im utilitaristischen Kalkül immer mitbedacht werden muß, was zur Folge hat, daß jederzeit »die Präferenzen aller gleichermaßen zur Disposition stehen«[152]. Dies kompliziert einmal mehr den Kalkül und führt zurück in Mills und Harsanyis Problem der Qualifikation von Präferenzen. Zugespitzt gesagt, führt diese Behebungsstrategie den Utilitarismus von der Betonung der individuellen Souveränität in bezug auf Präferenzen zu einem Liebäugeln mit Umerziehungsprogrammen (»Wäre der Gesamtnutzen der Welt nicht viel höher, wenn alle ihre Präferenzen P zu neuen Präferenzen P* verändern würden?«).

Was die Aufspaltung in Theorievarianten betrifft, so wird im uneingeschränkten Aktutilitarismus die klassische Variante verteidigt, die nach wie vor Anhänger findet (Smart, Birnbacher, Frey). Im Regelutilitarismus werden Normen nicht länger als Faustregeln ohne jeden substantiellen ethischen Sinn betrachtet. Verhaltensregeln werden hier konzeptionell aufgewertet. Dies wird mit dem Argument der notwendigen Reduktion von Komplexität gerechtfertigt. Niemand kann eine Nutzenbilanzierung in jedem Einzelfall erstellen, und insofern ist es vernünftig oder nützlich, sich ceteris paribus an moralische und rechtliche Regeln zu halten. Regeln werden danach beurteilt, ob ihre generelle Befolgung nutzenmaximierend ist. Der Regelutilitarismus strebt ein ideales System von Regeln an, d.h. ein solches, dessen Befolgung optimale Konsequenzen hätte. Die Maximierungskomponente und die Wertbasis werden beibehalten. Die Aufwertung von Regeln darf natürlich nicht zu weit getrieben werden, wenn der Regelutilitarismus noch als Utilitarismus erkennbar sein soll. Der Utilitarismus hat den »Regelfetischismus« immer abgelehnt.

Der Regelutilitarismus kann viele Probleme des Aktutilitarismus vermeiden, er ist aber entweder kein wirklicher Utilitarismus mehr, oder er läßt sich auf den Aktutilitarismus zurückführen und wäre demnach so unplausibel wie dieser. Ein Argument für diese Auffassung lautet, der Regelutilitarismus müsse die »Es-sei-denn«-Klausel jeder Norm im Sinne des Aktutilitarismus interpretieren.[153] Wenn ein Regelutilitarist erkennt, daß eine Ausnahme von der Normbefolgung die Nutzensumme erhöhen würde, steht er Law zufolge vor einem Dilemma. Entscheidet er sich als Utilitarist dafür, die Norm zu verletzen, so muß er dies in allen Fällen tun, in denen ein Normverstoß die Nutzensumme erhöht. Alles andere wäre aus utilitaristischer Perspektive irrationaler und unbegründeter Regelfetischismus.[154] Dies aber ist in der Konsequenz gleichbedeutend mit einem Rückfall in den Aktutilitarismus mit all seinen Problemen. Entscheidet sich der Regelutilitarist dafür, die Regelbefolgung über die Nutzenmaximierung zu stellen, so stellt er sich außerhalb des Kerns der Theorie, der fordert, »to maximize the good«, d.h., er gibt die Maximierungskomponente auf. Auf dieses Dilemma muß der Regelutilitarismus eine Antwort geben.

Ein anderes Argument stammt von Frankena.[155] Angenommen, wir könnten nur eine von zwei Normen N_1 und N_2 unserem Normensystem eingliedern. Beide Normen erbrächten den gleichen Gesamtnutzen, allerdings unterschiedlich. N_1 würde den Nutzen einer kleinen Gruppe stark erhöhen, während N_2 den Nutzen gleichmäßiger unter viele Personen verteilen würde. Wenn wir nun sagen, daß N_2 besser, weil gerechter als N_1 ist, so verlassen wir die Basis des Utilitarismus (oder weichen sie auf). Wir bringen den Gesichtspunkt ins Spiel, der eine »faire« Verteilung von Nutzen als entscheidungsrelevant erachtet. Wenn wir den sog. Durchschnittsnutzen ins Spiel bringen, weichen wir von der Maximierungskomponente ab. Im Durchschnittsnutzenutilitarismus geht es darum, das durchschnittliche Glücksniveau anzuheben, und nicht darum, wenige Personen extrem glücklich zu machen. Diese Variante setzt allerdings bereits Gerechtigkeitsgrundsätze voraus. Aber wie begründen sich diese? Ein Utilitarist kann hierauf erwidern, daß eine gerechte Verteilung eines von vielen erstrebenswerten »guten« Dingen ist (wie ästhetische Stimmigkeit). Viele haben ein gutes Gefühl, wenn sie Verhältnisse als gerecht empfinden. Das, was für Deontologen »richtig« ist, wird für Utilitaristen zu etwas Gutem, d.h. Nützlichem. Aus der Perspektive des Deontologen nimmt der Utilitarist hier geschickte Sprachregelungen vor (»hoher Akzeptanznutzen der Gerechtigkeit«, »altruistische Präferenzen«, »prohibitiv hoher Nutzenwert der Menschenrechte«), um deontologische Bedeutungen zum Verschwinden zu bringen.

Die am ausführlichsten debattierte neuere Variante des Utilitarismus ist der Zwei-Ebenen-Utilitarismus Hares. Hare verknüpft seine Metaethik des universellen Präskriptivismus[156] mit einem »split-level-view« aktutilitaristischen Denkens.[157] Zentral für diese Ethik ist die Unterscheidung zwischen der intuitiven und der kritischen Ebene moralischen Denkens. Durch diese Unterscheidung kann man viele der antiutilitaristischen Einwände ausräumen. Nur auf der kritischen Ebene (von Hare mit der idealtypischen Figur des umfassend informierten und wohlwollenden »Erzengels« besetzt) soll man Hare zufolge Aktutilitarist sein, der im Sinne Benthams keine Intuitionen bezüglich besserer und schlechterer Präferenzen zuläßt, während auf der intuitiven Ebene moralischen Denkens (von Hare mit der idealtypischen Figur des »Proleten« besetzt) antiutilitaristische Intuitionen und Regeln befolgt bzw. in der Moralerziehung »eingeimpft« werden sollen.

Hares Ethik verlangt für die Lösung moralischer Konflikte auf der kritischen Ebene, die Präferenzen aller Betroffenen so zu behandeln, als ob sie die Präferenzen eines Erzengels wären, der seinen eigenen Nutzen maximieren möchte. Hare vertritt ein »Prinzip der bedingten situativen Identifikation«[158], das verlangt, alle betroffenen Präferenzen in die Präferenzen der Person zu überführen, die die Entscheidung, was zu tun ist, treffen muß. Jemand, der hinreichend über die Lage anderer und deren Präferenzen informiert ist, hätte in der gleichen Lage die gleichen Präferenzen, wenn er der andere wäre. Der Erzengel verfügt nun per definitionem über alle relevanten Informationen. (Dadurch entfällt das Problem des interpersonalen Nutzenvergleichs.) Der Erzengel inkorporiert gleichsam alle Präferenzen aller Betroffenen mitsamt der jeweiligen Präferenzintensität und entscheidet dann rational gemäß dem Maximierungsziel. Daraus ergibt sich die moralisch richtige Lösung maximaler Präferenzerfüllung. Nur ist Hare zufolge dieses Ideal in der wirklichen Welt nicht praktikabel und hochgradig irrtums- und ideologieanfällig.

Von der Ebene kritischen Denkens aus wählt der Erzengel mit Blick auf die Ebene des intuitiven Denkens und deren Unvollkommenheiten sowie in der Perspektive eines Regelutilitaristen ein Set von Normen aus, deren Befolgung die (tatsächlichen) Konsequenzen zeitigt, die denen möglichst nahekommen, die sich ergeben hätten, wenn das ethisch zutreffende aktutilitaristische Prinzip durch Hineinversetzen in alle Betroffenen direkt auf Situationen angewendet worden wäre.

»Kritisches Denken hat das Ziel, die beste Klasse von prima-facie-Prinzipien für den Gebrauch im intuitiven Denken auszuwählen. [...] Die beste Menge ist jene, deren Akzeptanz Handlungen, Dispositionen etc. ergibt, die denen am nächsten kommen, die gewählt würden, wenn wir in der Lage wären, die ganze Zeit hindurch vom kritischen Denken Gebrauch zu machen.«[159]

Ein »weiser utilitaristischer Erzieher« weiß, daß es für viele Menschen besser ist, nicht ständig Nutzenkalküle anzustellen, und daß wir uns nicht in die Lage aller Betroffenen versetzen können. Die Intensität einer fremden Präferenz verspüre ich nicht wirklich. Normative Regeln entlasten uns, und moralische Intuitionen haben einen hohen, wie Hare sagt, »Akzeptanznutzen«. Die Bedeutung von Normen ist für Hare wesentlich der menschlichen Schwäche geschuldet. Es handelt sich um eine »Second-best«-Lösung aufgrund unseres Unvermögens, kritisch zu denken. In der Replik auf ein Argument von Nida-Rümelin hat Hare allerdings zugegeben, daß auch eine gedachte Gesellschaft von Erzengeln auf Normen angewiesen wäre, die – wie Hare ebenfalls zugibt – stark den Normen ähneln würden, die auf der Ebene intuitiven Denkens sinnvoll sind. Die Konsequenzen dieses, m.E. erheblichen, Zugeständnisses bagatellisiert Hare.[160]

Ein anderer Vorwurf gegen Hares »split-level-view« bezieht sich auf dessen latente Unaufrichtigkeit bzw. »doppelte Moral«. Hares Ansatz verstößt gegen eine Bedingung moralischer Grundsätze und Regeln, nämlich der öffentlichen Lehrbarkeit von allem, was mit der Bestimmung der Moralität zusammenhängt.[161] Es wäre in der Konsequenz von Hares Konzeption eine Art »Ethik-Expertokratie« zulässig. Im Geiste des Utilitarismus ausgebildete, wahrhaft kritische Moralphilosophen dürften anhand ihrer Folgenüberlegungen über die beste Klasse von Prima-facie-Regeln beraten, die das proletenhafte Volk zu befolgen hat. Dieses Problem zeigt sich in folgender Passage, die Hares Grundgedanken konzise zusammenfaßt: Wir können »nämlich Intuitionen vollständig vom moralischen Denken der *kritischen Ebene* ausschließen und es dort, ohne uns schämen zu müssen, utilitaristisch gestalten (und sogar ohne den guten Freuden und Wünschen größeres Gewicht als den schlechten beizumessen [...]). Wenn wir dann Prinzipien aussuchen, die auf der *intuitiven Ebene* benutzt werden sollen, werden wir finden, daß wir solche wählen, die sehr stark diejenigen Wünsche benachteiligen, die allgemein für schlecht gehalten werden, und zwar wegen des offensichtlich höheren Akzeptanznutzens solcher Prinzipien.«[162] Wer ist dieses »wir«? Ein Engel im Pluralis majestatis oder eine Art Engelskonzil? Die Frage ist polemisch formuliert, aber ich halte sie in der Sache für fair.

Der Utilitarismus hat einen immensen Einfluß auf die Ökonomik sowie auf die Konzeption eines Wohlfahrtsstaates ausgeübt. Bentham engagierte sich auf vielen Gebieten einschließlich des Gefängnissystems als Sozialreformer. Der ehemalige britische Wohlfahrtsstaat entsprang utilitaristischen Denkmotiven. Nutzensummenformeln spielen in der neoklassischen Ökonomik eine zentrale Rolle. Ein entscheidender Schritt der Überführung des Utilitarismus in die Wohlfahrtsökonomie liegt darin, daß »utility« als »welfare« verstanden wird und mit einer Kategorie in Verbindung gebracht wird, mit der sich präzise rechnen läßt: Geld. Allerdings wird in der Mikroökonomik nicht mehr der größtmögliche Nutzen aller in Betracht gezogen, sondern es wird die Kunstfigur des Homo oeconomicus eingeführt, der unter Knappheitsbedingungen seinen Nutzen maximieren möchte. Beobachtbares moralisches Verhalten muß dann in dieses Grundmodell interpretatorisch eingearbeitet werden. Dadurch wird dieses Modell allerdings gegen Kritik immunisiert. Der Quasi-Person des Homo oeconomicus geht es darum, ihren Gegenwartswert an Nutzen zu maximieren, der über Konsum definiert ist. Utilitaristisch gedacht, ist Konsum alles, was einen Nutzen stiftet. Dies müssen keineswegs Waren sein, die an Märkten gehandelt werden. Wird nun, wie dies häufig geschieht, der Konsumbegriff unter der Hand auf Waren und Dienstleistungen eingeschränkt, so entsteht das Konzept eines »Haushaltes«, der bei knappem Budget seinen privaten Nutzen durch den Konsum von Waren und Dienstleistungen maximieren möchte. Hinzu kommt, daß das Konzept des zu maximierenden Gegenwartswertes es verlangt, zukünftigen Nutzen und Schaden zu diskontieren. Auch die Behandlung der Diskontierungsfrage trennt die utilitaristische Ethik von der Ökonomik. Ein weiterer entscheidender Schritt der Transformation besteht darin, daß der Bezug des Nutzenbegriffes von mentalen Zuständen (pleasure) auf beobachtbares Verhalten umgestellt wird. Dies hat etliche Folgen (ordinale statt kardinale Messung der Rangfolge von Güterbündeln), die zur Aufgabe der utilitaristischen Idee einer Aufaddierung von Nutzenquanten führen.

In einer Fülle von Literatur wird immer wieder darauf hingewiesen, daß die Grundannahmen der Neoklassik irgendwie utilitaristischer Herkunft seien. Es trifft jedoch nicht zu, daß die Neoklassik einfach angewandter Utilitarismus ist. Bohnen bezeichnet die Neoklassik als »amputierten Utilitarismus«. Das sowohl historisch wie auch systematisch komplexe Verhältnis zwischen ethischem Utilitarismus und neoklassischer Ökonomik müßte einer gründlichen wissenschaftshistorischen und systematischen Analyse unterzogen werden.

6. Die Ethik des Kontraktualismus

Für den Kontraktualismus entstehen Verpflichtungen aus Vereinbarungen (Verträgen, Abmachungen).[163] Normen, Regeln und Institutionen gelten, sofern sie Ergebnis eines hypothetischen oder realen Gesellschaftsvertrages sind. Eine normative Ordnung ist in dieser Ethiktheorie nicht vorgegeben, sondern gilt nur, insofern strategisch-rational eingestellte Akteure sich auf sie einigen können. Andere Quellen moralischer oder rechtlicher Verpflichtungen existieren nicht. Das Moment der Einigung verweist auf eine (oberflächliche) Ähnlichkeit zwischen Kontraktualismus und Diskursethik. Die Einigung wird jedoch im Kontraktualismus im Unterschied zur Diskursethik nach dem Modell des Abschlusses eines Vertrages konzipiert, durch den die Vertragsparteien einander Rechtstitel einräumen und entsprechende Pflichten übernehmen. Niemand ist verpflichtet, einen Vertrag zu schließen, wenn er dies als für sich ungünstig ablehnt, da vertragsvorgängige Verpflichtungen nicht existieren. Man kann aus unterschiedlichen und aus beliebigen Gründen und Motiven einer Abmachung zustimmen. Die Gründe können rein prudentieller Natur sein; eine Konzeption moralischer Einsicht ist unnötig. Ein paradigmatischer Grund ist die Angst, u.U. böswilligen Personen schutzlos ausgeliefert zu sein. Die Stärken des Kontraktualismus liegen in seinen schwachen Prämissen und in seiner Betonung des Individualismus. Das zugrunde gelegte Menschenbild ist eher pessimistisch. Jeder möchte seinen Nutzen maximieren, aber da dies für alle gilt, muß man sich klugerweise miteinander arrangieren. Eine Art »Moralität« soll sich auf rationale Weise aus Amoralität ergeben. Der Kontraktualismus ist daher prudentiell, interessenorientiert, individualistisch und wertskeptisch.[164] Häufig wird gesagt, dieses ethische Begründungsprogramm sei das einzige, das unter modernen Bedingungen noch übrigbleibe. Das vorzugsweise verwendete Denkmodell ist die Spieltheorie, die sich mit den Bedingungen beschäftigt, unter denen die Kooperation für rationale Egoisten vorteilhaft ist. Will der Utilitarismus den Gesamtnutzen maximieren, so will der Kontraktualismus, daß für jeden einzelnen ein möglichst hoher Nutzen aus Abmachungen entspringt. Das Personal der Begründungssituation des Kontraktualismus besteht daher aus klugen Rationalegoisten, die ihren Nutzen maximieren wollen.

Hintergrund der kontraktualistischen Ethiktheorie ist ein Denkpostulat, das sich bis auf Ockhams »Rasiermesser« zurückführen läßt: Philosophisch denken heißt, schwache Voraussetzungen zu machen. In der Philosophie der Neuzeit wird dieses durchaus sinnvolle Denkprinzip auf den Menschen selbst und auf die Ethik angewendet. Das führt letztlich zu einem monistischen Ideal: »Erkläre idealiter alles menschliche Verhalten aus einem einzigen Prinzip.« Unter einem monistischen Ideal liegt es natürlich nahe, den rationalen Egoismus, das Streben nach Lust (Utilitarismus) oder den »Willen zur Macht« (Nietzsche) als Erklärungsprinzip zu wählen. Menschen werden demnach als selbstsüchtige, von Affekten getriebene, kurzfristig denkende Kreaturen vorgestellt, deren Rationalität in Zweckrationalität aufgeht. Die kontraktualistische Begründungssituation ist ein Ergebnis dieses Denkens, der Homo oeconomicus ein anderes.

Thomas Hobbes ist der Begründer des Kontraktualismus.[165] In der von Hobbes ausgehenden Tradition möchte man zeigen, daß die allgemeine Befolgung eines Sets von Regeln im Eigeninteresse egoistischer, aber rationaler Subjekte liegt, die aus der (fiktiven)

Ausgangssituation des »Naturzustandes«, der sich für alle als unerträglich erweist, hinausgelangen wollen. Der (bei Hobbes hypothetische) Vertrag beendet den Naturzustand, den anarchisch-freien »bellum omnium contra omnes« (Hobbes), in dem das menschliche Leben kurz, hart und gemein ist. Im Naturzustand haben alle Subjekte ein »Recht auf alles«.[166] Recht ist letztlich identisch mit der Macht, sich etwas aneignen bzw. behalten zu können. »Für alle [wird] stets das höchste Verlangen das nach der Macht selbst sein, genauer, nach einer immer größeren Macht [...]. Da jeder versucht, den andern zu überflügeln, ohne jemals zu einer dauerhaften Herrschaft zu gelangen, wird der Kriegszustand nun absolut permanent.«[167] Dieser ständige Kampf ist immer auch ein Wagnis auf Leben und Tod. Die ständige Furcht vor dem Tod und das natürliche Streben nach Selbsterhaltung machen Hobbes zufolge zum Frieden und zur Aufgabe der natürlichen Freiheit geneigt. Das natürliche Bedürfnis nach Sicherheit voreinander erweist sich als stärker als die Lust an der unbegrenzten Willkürfreiheit, die mit ständiger Furcht gepaart ist.

Bei Hobbes treten die Subjekte daher ihre Willkürfreiheit an einen Souverän ab, der ein Gewaltmonopol erhält und den bürgerlichen Friedenszustand garantiert. Jeder tritt sein Naturrecht nur unter der Bedingung an den Souverän ab, daß die anderen gleiches tun. Dieser Souverän, Hobbes' berühmter »Leviathan«, bleibt vertraglich ungebunden. Der Legitimitätsgrund seiner Herrschaft beruht allein auf der Fähigkeit, den Frieden sowie Leben und Eigentum der Untertanen zu sichern. Büßt er diese Fähigkeit ein, sind die Untertanen zurück in die Freiheit des Naturzustandes entlassen. Das Begründungsziel auch des heutigen Kontraktualismus ist es, im Anschluß an Hobbes eine normative Ordnung und entsprechende Institutionen wie den Staat und das Recht aus einem moralfrei vorgestellten Ausgangszustand zu begründen. Appelliert werden darf bei der Begründung von Normen nur an das aufgeklärte und wohlverstandene Selbstinteresse rationaler Egoisten. Dabei wird präsupponiert, daß kein Egoist einer Regelung zustimmt, die für ihn nachteilig ist. Das rational begründbare Konzept von Moralität würde sich demnach auf Normen beschränken, deren generelle Befolgung für jeden einzelnen Egoisten vorteilhaft wäre. Das Ergebnis dürfte eher »mager« ausfallen. Eine Ethik, die nur auf der prudentiellen Einsicht in die Vorteile beruht, die der Verzicht auf einen radikal ausgelebten Egoismus mit sich bringt, wird Moralität auf eine, wie man zu sagen geneigt sein dürfte, minimale Anständigkeit reduzieren.

Gauthier, der den wohl bedeutendsten vertragstheoretischen Ansatz der Gegenwart vertritt, meint, die Aufgabe der Ethik sei es, ein Set aus normativen »constraints« in bezug auf die egoistische Interessenverfolgung zu begründen, und zwar dergestalt, daß »all the duties it recommends are also truly endorsed in each individual's reason«[168]. Moralische Verpflichtungen sind für Gauthier eine vorteilhafte Beschränkung radikaler Nutzenmaximierung.[169] Gauthier möchte mit Mitteln der Spieltheorie zeigen, daß kooperationswillige und insofern »beschränkte« Nutzenmaximierer gegenüber radikalen Nutzenmaximierern im Vorteil sind. Paradox gesprochen, ist es insgesamt für einen selbst von Vorteil, wenn man seinen Vorteil nicht unter allen Umständen maximieren möchte.[170] Begründbar sind auf diese Weise in erster Linie negative Unterlassungspflichten. Die Begründung überzeugt, deckt aber unsere moralischen Intuitionen nur zu einem Teil ab.

Eine interessante Position findet sich bei Trapp. Er favorisiert aufgrund seiner persönlichen Intuitionen, die er in Prämissen einer Ableitung (Postulate) transformiert, eine Spielart des Gerechtigkeitsutilitarismus als moralisch richtige Konzeption von Ethik. Trapp versteht seine Konzeption allerdings nur als »subjektiv«. Dieser subjektiven Begründung soll nun eine »objektive« beigegeben werden. Diese ist kontraktualistisch, in Trapps Worten eine

»kontraktuell-ökonomische Rechtfertigung des Objektivitätsanspruches für (einen Teil von) Recht und Moral (=ÖRO)«[171]. Objektive Gültigkeit von Moralität wird als deren Nützlichkeit für rationale Egoisten verstanden. Trapp unterscheidet drei Grade der objektiven Nützlichkeit von Normen: Erstens sind Normen »objektiv« nützlich, die bei allgemeiner Befolgung in jeder einzelnen Interaktion allen Akteuren einen tatsächlichen Nutzengewinn erbringen (Grad 1). Es handelt sich hier überwiegend um Kooperationsnormen. Zweitens sind Normen »objektiv« nützlich, deren allgemeine Befolgung insgesamt und langfristig allen einen Vorteil erbringt (Grad 2). Es handelt sich überwiegend um Unterlassungsnormen. Die meisten der mittels ÖRO begründbaren Normen werden auch in anderen Ethiktheorien akzeptiert.[172]

Die Begründung von Normen des Grades 3 fällt kontraktualistisch schwer (oder scheidet aus). Es handelt sich hierbei um Fürsorge- und um Schutznormen gegenüber Schwächeren, Minderheiten, bedürftigen, nicht vollständig handlungsfähigen Wesen, außermenschlichen Lebewesen usw. Solche Normen verursachen den Starken nur »Kosten«. Begründet werden können sie laut Trapp im ÖRO nur entweder durch ein Schleier-Argument oder durch ein Paket-Postulat. Das Schleier-Argument besagt, die Vertragsparteien sollten kontrafaktisch annehmen, sie könnten in die Lage eines Schwachen geraten.[173] Aber warum sollten sie dies annehmen, wenn sie wissen, daß sie nicht in dieser Lage sind, und die Wahrscheinlichkeit, in diese Lage zu geraten, als gering einschätzen? Natürlich kann man sagen, der Starke müsse damit rechnen, durch die Widrigkeiten des Schicksals zu einem Schwachen zu werden, der auf Hilfe und Beistand angewiesen sein könnte. Das Argument kann den Starken nur dazu bewegen, Überlegungen anzustellen, ob er eine für ihn unglückliche Wendung des Schicksals für wahrscheinlich hält. Warum soll ein saturierter Wohlstandsbürger annehmen, er könnte ein Armutsflüchtling werden?

Warum soll jemand glauben, er könne ein Versuchstier werden? Das Paket-Postulat besagt, daß zu vereinbaren wäre, daß über sämtliche Normen aller drei Grade nur »in Konjunktion (›im Paket‹)« abzustimmen wäre. Aber warum sollten Egoisten dieser Vereinbarung zustimmen, die nicht unbedingt in ihrem Interesse liegt? Trapp gelangt folgerichtig zu dem Ergebnis, daß eine bereits moralische Einstellung der Starken die Bedingung dafür ist, daß im Rahmen einer ÖRO Grad-3-Normen zustande kommen können. Diese moralische Einstellung muß Trapp zufolge vorausgesetzt werden, sofern man in einer kontraktualistischen Konzeption von Moralität nicht auf Grad-3-Normen verzichten will. Aber die Akteure sind im Kontraktualismus eben nicht moralisch eingestellt. Eine Ausstattung der Akteure mit Moral, gar mit einer Fürsorgemoral, sprengt die ÖRO-Theoriegrundlage. Also muß Trapp sagen, daß er selbst im Konzept seines nur subjektiv begründeten Gerechtigkeitsutilitarismus Grad-3-Normen akzeptiert, ihre ÖRO-Begründung aber ausschließt. Diese Lösung ergibt folgendes Konzept: Objektiv begründbar sind nur Kooperationsnormen und Unterlassungspflichten. Mithin bleibt es bei minimaler Anständigkeit. Darüber hinaus kann man aufgrund seiner letztlich unverbindlichen Intuitionen auch Grad-3-Normen für richtig halten und subjektiv begründen, d.h. aus entsprechenden Prämissen ein Moralsystem ableiten. Hilfspflichten gegen andere werden dann zu Fragen der Selbstachtung. Insofern hat Tugendhat recht, wenn er den unmodifizierten Kontraktualismus als »Moral der Starken« bezeichnet.

Eine scharfsinnige Kritik des Kontraktualismus findet sich bereits bei David Hume.[174] Hume zeigt, daß der Kontraktualismus vor der dilemmatischen Alternative steht, den ursprünglichen Vertrag entweder als reales Ereignis oder als fiktiv-hypothetisches Konstrukt zu denken. Jene Deutung entbehrt jeder historischen Plausibilität. Die hypothetische Deutung muß erklären, wieso

»ein fiktiver Vertrag fiktiver Individuen reale Individuen binden können soll«[175]. Ähnlich hat Dworkin geltend gemacht, daß ein hypothetischer Vertrag keine »blasse Form« (pale form) eines echten Vertrages, sondern überhaupt kein Vertrag sei. Im Mittelpunkt neuerer kontraktualistischer Ansätze steht daher die Diskussion um die Konzeption des »Vertragsarrangements«[176]. Mehrheitlich wird Humes Kritik an der realistischen Deutung anerkannt. Das Augenmerk neuerer kontraktualistischer Überlegungen bezieht sich auf implizite Kontrakte.[177]

Die Schwächen des Kontraktualismus lassen sich in folgenden Punkten zusammenfassen. 1. Selbst wenn man »for the sake of argument« einen realen ursprünglichen Vertrag annehmen würde, ist fraglich, inwiefern die Nachkommen der ursprünglichen Vertragsparteien an diesen Vertrag gebunden sind. 2. Es ist unklar, was mit einzelnen Subjekten geschehen soll, die sich weigern, dem Vertrag zuzustimmen. Diese sind dann »outlaws«. 3. Der Versuch, kontraktualistisch zu begründen, warum ein Vertrag zu halten ist, führt in einen infiniten Regreß: einen Vertrag schließen, der verpflichtet, Verträge einzuhalten; einen weiteren Vertrag, der verpflichtet, diesen Vertrag einzuhalten, usw. 4. Die von Hume aufgezeigte Alternative stellt ein echtes Dilemma dar. 5. Der Kontraktualismus kann den strategischen Vorbehalt nicht ausräumen, daß die Akteure gegen die vereinbarten Normen handeln, sofern dies in ihrem Interesse liegt. Der Kontraktualismus kann das »Freerider«- und das Motivationsproblem nicht lösen.[178] Es kann u.U. klüger sein, einen Vertrag zu brechen und später über günstigere Vertragsbedingungen zu verhandeln, wofür die Geschichte der Staatenwelt reichlich Beispiele liefert. 6. Der Kontraktualismus verfehlt das Phänomen der Moralität[179], sofern Moralität etwas mit der Transzendierung der egoistischen Perspektive zu tun hat. Dies zeigt sich deutlich an der Unbegründbarkeit von Trapps Grad-3-Normen. Aufgrund des Schutzaspekts von Moral und aufgrund der Bedürftigkeit vieler »moral patients« kann man sich intuitiv kein Konzept von Moralität ohne Grad-3-Normen vorstellen. 7. Der Kontraktualismus kann intergenerationelle Verpflichtungen nicht begründen. Kontraktualisten stehen dem Begriff des Generationenvertrages skeptisch oder ablehnend gegenüber.[180] Verpflichtungen gegenüber zukünftigen Generationen sind typische Grad-3-Normen, keine Kooperationsnormen. Im Rahmen des Kontraktualismus müßten zukünftige Generationen als Vertragspartner bestimmt werden. Genau dies aber sind sie nicht. »Strictly speaking, the notions of generations that can enter into contracts [...] are unrealistic constructs.«[181] Daher gibt es keine Veranlassung, für zukünftige Personen zu sorgen. Laslett erkennt dies als einen Schwachpunkt der kontraktualistischen Theorie an. Etwas als Schwachpunkt einer Ethiktheorie anzuerkennen setzt aber andere Quellen moralischer Überzeugungen voraus.

Eine vieldiskutierte Variante des Kontraktualismus versteht das Vertragsargument als ein Gedankenexperiment in bezug auf die Grundsätze der Gerechtigkeit, die eine politische Grundordnung konstituieren. Diese »kantianische« Variante findet sich maßgeblich in der Gerechtigkeitstheorie von John Rawls ausgearbeitet.[182] Rawls bezeichnete seine Theorie der Gerechtigkeit als »contract theory«. In späteren Schriften, besonders in *Political Liberalism* (1992), hat er betont, daß seine Theorie aus dem Horizont der westlichen Verfassungstradition formuliert worden ist, also keinen reinen Kontraktualismus darstellt. Rawls greift auf »grundlegende intuitive Gedanken« zurück, die in den Institutionen eines demokratischen Verfassungsstaates und in den Traditionen ihrer Interpretation verankert sind.[183]

Die Theorie von Rawls bezieht sich auf die Grundstruktur der Gesellschaft; ihre Auswirkungen »are so profound and present from the start«[184]. Seine Theorie der Gerechtigkeit zielt darauf ab, theoretisch begründete Prinzipien und grundlegende Intuitionen, die Rawls als »provisional fixed points« bezeichnet, immer wieder neu in ein reflektiertes Überlegungsgleichgewicht (reflective equilibrium) zu bringen. Im Unterschied zu Utilitarismus und Kontraktualismus läßt Rawls moralische Intuitionen im Kontext der Begründung gelten. Er bezeichnet in einer Analogie zu naturwissenschaftlichen Theorien unsere moralischen Überzeugungen als eine »Klasse von Fakten«, anhand deren die theoretisch konstruierten Prinzipien überprüft und ggf. korrigiert werden können. Rawls verläßt sich somit weder ausschließlich auf Intuitionen noch auf ein theoretisches Konstrukt. Dieses angestrebte Überlegungsgleichgewicht »represents the attempt to accomodate within one scheme both reasonable philosophical conditions on principles as well as our considered judgements of justice«[185]. Dieses idealiter einheitliche Schema ist mit der Idee von Moralität verbunden, wenngleich eingeschränkt auf Grundsätze der Gerechtigkeit. Gerechtigkeitsprinzipien beziehen sich auf die politische Grundordnung und umreißen dadurch den Teil der Moralität, der zu politischen Institutionen und zu Recht werden könnte.[186]

Bei Rawls ist das Attribut »gerecht« in bezug auf politische Institutionen ähnlich zu verwenden wie das Attribut »wahr« in bezug auf empirische Theorien.[187] Man unterscheidet 1. Prinzipien politischer Gerechtigkeit von 2. der gerechten Verteilung von Gütern (»distributive Gerechtigkeit«, umgangssprachlich auch als »soziale Gerechtigkeit« bezeichnet) sowie 3. einer ausgleichenden, entschädigenden Gerechtigkeit (»korrektive Gerechtigkeit«). Eine Grundidee der Gerechtigkeit besagt, jedem solle das zukommen, was ihm zusteht (gebührt) bzw. worauf er einen (moralisch) anerkennungswürdigen Anspruch geltend machen kann. Dieser Gerechtigkeitsbegriff, wie er sich bei Platon und Leibniz findet, verweist auf Kriterien. Rawls hält ihn für einen Truismus. Seine Theorie ist an der Idee der Autonomie und der Zustimmungsfähigkeit unter idealen Bedingungen ausgerichtet: »Yet a society satisfying the principles of justice as fairness comes as close as a society can, to being a voluntary scheme, for it meets the principles which free and equal persons would assent to under circumstances that are fair. In this sense its members are autonomous and the obligations they recognize self-imposed.«[188]

Rawls versteht seine Theorie als »freistehend« (freestanding) in dem Sinne, daß sie ohne eine Bezugnahme auf umfassende Lehren des Guten auskommen möchte. Er legt eine moderne Begründungssituation zugrunde: »One argues from widely accepted but weak premises to more specific conclusions. Each of the presumptions should by itself be natural and plausible [...]. The aim of the contract approach is to establish that taken together they impose significant bounds on acceptable principles of justice.«[189] Die Gesellschaft wird als ein System der Kooperation vorgestellt. Es wird angenommen, daß die grundlegenden Institutionen einer Gesellschaft (Ehe, Eigentum, Bildung usw.) die Lebensaussichten der Menschen (life prospects) von Anbeginn ihres Lebens tiefgreifend beeinflussen. In einer jeden Gesellschaft herrscht Knappheit an Gütern, die es unter Individuen zu verteilen gilt, die im allgemeinen lieber mehr als weniger der begehrten Güter haben bzw. über sie verfügen möchten. Außer normativen Ansprüchen muß eine Gesellschaft zudem auch außermoralischen Anforderungen genügen; Rawls nennt Koordinationsleistungen, Effizienz und Stabilität.

Begründungstheoretisch zentral ist die Gedankenfigur, die das Auffinden und Festsetzen von obersten Gerechtigkeitsprinzipien ermöglichen soll. Bei Rawls begeben sich Personen in die Situation eines fiktiven Urzustandes (original position), d.h. unter einen Schleier der Unwissenheit (veil of ignorance), und überlegen, welche Grundsätze politischer und distributiver Gerechtigkeit und welche Rangfolge zwischen diesen Grundsätzen sie in dieser Situation wählen würden.[190] Daniels schreibt: »Rawls wants the choice of a set of principles in the original position to constitute a justification of them.«[191] Das Urteil in der »original position« soll unverzerrt von kontingenten Einflüssen sein, denen wir als empirische Individuen unterliegen. Mehrere Fragen stellen sich angesichts dieser Begründungsidee: 1. Welche Eigenschaften haben die Personen in der »original position«? 2. Welche Wissensbestände verdeckt der »veil of ignorance«? 3. Welche Prinzipien werden Rawls zufolge gewählt? 4. Warum glaubt Rawls, daß diese Prinzipien gewählt würden? 5. Welche Konsequenzen ergeben sich daraus?

Die Personen hinter dem »veil of ignorance« sind rational und an ihrem Vorteil interessiert. Sie sind frei in dem Sinne, daß sie unterschiedliche Prinzipien wählen können. Sie sind sprach- und argumentationsfähig, da unter dem »veil of ignorance« argumentiert wird. Sie haben einen Lebensplan, unterschiedliche Vorstellungen vom Guten, und es existieren andere Personen, mit denen sie persönliche Beziehungen unterhalten. Ansonsten sind sie aneinander weitgehend desinteressiert. »Desinteressiert« bedeutet, daß sie weder altruistisch noch neidisch aufeinander sind.[192] Sie verfügen über einen unspezifischen »sense of justice«, aufgrund dessen sie wissen, worum es bei dieser Wahl der Prinzipien geht. Hare meint, sie wüßten, daß sie bedürftige und verletzbare Wesen seien.[193] Rawls stattet diese Personen zudem mit einem Bedürfnis nach Selbstachtung aus.

Der Grundgedanke besagt, die Personen im Urzustand seien »deprived of some sorts of information«[194]. Es handelt sich um abstrakte und theoretische Personen, die um den Regelungsbedarf wissen, der der Sphäre des Gesellschaftlichen innewohnt. Die Personen wissen, *daß* es Güter, Positionen und Institutionen gibt, *daß* (moderate) Knappheit herrscht, *daß* Menschen Konzeptionen des Guten vertreten und Lebenspläne verfolgen, *daß* es unterschiedliche Bedürfnisse, Interessen und Interessenkonflikte gibt, *daß* es Probleme der Koordination, Stabilität und Effizienz gibt. Ihr Wissen ist ein »Wissen, daß«.

Der »veil of ignorance« stellt nun eine Entscheidungssituation her, in der die zufälligen Unterschiede zwischen Personen verdeckt sind (Geschlecht, Alter, Attraktivität, Vermögen, Intelligenz, soziale Stellung, Charaktereigenschaften). Es soll also aus einer Position heraus über normative Grundregeln der Gesellschaft entschieden werden, in der man seine eigene Position innerhalb dieser Gesellschaft nicht kennt. So wissen die Personen nicht, welche Konzeption des Guten sie vertreten, ob sie einer Religionsgemeinschaft angehören und wenn ja, welcher, usw. Der »veil of ignorance« verdeckt das Wissen um die kontingente Individualität, d.h. das, was das Dasein einer Person spezifisch ausmacht, einschließlich ihrer vollständigen Konzeption des Guten. Dadurch sind die Personen außerstande, bestimmten sozialen Gütern spezifische Bedeutungen für je ihr Leben zuzuschreiben. Sie wissen, daß Bildung, Einfluß, Geldeinkommen, Rechte usw. im allgemeinen begehrte Güter sind, aber nicht, ob ihnen Bildung mehr bedeutet als Reichtum. Dadurch soll ausgeschlossen werden, daß Gerechtigkeitsprinzipien (bewußt oder unbewußt) gemäß einer partikularen Konzeption des Guten gewählt werden. Die Güterlehre, die Rawls zugrunde legt, soll neutral sein gegenüber Konzepten des Guten, in denen bestimmte Güter anderen vorgezogen werden.

Die Konstruktion des Urzustandes repräsentiert eine entscheidende moralische Grundintuition Rawls': Die zufälligen individuellen Eigenschaften einer Person sind vom moralischen Standpunkt aus belanglos. Rawls setzt voraus, daß bestimmte Eigenschaften als moralisch irrelevant gelten sollen und bestimmt diese Eigenschaften als die kontingenten Eigenschaften konkreter Individuen, d.h. als Eigenschaften, die man hat, aber für die man nichts kann. Der Grund dafür, daß sich der Schleier der Unwissenheit über diese Wissensbestände senkt, liegt darin, daß Rawls sie für moralisch irrelevant erachtet. Es handelt sich somit um eine Konzeption »that nullifies the accidents of natural endowment and social circumstances«[195], die vom »moral point of view« aus unerheblich sind. Dies stellt eine bestimmte Deutung des moralischen Standpunktes dar.

Rawls behauptet, Personen würden in der »original position« ein Prinzip größtmöglicher gleicher Handlungsfreiheiten, ein Prinzip formaler Chancengleichheit sowie ein Prinzip distributiver Gerechtigkeit wählen. Die Prinzipien lauten: »First: each person is to have an equal right to the most extensive basic liberty compatible with a similar liberty for others. Second: social and economic inequalities are to be arranged so that they both (a) reasonably expected to be to everyone's advantage, and (b) attached to positions and offices open to all.«[196] Das System der Grundfreiheiten umfaßt u.a. politische Freiheiten (aktives und passives Wahlrecht), Meinungs- und Religionsfreiheit, Freiheit der Berufswahl, das Recht, Eigentum zu erwerben und zu besitzen. Diese Rechte kommen allen Personen gleichermaßen zu. Das Prinzip 2 (b) fordert gleiche Zugangsmöglichkeiten zu Ämtern und Positionen (und damit zu Karrieren).

Das Prinzip 2 (a) wird als »principle of difference« bezeichnet. Dieses höchst umstrittene Prinzip besagt, daß soziale und ökonomische Ungleichheiten nur dann gerechtfertigt sind, wenn es den Schlechtestgestellten dadurch bessergeht. Die Verteilung von Wohlstand und Einkommen muß zwar nicht gleich, aber sie soll zum Vorteil aller sein. Das Differenzprinzip fordert insofern ein »maximales Minimum«[197]. Utilitaristisch gesprochen, soll der Nutzen an der schlechtesten Stelle der Gesellschaft maximal sein. Rawls führt hier die Personengruppe ungelernter Arbeiter an. Mit dem Differenzprinzip lassen sich sozialstaatliche Umverteilungssysteme und entsprechende Wohlfahrtstransfers begründen. Durch die Verwirklichung dieses Prinzips könnten Ungleichheiten in Einkommen und Vermögen idealiter neidfrei akzeptiert werden. Ungleichheiten, die zum Vorteil aller, besonders der sozial Schwachen, sind, widersprechen Prinzipien der Gerechtigkeit nicht, sondern entsprechen ihnen. Insofern stellt das Differenzprinzip einen Vorschlag dar, die Begriffe der Gleichheit und der Gerechtigkeit aufeinander zu beziehen.

Natürlich stellt sich die Frage, wie die moralischen Intuitionen beschaffen sind, die hinter dem Differenzprinzip stehen, und wie man sie ggf. begründen könnte. Man könnte, wie Rawls dies tut, funktionalistisch argumentieren, daß nur die allgemeine Anerkennung des Differenzprinzips die Schlechtestgestellten zur weiteren Mitarbeit im sozialen Schema der Kooperation motivieren kann. Die Stabilität einer Gesellschaft könnte davon abhängig sein, ob Ungleichheiten durch die Schlechtestgestellten akzeptiert werden, da diese davon ausgehen können, daß sie selbst hiervon stärker profitieren als von jeder denkbaren Alternative, etwa von einer Revolution. Die Wahl von 2 (a) ergibt sich aus der rationalen Strategie der Risikominimierung (Maximin-Strategie), die besagt, daß der maximal mögliche Schaden möglichst minimal sein soll. Der maximal mögliche Schaden für jede Person wäre es, wenn sie sich nach dem Heben des Schleiers auf der untersten Stufe der Gesellschaft in einer unerträglichen Lage wiederfinden würde. Eine Maximin-Strategie ergibt die Option zugunsten einer erträglichen Minimalausstattung der schlechtesten Position. Es könnte sich also um ein Prinzip handeln, das risikoscheue Personen wählen würden. Mehrere Argumente gegen die Wahl von 2 (a) lassen sich vorbringen: Warum soll man die Maximin-Strategie wählen? Setzt 2 (a) bereits ein Ideal von sozialer Kooperation voraus? Gilt 2 (a) auf allen denkbaren Wohlfahrtsniveaus? Was wäre, wenn Handlungsweise H oder Norm N gegen 2 (a) verstieße, aber H und N langfristig zur Verbesserung der Schlechtestgestellten beitragen würden? Was wäre, wenn die Reichen eine stärkere Präferenz für noch mehr Reichtum hätten, während die Armen mit ihrem Schicksal zufrieden sind? Setzt 2 (a) Annahmen über die Intensität von Klassenkämpfen voraus?

Für Rawls sind diese Prinzipien bereits Anwendungsfälle einer generellen »conception of justice«, die er folgendermaßen beschreibt: »All social values – liberty and opportunity, income and wealth, and the bases of self-respect – are to be distributed equally unless an unequal distribution of any, or all, of these values is to everyone's advantage.«[198] Dieses Prinzip erlaubt es, eine bündige Definition von Ungerechtigkeit einzuführen: »Injustice, then, is simply inequalities that are not to the benefit of all.« Daraus folgt, daß alle diese Ungleichheiten korrigiert werden sollen.

Rawls führt als Maßstab einen (kommunistischen) Zustand ein, in dem alle primären sozialen Güter (Rechte, Chancen, Einkommen usw.) gleich verteilt sind (Z1). Wenn nun bestimmte Ungleichheiten bewirken würden, daß ein zweiter Zustand (Z2) erreicht werden könnte, in dem alle im Vergleich zu Z1 bessergestellt wären, so wäre Z2 für alle als Verbesserung gegenüber Z1 zu betrachten. Wenn im angenommenen Urkommunismus von Z1 alle Personen über x $ pro Jahr als Einkommen verfügen, in Z2 hingegen wenige Personen über y+x $, andere über x+z $ und der Ärmste noch über x+1 $, dann ist Z2 besser (im Sinne von Pareto-Optimalität). »The general conception of justice imposes no restrictions on what sort of inequalities are permissible; it only requires that everyone's position be improved.«[199] Der empirisch-kausale Nachweis einer Beziehung zwischen y+x $ und x+1 $ ist im Einzelfall gewiß schwer zu führen; die philosophische Frage lautet, ob dieser Nachweis überhaupt geführt werden muß. Rawls meint, das Prinzip müßte sich nur auf vernünftige Erwartungen repräsentativer Individuen beziehen lassen. Diese Erwartungen wiederum beziehen sich auf die sozialen Güter, die für Gruppen in erreichbarer Nähe liegen.

Begründet sind diese Prinzipien, weil sie in einer Situation gewählt werden, die als fair gelten muß. Die »original position« ist ein Begründungswerkzeug. Fraglich ist das begründungstheoretische

Verhältnis zwischen dem kontraktualistischen »Original-position«-Argument und dem kohärentistischen »Reflective-equilibrium«-Argument. Man kann daher zwei Begründungskonzeptionen unterscheiden: die kontraktualistische Begründung der Prinzipien und die umfassendere kohärentistische Begründung der Gerechtigkeitskonzeption.

Die egalitaristische Konzeption fordert den Abbau und die moralisch motivierte Korrektur von bestehenden zufälligen Ungleichheiten. Für die gegen Rawls argumentierenden Antiegalitaristen ist die Beförderung von Gleichheit kein Ziel, das einen intrinsischen moralischen Wert besitzt. Moralität wird stärker auf die Grundbedingungen guten Lebens fokussiert. Jenseits der Sicherung von Grundbedingungen eines guten Lebens sind Ungleichheiten erlaubt und womöglich gar moralisch indifferent. Die gegen Rawls gerichtete, antiegalitaristische Position hat erhebliche Konsequenzen für die Beurteilung des Sozialstaates sowie für Fragen intergenerationeller Gerechtigkeit.[200] Sozialstaatliche Leistungen sollten demnach reduziert werden. Die karitative Armenfürsorge sollte teilweise an die Stelle sozialstaatlicher Anspruchsberechtigungen treten. Diese Konsequenzen sind im Zeitalter des global entschränkten Kapitalismus und einer insgesamt auseinanderklaffenden Schere an Einkommen, Vermögen und Lebensaussichten zwischen den »haves« und den »have nots« aus Sicht des Verfassers schwer zu akzeptieren.

Im Anschluß an Rawls läßt sich eine Reihe von Fragen distributiver Gerechtigkeit stellen. Würde man bspw. unter dem Schleier der Unwissenheit ein System unbegrenzter Ungleichheit im Einkommen oder ein System begrenzter Ungleichheit wählen? Ein System begrenzter Ungleichheit würde das zulässige Höchsteinkommen als ein endliches und bestimmtes Vielfaches des gesetzlich festgelegten Mindest- oder Durchschnittseinkommens bestimmen (zehnfach, zwanzigfach).

7. Der Ansatz von Alan Gewirth

Der von Gewirth vorgelegte Ansatz zur Begründung eines obersten Prinzips der Moralität zählt zu den beachtlichsten Begründungsversuchen der Gegenwartsethik. Der Ansatz ist stark kognitivistisch. Dieser ambitionierte Begründungsversuch wurde von Steigleder[201] in eine klar gegliederte Sequenz von Urteilen gebracht (s.u.), an der ich mich im folgenden orientieren werde. Diese Sequenz mitsamt ihres Ergebnisses stellt den Theoriekern der Ethik von Gewirth dar.

Gewirth geht präsuppositionsanalytisch vor. Ausgangspunkt ist die Perspektive einer handlungsfähigen Person, die die Frage nach den notwendigen Voraussetzungen ihres Handelnkönnens aufwirft. Gewirth bezeichnet die dadurch gegebene Methode des Rückfragens nach notwendigen Bedingungen der Möglichkeit von Handelnkönnen als »dialectically necessary method«. Mit dieser präsuppositionsanalytischen Methode soll aus dem moralisch neutralen Begriff der Handlung mittels einer Schrittfolge ein substantielles Moralprinzip strikt begründet bzw. abgeleitet werden. »This necessary content of morality is to be found in action and its generic features.«[202] Die generischen (konstitutiven) Eigenschaften, die sich aus der Analyse des Handlungsbegriffes ergeben, sind für Gewirth Absichtlichkeit (voluntariness) und Zielgerichtetheit (purposiveness). Gewirth meint, der Handlungsbegriff würde bei genauer Analyse eine normative Struktur erkennen lassen. Aus der Verbindung eines moralisch neutralen Handlungsbegriffes mit rein logischen Beziehungen kann moralisch natürlich nichts folgen; moralische Bestimmungen könnten sich demnach allenfalls aus notwendigen Überzeugungen (necessary beliefs) des Handelnden ergeben. Das Nachvollziehen der Begründungssequenz soll zu moralischen Einsichten führen, die in notwendigen Überzeugungen eines Akteurs implizit angelegt sind.

Es soll sich bei dieser Sequenz um eine Ableitung stricto sensu handeln; denn Gewirth spricht an zentraler Stelle von »entailments«, von »logical implication« und vom »tracing of certain entailments«.[203] Dieser »entailment transfer« soll erfolgen »from the conceptual analysis of action and of the agent's necessary beliefs«.[204] Im Anschluß an Hintikkas berühmte Untersuchung *Knowledge and Belief* stellt Gewirth klar, daß eine Implikationsbeziehung der Form »p → q« nicht impliziert, daß jemand, der weiß, daß p der Fall ist, auch wissen muß, daß q der Fall ist. Man kann aber mit philosophischen Mitteln auf derartige Implikationsbeziehungen aufmerksam gemacht und zu ihrer Anerkennung genötigt werden. In diesem Sinne ist Gewirth, ähnlich wie Kant, dem Pfad der Entdeckung (im Sinne Walzers) verpflichtet.

Die Diskussion um den Ansatz von Gewirth konzentriert sich auf die Frage, an welcher Stelle der Ableitungssequenz genuin moralische bzw. normative Gehalte auftauchen und wie diese begründet werden. Wenn es in der Moralbegründung generell um die Frage geht, welche subjektiven Ansprüche oder Überzeugungen von Personen so geartet sind, daß eine moralische Verpflichtung besteht, ihnen intersubjektive Anerkennung zukommen zu lassen[205], so streiten sich die Anhänger des Ansatzes von Gewirth und dessen Kritiker um den Punkt, ob sich moralische Verpflichtungen aus der nachfolgenden Sequenz strikt ableiten lassen. Die Anhänger behaupten und die Kritiker bestreiten dies. Die Begründungssequenz lautet in der Darstellung von Steigleder und Düwell wie folgt:

1. Ich tue H um (eines) Z willen.
2. Ich will Z.
3. Z ist gut (für mich).
4. Z ist ein Gut (für mich).
5. Ich will, daß H erfolgreich ist.
6. Mein Handlungserfolg ist ein Gut.
7. Meine Handlungsfähigkeit ist (als notwendige Bedingung für Handlungserfolge) ebenfalls ein Gut.
8. Meine Freiheit sowie die (weiteren) grundsätzlichen Fähigkeiten und Voraussetzungen meiner erfolgreichen Zielverfolgung sind notwendige Güter.
9. Meine Freiheit und mein Wohlergehen sind notwendige Güter.
10. Ich brauche meine Freiheit und mein Wohlergehen (in deren Eigenschaft als notwendige Bedingungen meiner erfolgreichen Zielverfolgung überhaupt) unkonditioniert und ausnahmslos.
11. Meine Freiheit und mein Wohlergehen können von außen beeinträchtigt werden. (Prämisse 1)
12. Es soll ausnahmslos und durchgängig nicht der Fall sein, daß meine Freiheit und mein Wohlergehen (in deren Eigenschaft als notwendige Bedingungen meiner erfolgreichen Zielverfolgung überhaupt) von außen beeinträchtigt werden.
13. Meine Freiheit und mein Wohlergehen können von anderen Handlungsfähigen beeinträchtigt werden. (Prämisse 2)
14. Jeder Handlungsfähige ist strikt verpflichtet, meine Freiheit und mein Wohlergehen (in deren Eigenschaft als notwendige Bedingungen meiner erfolgreichen Zielverfolgung überhaupt) nicht zu beeinträchtigen.
15. Ich habe ein Recht auf meine Freiheit und mein Wohlergehen (in deren Eigenschaft als notwendige Bedingungen meiner erfolgreichen Zielverfolgung überhaupt).
16. Ich habe diese konstitutiven Rechte, weil ich ein zielverfolgender Handelnder bin.
17. Jeder zielverfolgende Handelnde hat gleichermaßen die konstitutiven Rechte.
18. Jeder Handlungsfähige (auch ich) ist strikt dazu verpflichtet, die konstitutiven Rechte der anderen Handlungsfähigen nicht zu verletzen.
19. Jeder Handelnde soll stets in Übereinstimmung mit den konstitutiven Rechten der Empfänger seiner Handlungen wie auch seiner selbst handeln.

Die Ich-Sätze (ich will, ich brauche, ich habe) sind präsumtiv notwendige, in jedem Falle *dialektische* Urteile, die ein Handlungsfähiger sich selbst zuspricht. Der *assertorische* Satz 19 drückt das Moralprinzip aus, das Gewirth als »Principle of Generic Consistency« (PGC) bezeichnet. Es handelt sich nicht um ein Kohärenzprinzip, sondern um ein inhaltliches Moralprinzip, das strikt begründet zu sein beansprucht.

Gewirth setzt in 8 und 9 eine in sich differenzierte Güterlehre voraus. Er unterscheidet zwischen Elementargütern (basic goods), Nichtverminderungsgütern (non-substractive goods) und Zuwachsgütern (additive goods). Es handelt sich hierbei nicht nur notwendigerweise um Güter, sondern um notwendige Güter. Die konstitutiven Rechte, die im PGC enthalten sind, nehmen auf diese Güter Bezug. Sie umfassen Freiheitsrechte, materielle Grundgüter sowie Rechte, grundlegende Bedürfnisse (basic needs) befriedigen zu können. Letztere führen zu sog. Teilhaberechten und damit zu Sozialstaatsforderungen. Dadurch öffnet sich der Bereich der intendierten Anwendungen dieser Ethiktheorie, auf die hier aus Platzgründen nicht eingegangen werden kann.

Entscheidend für die Begründung sind auf den ersten Blick diejenigen Sätze in der Sequenz, in denen erstmalig deontische Operatoren auftauchen (12, 14, 15, 16) und in denen die im Ausgang der Sequenz eingenommene monologische »Ich-will-(nicht-)« Perspektive moralisch überschritten wird. Denn an irgendeiner bestimmbaren Stelle der Sequenz muß das zunächst als eigennützig vorgestellte und monologische Nichtwollen eines rationalen Akteurs in ein intersubjektiv gültiges moralisches Sollen überführt werden. Es ist fraglich, wo genau dieser Übergang vollzogen wird. Es erscheint naheliegend, den Blick auf die Prämissen 11-18 zu richten. Frühestens könnte diese Überführung, so gesehen, in 12 geschehen (sein), spätestens muß sie sich beim Übergang von der dialektischen zur assertorischen Fassung des Prinzips, also von 18 zu 19 vollziehen.[206] Gewirth kann, so lautet der häufigste Einwand[207], aufgrund seiner monologischen Methode nur bis zu Überzeugungen und entsprechenden Wünschen (Kettner: einem »Optativ«) eines Handlungsfähigen gelangen, aber es führe im Rahmen von Gewirth' Methode kein Weg zum moralischen Sollen. Der notwendige Übergang müßte daher eine Art der Erschleichung sein. »Der Grundfehler im Argument von Gewirth ist also, daß er aufgrund einer mangelnden Unterscheidung zwischen subjektiven Ansprüchen und objektiven Rechten von Ansprüchen zu Rechten übergeht.«[208] Diesen Kritikpunkt weist Steigleder energisch zurück. Trifft der Einwand zu oder nicht? Es scheint für die Kritiker so zu sein, als entspränge ein ethisches Prinzip aus einer Reihe von normativ neutralen oder moralisch unverbindlichen, weil egoistischen Prämissen. Ich glaube allerdings, daß Kettners Rede von einem Optativ fehlgeht, da es nicht um beliebige Wünsche eines kontingenten Akteurs, sondern um notwendige Überzeugungen in bezug auf notwendige Güter eines Handelnden *als solchen* geht. Trotzdem hat dieser Agent keine moralischen Gefühle, sondern weiß, daß seine Freiheit und sein Wohlergehen beeinträchtigt werden können und daß er dies nicht will. Die Formulierung »Es soll nicht der Fall sein« in 12 ist kein moralisches Sollen, sondern umschreibt ein »Es soll nicht geschehen, daß p« im Sinne von »Ich will auf gar keinen Fall, daß sich für mich derartiges ereignet.«[209]

Die vermeintliche Verpflichtung von 14 sowie das Geltendmachen von Rechten im Modus des »Ich habe« (wohl im Sinne von »I am entitled to«) in 15 und 16 scheinen mit Blick auf den gesuchten Übergang wichtiger. Es wird ja formuliert, daß der Handelnde diese Rechte »hat«. Dieses »Haben« von Rechten drückt jedoch lediglich die notwendige Überzeugung des Handelnden aus, daß ihm etwas zukommt und daß die anderen ihm deshalb etwas schuldig sind. Daraus ergeben sich in 15 und 16 sog. »prudential rights«, die Steigleder treffend als »Ansprüche des Zukommens« übersetzt.[210] Er betont, daß diese »prudential rights« keinen moralischen Sinn haben.[211] Die Sollensforderung ist »weder rechtlicher noch moralischer Art«[212]. Wer dies annimmt, erliegt einem Mißverständnis.[213] Da die »prudential rights« keinen moralischen Sinn haben, muß weder gezeigt werden, daß sie moralisch begründet sind, noch daß die Adressaten dieser Ansprüche diese anerkennen müssen. Gezeigt werden muß nur, daß der Handelnde genötigt ist, »sich in einer bestimmten Weise für etwas berechtigt [...] zu halten«[214]. »Prudential rights« sind weder »moral rights« noch gar »legal rights«.[215] Demnach können sie auch keine moralischen Pflichten implizieren. Die formale normenlogische Relation zwischen Rechten und Pflichten kann den gesuchten Übergang keinesfalls leisten. Gewirth schreibt: »The argument depends on the point [...] that such a right claim is correlative with and logically equivalent to a strict ›ought‹-judgement that other persons ought at least to refrain from interfering with the agent's freedom and wellbeing.«[216] Zwischen einem »right claim« und einem strikten Sollen liegt jedoch keine Äquivalenz vor. Wir haben auf der Ebene der Normenlogik gesagt, daß einem Recht von Person A eine Pflicht von Person B korrespondiert. Aber ein »right claim« oder auch ein »prudential right« (bzw. gemäß einer Definition von »rights« als »entitlements« ein »prudential entitlement«) sind noch keine moralischen Rechte. Die normenlogische Korrelation zwischen Pflichten und Rechten besteht insofern, geht aber an keiner Stelle über den normativen Status hinaus, den »prudential rights« beanspruchen können. Der geforderte Übergang zu *intersubjektiv* anerkannten moralischen (und in der Folge auch zu rechtlich verfaßten Rechten (legal rights)) steht somit, wie es scheint, noch aus. Es begünstigt Mißverständnisse, bereits hier von einem strikten Sollen zu sprechen. Es handelt sich nur um »a strict practical ›ought‹ in the view of the agent«[217].

Der Handlungsfähige gelangt demnach bis zu der für ihn notwendigen, andere aber zu nichts verpflichtenden Überzeugung, daß alle anderen Akteure verpflichtet seien, die Ansprüche des Zukommens zu respektieren, die der Handlungsfähige für sich geltend macht. »It must be kept in mind that the agent here proceeds from within his own standpoint of purposive agency, including the entitlement called for by that standpoint.«[218] Genauso, wie der Handelnde sich für berechtigt *hält*, *hält* er die anderen für verpflichtet. Bis 16 verbleibt man, so gesehen, nach wie vor in der Perspektive des Selbstinteresses.[219] Wenn 16 nur zusammenfaßt, »was den Grund dafür abgab, daß die vorherigen Urteile vorgenommen werden konnten«[220], kann, wie es scheint, noch keine moralische Begründung erfolgt sein. Wenn »prudential rights« keine moralischen Rechte sind, brauchen zu ihrer Begründung keine moralischen Prämissen in Anspruch genommen worden zu sein. Möglich ist nun aber, daß früher eingeführte moralische Prämissen gleichsam sequentiell mitgelaufen sind.

Steigleder spitzt die Begründungsproblematik auf folgende Alternative zu: Hat der Akteur einen strikt zureichenden Grund nur a) für die Beanspruchung konstitutiver Rechte gegenüber anderen, oder hat er b) einen zureichenden Grund für die Rechte selbst?[221] In jenem ersten Falle behielten die Kritiker recht mit ihrem zentralen Einwand, daß eine normativ bindende Anerkennung der Rechtsansprüche im Rahmen der monologischen Methode nicht eingeholt werden könne. Es müßte eine diskursive Öffnung erfolgen, die im Rahmen einer Diskursethik (vgl. Kap. 8) unproblematisch wäre, aber im Rahmen des Ansatzes von Gewirth methodisch nicht ausgewiesen werden kann. Von einem diskursethischen Standpunkt hätte Gewirth ein reflexives und güterethisches Argument zugunsten eines Sollgeltungsanspruches formuliert, der im Diskurs zu überprüfen wäre und der recht gute Aussichten hätte, anerkannt zu werden.

Man kann auf diesen Einwand, der sich zu einer Art »feindlicher Übernahme« ausbauen läßt, erwidern, daß der Akteur im Sinne von b) seine »right claims« nicht willkürlich erhebt, sich nichts Beliebiges wünscht und nicht auf diskursiv vermittelte Anerkennung angewiesen ist, sondern daß in 14, 15 und 16 immer die gesamte Ableitungssequenz mitgedacht werden muß, die den Akteur mit *zureichenden* Gründen für seine »entitlements« und damit auch für seine fremdadressierten »right claims« versorgt. Gewirth-Anhänger betonen, es gehe bei der Begründung nicht primär um das Einräumen oder um die Anerkennung von Rechten, sondern in erster Linie um die Begründetheit der Ansprüche des Zukommens. Die intersubjektive Anerkennung erwächst aus dieser Begründetheit. Jedes »right claiming« ist nachträglich gegenüber den »entitlements«. Steigleder bezieht sich auf die folgende Äußerung von Gewirth: »The issue is not only and mainly the rhetorical one of what to say to other persons, but rather the logical one of the agent's own rationale for his conviction that he has rights to freedom and wellbeing.«[222] Es handelt sich somit um eine zureichende Begründung einer notwendigen Überzeugung. Diese Überzeugung bezieht sich zurück auf die Annahmen über notwendige Güter, d.h. über notwendige Voraussetzungen des Handelnkönnens. Der Handelnde ist überzeugt davon, daß seine »entitlements« und demnach auch seine entsprechenden »right claims« zureichend begründet sind; denn andernfalls wären »claims« von herrischen Forderungen nicht zu unterscheiden. Es besteht laut Steigleder ein eindeutiges und unumkehrbares Verhältnis zwischen »prudential rights« und »right claims«.[223] Der begründete Anspruch (entitlement) und damit die Güterlehre begründet die Forderung (claim) und nicht umgekehrt. Es könnte somit der Fall sein, daß die moralischen Prämissen bereits in den zureichenden Begründungen der Prämissen 8, 9 und 10 enthalten sind, die sich auf notwendige

Güter beziehen. Diese normativen Gehalte würden im »right claiming« mittransportiert. Die Rede, die »prudential rights« hätten keinen moralischen Sinn, wäre dann mißverständlich formuliert. Die Adressaten des Sollensanspruches haben in der Perspektive des Handelnden einen zureichenden Verpflichtungsgrund – und dies ist »Grund genug«, weil der Handelnde sich über die Begründetheit seiner Forderungen nicht im Irrtum befinden kann.

Gewirth führt nunmehr ein logisches Prinzip der Universalisierbarkeit ein, das in der Moraltheorie Anwendung finden kann. »This formal moral principle [...] derives from a more general logical principle of universalizability.«[224] Gewirth sagt, daß dieses logische Prinzip auch in seiner moralischen Anwendung kein normatives Prinzip ist: »The principle of universalizability even in its moral application is not itself a substantial normative principle.«[225] Aus der Verbindung von moralisch gehaltlosen »prudential rights« und dem logischen Universalisierungsgrundsatz kann keine Normativität entstehen. Demnach müssen die substantiellen normativen Prinzipien vor 17 eingeführt worden sein. Daher sagt Steigleder: »Die Einschlägigkeit des logischen Prinzips der Universalisierung hängt an der Begründetheit der (klugheitsmäßigen) Rechtsansprüche.«[226] Diese Begründetheit erweist sich somit als entscheidend. Der logische Universalisierungsgrundsatz in Verbindung mit notwendigen Überzeugungen in bezug auf notwendige Güter kann den Übergang zu einem ethischen Prinzip gewährleisten. Es geht also entgegen dem ersten Anschein nicht um die Verallgemeinerung von »prudential rights«, sondern um die Verallgemeinerung notwendiger Überzeugungen in bezug auf notwendige Güter. Eine entscheidende Prämisse muß der Sequenz hinzugefügt werden: »Es [gehört] notwendig zum Begriff eines Anspruchs-Rechtes, ein zureichend begründeter Anspruch zu sein.«[227] Wenn jedes Anspruchsrecht zureichend begründet ist, läßt sich diese Begründetheit mit Hilfe des Universalisierungsgrundsatzes logisch von einem auf alle Handlungsfähigen übertragen. Man könnte dies auch so ausdrücken, daß ein Akteur einen »right claim« nur dann geltend macht, wenn er sich dessen unverbrüchlich gewiß ist, daß sein Anspruch (entitlement) strikt zureichend begründet ist. Man kann dann folgern, wenn etwas notwendig wahr für einen Handelnden qua Handelnden ist, ist es notwendig wahr für einen jeden Handelnden als solchen, sprich: notwendig wahr für alle Handelnden als solche. Ein springender Punkt der Ethik Gewirth' wäre demnach die Annahme, daß man monologisch beurteilen können muß, daß Überzeugungen, die sich auf notwendige Güter beziehen, strikt zureichend begründet sind. Dies führt in die Problematik subjektiver Gewißheit.

Der Übergang von der dialektischen zur assertorischen Fassung des Moralprinzips stellt den Schlußstein der Sequenz dar. Durch die Möglichkeit dieser Transformation erhält »das oberste moralische Prinzip [...] einen normativ gehaltvollen Sinn«[228]. Steigleder drückt dies so aus, daß es immer noch fraglich ist, ob aus der logisch zwingenden Anerkenntnis des Verpflichtetseins folgt, daß der Handelnde »tatsächlich« verpflichtet »ist«.[229] Ich muß gestehen, daß sich mir die Brisanz dieser Problematik entzieht. Die Differenz zwischen einem dialektisch notwendigen und einem assertorischen Urteil erscheint mir zwar semantisch existent, aber moralisch vernachlässigenswert zu sein. Meines Erachtens kann man Gewirth den Übergang von 18 zu 19 gewissermaßen »schenken«.

Das Gewirthsche Moralprinzip impliziert das Gebot, all jene Rechte zu respektieren, die die Bedingungen der Handlungsfähigkeit schützen. Die Begründung verweist auf den Bereich paradigmatischer Anwendungen. Die globale Menschenrechtsproblematik zählt zweifellos hierzu. Die genaue Bedeutung der verschiedenen Güter erfordert argumentative Interpretationen in unterschiedlichen sozialen und kulturellen Kontexten. Elementare Rechte beziehen sich auf Leben, Nahrung, Kleidung, Wohnung, physische und auch psychische Integrität. Gewirth' Ansatz kann insofern als eine ethische Grundlage von entwicklungspolitischen Konzepten verstanden werden, die die Erfüllung der materiellen Bedingungen betonen, die zur Ausübung politischer Freiheitsrechte erforderlich sind. Auch »Basic-need«-Ansätze in der Umweltethik könnten sich auf Gewirth berufen. Pflichten gegenüber zukünftigen Generationen sind ableitbar. Die Interpretation der Nichtverminderungsgüter bezieht sich auf deontologische Vorstellungen hinsichtlich diverser Nichtschädigungspflichten, die Interpretation der Zuwachsgüter auf Formen des Selbstwertgefühls anderer, die man respektieren und fördern soll. Gewirth unterstützt das Konzept eines »supportive state«, der im deontischen Modus von Teilhaberechten materielle Ansprüche auf eine hinlängliche Versorgung an Gesundheitsfürsorge, Bildung, Umweltschutz u. dergl. garantiert. Gewirth hat ferner gegen die Verschmutzung der Umwelt und gegen die Kontaminierung der Nahrung argumentiert. Es ist dennoch bislang nicht zu übersehen, was sich aus dem Ansatz von Gewirth für Fragen der angewandten Ethik insgesamt ergibt.[230]

Es ist vorgesehen, daß die begründeten Rechte in unterschiedlichen kontingenten Kontexten und Situationen geltend gemacht und interpretiert werden. Es dürfte Einvernehmen darüber herrschen, daß nicht alle in der Gesellschaft de facto vorgebrachten »right claims« der Gewirthschen Bedingung zureichender Begründung genügen. Somit müßten in jedem Fall faktisch erhobene »right claims« diskursiv auf ihre Begründungen hin überprüft werden. Hier fordern auch Anhänger von Gewirth moralische Diskurse.[231]

8. Die Diskursethik

Die Diskursethik steht in der Tradition von Ethikansätzen, die ihre Grundlagen im Gebrauch der menschlichen Sprache verankern. Solche Sprachethiken wollen begründen, daß dem menschlichen Sprachgebrauch moralisch relevante Bezüge innewohnen. Ein bedeutender Ansatz zu einer solchen Ethik findet sich bei Wilhelm von Humboldt. Sowohl der Gebrauch des Systems der Personalpronomina (ich – du) als auch die auf gegenseitige Verständigung abzielende »Arbeit des Geistes« implizieren für Humboldt basale Reziprozitäts- qua Anerkennungsbeziehungen von Sprechern. Humboldt versucht, auf dieser Grundlage eine kosmopolitische Verständigungsethik zu entwickeln.[232] Auch die theologisch ausgerichtete Dialogik Martin Bubers läßt sich als kommunikative Ethik verstehen. Ähnlich wie Humboldt, den er nicht zu kennen scheint, unterscheidet Buber die Ich-Es-Erfahrung, durch die sich die Sphäre der Gegenstandswelt konstituiert, von einer hiervon kategorial verschiedenen Ich-Du-Erfahrung. Die unterschiedlichen »Grundworte« (Ich-Es bzw. Ich-Du) stiften »Welten«. »Die Welt der Erfahrung gehört dem Grundwort Ich-Es zu. Das Grundwort Ich-Du stiftet die Welt der Beziehung.«[233] Beziehung ist für Buber wesentlich Gegenseitigkeit. Die Erfahrung des anderen als meinesgleichen, die bei Levinas am emphatisch gedeuteten Phänomen des Antlitzes festgemacht wird[234], wird bei Buber sprachphilosophisch fundiert.

Die Diskursethik ist die wohl prominenteste zeitgenössische

Sprachethik. Sachlich korrekter und mit der Terminologie ihrer Vertreter besser vereinbar ist die Bezeichnung »Diskurstheorie normativer Gültigkeit«. Der etablierte Terminus »Diskursethik« wird hier gleichwohl beibehalten. Die Diskursethik beabsichtigt, Moralprinzipien als Handlungsprinzipien (so Karl-Otto Apel) oder als Legitimitätsprinzip (so Jürgen Habermas) in den Voraussetzungen der Praxis des argumentativen Sprechhandelns zu begründen. Ihre Begründungsmethode ist präsuppositionsanalytisch. Nicht, wie bei Gewirth, die Binnenperspektive eines Handelnden, sondern die Perspektive einer sprach- und handlungsfähigen Person, die sich auf die sprachliche (und insofern intersubjektiv geteilte) Praxis ernsthafter (und insofern an Gründen orientierter) Rede überhaupt (Apel) oder moralischer Argumentation (Habermas) einläßt, ist der methodische Ausgangspunkt der Begründung. Die Begründungsziele der Diskursethik lauten: Wer sich ernsthaft auf Formen der Argumentation einläßt, der erkennt implizit Voraussetzungen an, die sich explizieren lassen und in Verbindung mit weiteren (schwachen) Prämissen auf ein prozedurales Moral- qua Diskursprinzip führen. Die Begründung erfolgt relativ zu dem Sich-Einlassen auf Modi der Redepraxis. Jemand, der gegenüber einem solchen Sich-Einlassen völlig ignorant oder banausisch wäre (oder der sich einfach »dumm stellen« würde), dürfte nicht verstehen können oder wollen, worum es in einer sprachethischen Moralbegründung geht. Vorausgesetzt werden implizite Vorverständnisse von Teilnehmern einer bereits ausgeübten Sprachpraxis.

Man unterscheidet 1. eine *transzendentalpragmatische* Variante, die eine Letztbegründung des Kerns der Diskursethik anstrebt[235], und 2. eine *universalpragmatische* Variante[236], deren Begründungsanspruch schwächer und fallibel ist.[237] Man kann unter der STK-Perspektive den Theoriekern, einige paradigmatische Anwendungen sowie eine Menge intendierter Anwendungen unterscheiden.[238] In ihrem Theoriekern ist die Diskursethik *prozedural*. Aufgrund ihres Begründungsanspruchs ist sie *universalistisch*. In metaethischer Hinsicht ist sie *kognitivistisch*.[239] Durch ihre paradigmatischen Anwendungen wird ihr *deontologische*r Charakter deutlich.

Mit Blick auf die verschiedenen Ebenen der Ethik ist zu sagen, daß die Diskursethik die intersubjektivistischen Fortbildungsversuche der Normenlogik aufmerksam verfolgen wird. Zu den Befunden der deskriptiven Ethik verhält sich die Diskursethik stellungnehmend insofern, als diese Befunde in eine Theorie der Moderne eingehen[240], die als Diagnose der »Signatur des Zeitalters« verstanden werden kann. Ob die Diskursethik zur Begründung ihres Theoriekerns auf diese Diagnose angewiesen ist, ist umstritten. Eine Moralphänomenologie[241] und anthropologische Annahmen (Plessners »Mitwelt«) kann die Diskursethik aufgreifen, um zu erläutern, »worum es in der Moral geht«. Weiterhin verfügt sie über eine plausible metaethische Position (vgl. S. 58-62). Insofern können diese Ebenen mit Inhalten und Konzepten besetzt werden, die ihr entsprechen. Zentral ist natürlich die Begründung des Theoriekerns.

Apels Ansatz zielt auf eine transzendentalpragmatische Letztbegründung. Er setzt bei der Frage an, wie eine Ethik in der wissenschaftlich-technischen Zivilisation begründbar sein könne. Die für Apel intellektuell hegemoniale Konstellation aus »Szientismus« und Varianten des nonkognitivistischen »Existentialismus« (Weber, Wittgenstein, Schmitt, Sartre u.a.) scheint eine Ethik auszuschließen. Jede Ethikbegründung müsse sich zudem in den Fallstricken des naturalistischen Fehlschlusses oder des Münchhausen-Trilemmas verfangen.

Apel gibt zu, daß es keine Letztbegründung von Ethik geben kann, wenn der Begründungsbegriff mit dem Konzept der Deduktion im Rahmen axiomatischer Systeme gleichgesetzt wird. Es gibt Apel zufolge jedoch ein nichtdeduktives Letztbegründungskonzept: nämlich das einer »transzendentalen Reflexion auf Bedingungen der Möglichkeit und Gültigkeit aller Argumentation«. Apel setzt methodisch auf die Reflexionskompetenz des Menschen als eines Argumentationssubjektes und damit voraus, daß Reflexion eine Methode (und keine willkürliche Spekulation) ist. In der Reflexion (»sich auf etwas zurückbeugen, das man selbst handelnd je immer schon vollzieht«) können wir auf Grundgegebenheiten des Argumentierens stoßen, die einzelnen, jeweils falliblen Begründungsversuchen vorausliegen und die diese Versuche sowie jede Kritik an ihnen als Bedingung der Möglichkeit tragen.

Als letztbegründet gelten für Apel all die Präsuppositionen ernsthafter Rede, die ein (echter oder gedachter) Skeptiker, der mit ihnen konfrontiert wird, nicht ohne Selbstwiderspruch bestreiten kann, da er sie im Bestreiten, im Bezweifeln oder im Aufstellen skeptischer Behauptungen selbst in Anspruch nehmen muß. Wer für die Skepsis *argumentiert*, der macht implizit Voraussetzungen, die er selbst bestreitet. Der sog. performative Selbstwiderspruch besteht angesichts des ernsthaften Vollzugs einer sprachlichen Äußerung (»hiermit bezweifle ich, daß p«) zwischen den Präsuppositionen dieser performativen Äußerung und ihrem propositionalen Teil. Das ernsthafte Behaupten einer Proposition p kann mit dem performativen Akt des Behauptens selbst im Widerspruch stehen (»Ich behaupte hiermit, daß ich nicht sprechen kann«). Wenn man zeigen könnte, daß sich ein Skeptiker notwendigerweise in Widersprüchen verfängt, sobald er bestimmten Behauptungen des Ethikers widerspricht, kann man diese Behauptungen als letztbegründet ansehen. Aus diesen Sätzen darf man dann weitere Schlußfolgerungen ziehen. Die Anerkennung dieser Behauptungen ist keine Entscheidung, die so oder anders ausfallen kann, sondern liegt im Modus einer transzendentalen Nötigung vor. Die Anerkennung ist nicht ins subjektive Belieben gestellt (ähnlich wie bei Gewirth und Kant), sondern soll aus Einsicht erfolgen. Man kann zu allem »Nein« sagen, aber nicht zu den Bedingungen der Möglichkeit des vernünftigen Nein-sagen-Könnens.

Apel präsentiert im wesentlichen zwei Argumente für diese Auffassung. Das erste Argument betrifft die »Wertbezogenheit« der Geistes- und Humanwissenschaften, das zweite die Deutung der »scientific community« als einer Argumentationsgemeinschaft. Ich werde mich auf das zweite und wichtigere Argument konzentrieren.[242] Es besagt, daß »die *Objektivität der wertfreien Wissenschaft selbst noch die intersubjektive Geltung moralischer Normen voraussetzt*«[243]. Wäre dies gezeigt, so könnte die mögliche Objektivität der wissenschaftlichen Erkenntnis kein Argument mehr gegen die Möglichkeit einer begründeten Ethik sein. Apels Behauptung lautet, daß die Geltung von Argumenten nicht überprüft werden kann, ohne daß eine »Gemeinschaft von Denkern« vorausgesetzt wird, die in der Lage sind, Argumente vorzubringen, zu verstehen und zu beurteilen. Das wissenschaftliche Denken ist prinzipiell öffentlich; einer allein kann nicht Wissenschaft treiben. In wissenschaftlichen Argumentationsgemeinschaften ist für Apel darüber hinaus die Anerkennung aller ihrer Mitglieder als gleichberechtigte Diskussionspartner vorausgesetzt.[244] Dies ergibt nur, wie Kettner sagt, eine »Moral im Diskurs« (MID). Gesucht aber ist auch Moralität für die Zeiten nach dem Diskurs. Es bedarf weiterer Annahmen, damit sich das Prinzip gleichberechtigter Anerkennung über den Kreis von aktualiter Diskutierenden im Bereich der Wissenschaft (scientific community) hinaus erstreckt. Diese Entschränkung nimmt Apel vor, indem er alle ernsthaften sprachlichen Äußerungen als »virtuelle Argumente« auffaßt. So sagt er, daß jedes sinnvolle Handeln die logischen und moralischen Bedingungen der »kritischen Kommunikation« impliziere.[245] Alles Sprechhandeln sowie alles Handeln überhaupt einschließlich leiblicher Expressionen[246] wird nach der Maßgabe der Argumentation gedeutet. Daraus ergibt sich die Entschränkung des Anerkennungsprinzips. »So ist in der Grundnorm der wechselseitigen Anerkennung der Diskussionspartner diejenige der Anerkennung aller Menschen als Personen virtuell impliziert.«[247] Die Begründung der Prämissen, auf denen die Entschränkung beruht, führt nun aber in das Münchhausen-Trilemma zurück. Ich glaube, daß man Apels Argument verteidigen kann, aber auch dadurch dem Lemma des Regresses nicht entrinnt, sofern man am PZB festhält.

Wenn man dieses Argument akzeptiert, so begründet es ein ethisches Prinzip *relativ* zu der unterstellten Existenz von Wissenschaft. Doch bereits Max Weber hat gezeigt, daß man auch den Wert der Wissenschaft bestreiten könne. Gäbe es keine Wissenschaften, so entfiele eine Prämisse von Apels Argument. Apel macht geltend, daß das Bedingungsgefüge von Wissenschaft, Logik und Ethik entweder in toto akzeptiert oder aber in toto negiert werden muß. Letzteres erscheint widerspruchsfrei möglich. Apel radikalisiert nunmehr seine Begründung mit Blick auf ein transzendentales Sprachspiel der Philosophie. »Im Sinne der Argumentation können wir als Philosophen nicht hinter unseren Willen zur Argumentation zurückgehen.«[248] Dieser Wille zur Argumentation ist transzendentale Bedingung der Möglichkeit jeder Erörterung empirischer Annahmen. Die im »Willen zur Argumentation implizierte moralische Grundnorm [können wir] unbedingt oder kategorisch nennen«[249]. Die Reflexion stößt also auf einen unbedingten, d.h. kategorischen Willen zur Argumentation. Dieser Wille ist an den Geltungssinn des philosophischen Diskurses gebunden, in dem wir darüber argumentieren, »wie es sich überhaupt verhält« oder wie etwas »in Wirklichkeit ist«. Aber dies wiederum setzt ein bestimmtes Verständnis davon voraus, was es bedeutet, Philosophie zu betreiben, bzw. worauf es beim Philosophieren ankommt. Dieses Verständnis ist aber in der Philosophie selbst heillos umstritten, und dies ist für eine Letztbegründung nachteilig. Wer sagt, Philosophie sei die Kunst sprachlicher Weltdeutung an der Grenze zur Poesie, kann Apels Argument ausweichen. Gewiß würde Apel keine Sekunde zögern, dieses Philosophieverständnis eines Selbstwiderspruches überführen zu wollen. Diese mehrfach verschnörkelte »Figur« aus den Ausweichversuchen der Skeptiker und den Einfangbemühungen der Letztbegründer läuft jedoch bereits in den Bahnen eines Regresses.

Wer argumentiert, setzt für Apel gleichzeitig eine reale sowie eine ideale Kommunikationsgemeinschaft voraus. Diese doppelte Voraussetzung ist so zu verstehen, daß »die ideale Gemeinschaft *in* der realen, nämlich als reale Möglichkeit der realen Gesellschaft«[250], vorausgesetzt wird. Entscheidend ist dieses kursivgesetzte »in«. Die ideale Kommunikationsgemeinschaft ist keine, die jenseits der realen und unabhängig von dieser aufzufinden wäre. Sie befindet sich auch nicht so »in« der realen Kommunikationsgemeinschaft, wie sich bspw. ein Buch »in« der Tasche befindet. Es geht vielmehr um eine reale Möglichkeit, die ich zugleich unterstelle und im Vorgriff anvisiere, sobald ich mich argumentierend an Mitglieder einer realen Kommunikationsgemeinschaft wende. Es handelt sich um eine sprachphilosophische Transformation von Kants Gedankenfigur vom Menschen als »Bürger zweier Welten«. Die sich ergebende Situation bezeichnet Apel als »verzweifelt und hoffnungsvoll«. Fehlschläge und Erfolge unserer Verständnis-, Kommunikations- und Argumentationsbemühungen durchmischen sich in der Realität bis hin zur Unkenntlichkeit. Da aber Kommunikation nicht immer nur mißlingt, haben wir Gründe, kontrafaktische Unterstellungen als »Vorschüsse« in neue Kommunikationsbemühungen zu investieren.

Das gesamte Argument führt zu zwei moralischen Handlungsprinzipien. Sie lauten, daß jede Person zur Erhaltung der realen und zur Beförderung einer idealen Sprachgemeinschaft moralisch verpflichtet ist. Hieraus ergeben sich eine Überlebens- und eine Emanzipationsstrategie. »Das erste Ziel ist die notwendige Bedingung des zweiten Ziels; und das zweite Ziel gibt dem ersten seinen Sinn – den Sinn, der mit jedem Argument schon antizipiert ist.«[251] Kritiker haben geargwöhnt, daß diese Prinzipien es u.U. erlauben könnten, politisch motivierte (neomarxistische) Emanzipationsziele und -strategien für ethisch letztbegründet auszugeben. Diese Befürchtung ist unbegründet, da das methodische Konzept der Letztbegründung allein auf den Theoriekern bezogen wird.[252] Weitere Zielsetzungen bedürfen ergänzender normativer und empirischer Prämissen und können daher nicht als letztbegründet gelten. Apel selbst hat allerdings diesen Verdächtigungen neue Nahrung gegeben, da er seinen Ansatz um einen Begründungsteil B erweitert hat, der um die Frage kreist, wie diskursethisch eingestellte Akteure unter Bedingungen handeln sollten, in denen aufgrund des strategischen Verhaltens anderer Akteure die Anwendungsbedingungen der Diskursethik nicht erfüllt sind. Er führt in Teil B ein teleologisch-strategisches Ergänzungsprinzip E ein, das ebenfalls als letztbegründet gilt und das fordert, (aktiv) an der Beseitigung der Hindernisse mitzuwirken, die der Anwendung der Diskursethik im Wege stehen. E erlaubt (oder gebietet) strategische Handlungsweisen, eröffnet eine diffizile Kasuistik und ist innerhalb der Diskursethik umstritten. Der Teil B ist nicht etwa nur ein Anwendungsteil für eine Art »provisorische Moral« (Descartes) im Zeitalter strategischer Selbstbehauptungssysteme (Staaten, Konzerne, Bürokratien), sondern wird als eigenständiger Begründungsteil in den Theoriekern der Diskursethik gerückt. Dies halte ich für grundlegend falsch.

Apels Begründungsversuch wurde von Kuhlmann im Detail fortentwickelt. Eine Letztbegründung muß für Kuhlmann zur Gewißheit führen. Wissenschaftliche Theorien führen nicht zu Gewißheiten, sondern sind fallibel. Gewißheit muß als »Rückseite« jedes sinnvollen Zweifelns rekonstruiert werden. Kuhlmanns stark cartesianisches Programm der Letztbegründung, die durch die

»Aufdeckung des unhintergehbar immer schon von uns Anerkannten«[253] erfolgt, beruht zentral auf einem Konzept der strikten Reflexion. Gewißheit gewährt nur strikte Reflexion. Diese darf nicht von theoretischen Annahmen und Begriffen abhängig sein. »In theoretischer Einstellung ist keine [...] *strikte* Reflexion möglich«[254], demnach auch keine Letztbegründung der Ethik. Die strikt reflexive Perspektive auf das unmittelbar zugängliche Handlungswissen des Argumentierenden vom Argumentieren läßt sich aber nur durchhalten, wenn man akzeptiert, daß im strikt reflexiven, untrüglichen Handlungswissen eine Argumentations*theorie* von hoher interner Komplexität enthalten ist. Diese Position läßt sich nur mit großer Mühe verteidigen.[255]

Sicher darf jeder Versuch einer Ethikbegründung transzendentalpragmatische (reflexive, retorsive) Argumente beinhalten. Solche Argumente können zu Begründungen von hoher Plausibilität führen. Die transzendentalpragmatische Begründungsstrategie nähert sich gleichsam dem PZB an, ohne es je vollauf erreichen zu können. Selbst Skeptiker wie Keuth geben zu, Apel und Kuhlmann seien ihren Zielsetzungen mehrfach nahegekommen, beharren aber darauf, daß keine stricto sensu zureichende Begründung vorgelegt worden sei. Gibt man das PZB als Ziel auf und interpretiert es als Ideal, so erweist sich die Qualität des eingeschlagenen Begründungsweges.

Die Variante der Diskursethik, wie sie Habermas[256] entwickelt hat, ist als Resultat von theoretischer Reflexion zu verstehen. Habermas erkennt das epistemologische Fallibilismusprinzip an und stützt die Diskursethik mit einem weitverzweigten System theoretischer Annahmen. Sub specie des STK liegt ein Theorienetz vor. Dies schließt eine strikte Letztbegründung aus. Habermas verankert die Diskursethik in einer übergreifenden Theorie kommunikativen Handelns (im folgenden: TkH). Die Begründung des Kerns der Diskursethik erfolgt präsuppositionsanalytisch und beanspruchte den Status einer fehlbaren Rekonstruktion des normativen Gehalts faktisch unausweichlicher Argumentationsvoraussetzungen. »Eine Letztbegründung der Ethik ist weder möglich noch nötig.«[257]

Da die Diskursethik eine Sprachethik ist, muß auf die sprachphilosophischen Voraussetzungen hingewiesen werden, die sich in der TkH finden.[258] Die These der TkH ist es, daß der verständigungsorientierte Sprachgebrauch der »Originalmodus« der menschlichen Rede ist. Im kommunikativen Handeln ist man an der Herstellung oder der Erneuerung von Einverständnis interessiert. Einverständnis ist idealiter eine rational motivierte Zustimmung aufgrund von geteilten Gründen. Gründe sind nichts Privates, sondern eo ipso auf intersubjektive Anerkennung ausgerichtet.[259] Im Begriff der argumentativen Praxis ist für Habermas eine Konsensausrichtung sprachpragmatisch impliziert. Dies heißt natürlich nicht, daß jede argumentative Bemühung zum Konsens führen muß.

Ein Charakteristikum der TkH ist es, eine Theorie des Teilnehmerwissens zu sein. Der methodisch zentrale Begriff der Rekonstruktion bezieht sich auf die Aufdeckung der Präsuppositionen einer ausgeübten und kompetent beherrschten Praxis.[260] Die Explikation des Begriffs kommunikativen Handelns soll sich »arbeitsteilig in die Kooperation mit anderen rekonstruktiven Wissenschaften«[261] einfügen. Rekonstruktionen beziehen sich im Falle der TkH auf alles, was unterstellt werden muß, damit die kommunikative Redepraxis gelingen kann. Auch die Diskursidee wird aus der Teilnehmerperspektive eines Akteurs eingeführt, der darauf reflektiert, welche Bedingungen er als hinlänglich erfüllt unterstellen muß, damit die Praxis, auf die er sich einlassen möchte, gelingen kann. Diese Orientierung an Teilnehmerwissen unterscheidet die TkH methodisch von Diskurstheorien, die Diskurse aus einer Beobachterperspektive historisch oder soziologisch erforschen wollen. Auch die Diskursethik versteht Habermas als eine rekonstruktive Wissenschaft.

Die TkH vertritt ein zweistufiges Konzept der menschlichen Rede. Diskurse sind unwahrscheinliche Fortsetzungen einfachen kommunikativen Handelns mit argumentativen Mitteln, die gleichwohl in einfachen Redehandlungen der Möglichkeit nach immanent angelegt sind. Ähnlich wie bei Apel sehen wir ein »in«, das sich auf eine reale Möglichkeit bezieht. Kommunikatives Handeln ist, lebenspraktisch betrachtet, ein »Müssen«, das Argumentieren ist ein ausgezeichnetes »Können«. Zu Diskursen *kann* es kommen, wenn die in kommunikativen Redehandlungen enthaltenen Geltungsansprüche isoliert und problematisiert werden. Insofern steht die Möglichkeit zu argumentieren im Prinzip immer offen, wird aber faktisch längst nicht immer genutzt. Es besteht keine moralische Pflicht, immer zu argumentieren. Es wird von der Diskursethik nicht gefordert, daß alle Kommunikation zum Diskurs werden soll.

Der Diskursbegriff enthält die Komponenten Argumentationsprozeß, Herrschaftsfreiheit, Partizipation, Konsensausrichtung. Diskurse sind Verfahren der kollektiven Urteils- und Willensbildung, die eine Vermutung der Vernünftigkeit ihrer Ergebnisse begründen.[262] Diskurse sind für die TkH nur über Wahrheits- und universelle moralische Richtigkeitsansprüche möglich. Habermas rechnet in der TkH Diskussionen über Fragen des Geschmacks, über ästhetische Urteile und über Konzeptionen des guten Lebens nicht zum Bereich des Diskursfähigen, sondern spricht von Formen der »Kritik«. Später hat er diese Position modifiziert. In seinen Schriften der neunziger Jahre tauchen Anwendungsdiskurse, politische und juristische sowie ästhetische Diskurse auf.[263] Heute redet man vielfach von diskursiven Verfahren.[264] In ihnen soll die Diskursidee konzeptionell modifiziert zur Erscheinung gelangen.[265]

Kommunikative Rationalität reicht gemäß der TkH so weit wie unser Vermögen, zu Geltungsansprüchen mit Gründen Stellung zu nehmen. Einen Geltungsanspruch ernsthaft erheben heißt, bereit zu sein, ihn ggf. gegenüber beliebigen anderen mit Gründen einzulösen. Der Vollzug einer Behauptung etwa ist mit der impliziten Versicherung der Wahrheit dieser Behauptung verbunden. Diese Versicherung wiederum ist auf der Seite des Hörers mit der Erwartung verknüpft, der Sprecher verfüge über Gründe, mit denen er einen Geltungsanspruch einlösen könnte. Gründe verstehen und sie beurteilen – das läßt sich Habermas zufolge nicht trennen.[266] Wir verstehen insofern einen Satz, wenn er aus der Teilnehmerperspektive die Bedingungen erfüllt, die erforderlich sind, damit man zu diesem Satz zustimmend oder ablehnend Stellung nehmen kann. Dies ist die Grundvorstellung einer formalpragmatischen Bedeutungstheorie.

Geltungsansprüchen korrespondieren *formale Welten*. Wenn ein Sprecher einen Sprechakt äußert, so bezieht er sich damit implizit auf eine *objektive Welt* (Realität) als Gesamtheit der Entitäten, über die wahre Aussagen möglich sind, auf eine *soziale Welt* legitim zu regelnder interpersonaler Beziehungen oder auf eine *subjektive Welt* von Erlebnissen. Die Kategorie der Lebenswelt hat einen anderen Status; sie ist keine vierte formale Welt. Zwischen etwas in der Welt, *worüber* man sich verständigt, und der Lebenswelt, *woraus* man Wissen und Deutungsmuster schöpft, ist zu unterscheiden.

Habermas vertritt die Auffassung vom kommunikativen Handeln als dem »Originalmodus« der Rede, demgegenüber andere Sprachverwendungen (persuasive Beeinflussung) »parasitär« sind. Zur Einlösung dieser These greift er auf die Sprechakttheorie zurück, wie sie von John Austin entwickelt und von John Searle fortgeführt wurde. Austin unterscheidet zwischen der lokutionären (den propositionalen Gehalt betreffenden), der illokutionären (den

Gebrauchssinn betreffenden) und der perlokutionären (die angestrebte Wirkung betreffenden) Rolle eines Sprechaktes.[267] Sprechaktverben, die die illokutionäre Bedeutung des Sprechaktes festlegen, sind selbstidentifizierend. Insofern legt die manifeste illokutionäre Bedeutung die anvisierte perlokutionäre Wirkung fest. Man kann also vorbehaltlos den Effekt erzielen wollen, der in der Bedeutung des illokutionären Modus enthalten ist: warnen, indem man warnt. Dies bezeichne ich als den primären perlokutionären Effekt. Man kann auch sekundäre perlokutionäre Effekte erzielen wollen: täuschen, indem man bittet oder rät. Das Argument von Habermas besagt, daß sekundäre perlokutionäre Effekte nur dann mit Aussicht auf Erfolg angestrebt werden können, wenn der primäre illokutionäre Verwendungssinn vom Adressaten vorausgesetzt wird. Dies ist eine Variante des Kantischen Arguments, wonach die Wahrheitsausrichtung der Sprache die Erfolgsbedingung der Lüge ist. Daraus ergibt sich der Kernsatz der TkH, Verständigung wohne »als Telos der menschlichen Sprache inne«[268]. Aus dem Primat kommunikativen Handelns läßt sich eine Ethik des Sprachgebrauchs entwickeln, die auch für eine semiotische Theorie der Zeichenverwendung in unterschiedlichen Kontexten relevant sein dürfte. Eine Ethik des Sprachgebrauches ist aber mit einer Diskurstheorie normativer Gültigkeit nicht gleichzusetzen.

Im kommunikativen Handeln erhebt man meist mehrere Geltungsansprüche zugleich: »Ich verabscheue ihn, seit ich weiß, daß er seine Kinder prügelt.« Durch Nachfragen, Erwiderungen und Stellungnahmen läßt sich ein bestimmter Geltungsanspruch herausheben: Ist der Abscheu aufrichtig? Woher weißt du, daß er seine Kinder prügelt? Ab wann ist eine körperliche Züchtigung »Prügel« und nicht bloß ein »Klaps«? Schadet eine »gelegentliche Tracht Prügel« Kindern nicht, oder kann genervten Eltern schon einmal »die Hand ausrutschen«? Dürfen Kinder prinzipiell körperlich nicht gestraft werden? In jeder Nachfrage thematisiert man einen

Geltungsanspruch oder einen Aspekt eines solchen. Die Deutung des moralischen Wertwortes »Prügel« ist von der Zuordnung dieser Handlungsweise zu einem deontischen Operator zu unterscheiden. Die Deutungsbemühungen sind hierbei kein Selbstzweck, sondern implizit auf die Beantwortung einer moralisch relevanten Frage bezogen. Einen moralischen Geltungsanspruch erhebt, wer auf die letzte dieser Fragen eine allgemeine Antwort gibt, also nicht sagt, daß diese Frage von Eltern je nach ihrer kulturell besonderen Deutung von Familie und Erziehung unterschiedlich beantwortet werden darf; denn er ordnet einer allgemeinen Handlungsweise (»leibliche Bestrafung von Kindern«) einen deontischen Operator (bspw. »verboten«) zu. Man könnte nun die gegenteilige These vertreten, daß Eltern eine Art natürliches Züchtigungsrecht besitzen, das nur durch elementare Rechte von Kindern auf körperliche Unversehrtheit, mithin durch ein Verbot der Kindesmißhandlung, begrenzt wird. Damit wäre ein Einstieg in einen Diskurs gegeben.

Sollgeltungsansprüche werden in Situationen und Kontexten gegenüber spezifischen anderen erhoben; sie reichen aber als Ansprüche über ihren Entstehungskontext und über ihren ursprünglichen Adressatenkreis hinaus. Diese kontexttranszendierende Kraft ist graduell zu verstehen. Universalistisch sind für die Diskursethik die Sollgeltungsansprüche, die mit dem Theoriekern und auch mit den paradigmatischen Anwendungen verknüpft sind; in bezug auf Werte, Rechtsnormen, Kulturideale, Konzeptionen des guten Lebens oder ästhetische Gestaltungen wird die kontexttranszendierende Kraft allmählich schwächer. Es ist demnach möglich, daß normative Geltungsansprüche zwar lokale bzw. provinzielle Kontexte transzendieren, aber dennoch partikular etwa in bezug auf einen Kulturkreis bleiben.

Weithin ungeklärt bleibt in der TkH das Problem des Geltungsanspruches von Werturteilen, da sich diese teilweise dem Wahrhaftigkeitsanspruch zuordnen lassen, teilweise aber auch moralanaloge Geltungsansprüche erheben. Unsere Deutung des Wertbegriffes, besonders die Unterscheidung zwischen einfachen Präferenzen und verallgemeinerbaren Grundwerten, erklärt diese Ambivalenz. Werturteile lassen sich aus unserem alltäglichen kommunikativen Handeln gewiß nicht entfernen. Durch Reflexion auf Wertvorstellungen können wir die kulturell variable Grenze bestimmen, die die Fragen des guten Lebens von den Fragen der moralischen Richtigkeit trennt. Insofern müssen die Interpretationen, aufgrund deren wir die Beziehungen zwischen den Fragen des guten Lebens, allgemeinen Wertstandards, moralischen Werturteilen und Handlungsnormen festlegen, modifizieren, interpretieren und verändern, zum Bestandteil unserer alltäglichen kommunikativen Praxis werden. Auch aus vielen praktischen Diskursen in den Bereichen anwendungsorientierter Ethik (Umweltethik, Medizinethik, Technikethik usw.) lassen sich axiologische Argumente nicht sinnvoll ausblenden. Ohne den kulturellen Reichtum der Wertdimension würden auch Habermas zufolge unsere praktischen Diskurse von Auszehrung und Verödung bedroht sein.

Die Diskursethik ist im Verhältnis zur TkH eine Spezialtheorie. Der Kern der Diskursethik (K_{DE}) enthält das zu begründende Moralprinzip D sowie einen Universalisierungsgrundsatz U. Diese Basissätze lauten:

D = »Gültig sind genau die Handlungsnormen, denen alle möglicherweise Betroffenen als Teilnehmer an rationalen Diskursen zustimmen könnten.«[269]

U = »Die Folgen und Nebenwirkungen, die sich aus einer allgemeinen Befolgung der strittigen Norm [für die Befriedigung der Interessen eines jeden einzelnen] voraussichtlich ergeben, müssen von allen zwanglos akzeptiert (und den Auswirkungen der bekannten alternativen Regelungsmöglichkeiten vorgezogen) werden können.«[270]

D bindet die Gültigkeit der Zuordnung von Handlungsweisen zu deontischen Operatoren an den Begriff der Zustimmungswürdigkeit der Normadressaten unter idealen Bedingungen moralischer Argumentation. In U drücken sich Vorstellungen von Universalisierbarkeit, Unparteilichkeit und reziproker Anerkennung aus, die für Habermas mit der Einnahme des moralischen Standpunktes verknüpft sind. Die genaue Funktion, der Status und die Begründung von U sind innerhalb der Diskursethik umstritten.[271] Festzuhalten ist[272], daß D das ungleich wichtigere Begründungsziel darstellt; denn Universalisierungsgrundsätze finden sich in vielen Ethiktheorien, wohingegen der begriffliche Zusammenhang zwischen normativer Gültigkeit und Zustimmungswürdigkeit in idealen Sprechsituationen konstitutiv für die Diskursethik ist.

Praktische Diskurse sind ein Typus von Verfahren. Verfahren werden allgemein durch Regeln bestimmt. Einen regellosen Ereignisablauf würden wir nicht begrifflich als Verfahren bezeichnen wollen. Einige Regeln sind für einen Verfahrenstypus konstitutiv, andere sind sekundär. Die Diskursregeln[273] sind in diesem Sinne konstitutive Regeln für praktische Diskurse und keine sekundären Konventionen, wie sie sich bspw. in Konzepten für diskursive Verfahren finden lassen. Wer sich auf eine verfahrensförmige Praxis einläßt, von dem muß man erwarten dürfen, daß er deren konstitutive Regeln anerkennt. Die Diskursregeln lauten:

1.1. Kein Sprecher darf sich widersprechen.
1.2. Jeder Sprecher, der ein Prädikat F auf einen Gegenstand a anwendet, muß bereit sein, F auf jeden anderen Gegenstand, der a in allen relevanten Hinsichten gleicht, anzuwenden.
1.3. Verschiedene Sprecher dürfen den gleichen Ausdruck nicht mit verschiedenen Bedeutungen benutzen.
2.1. Jeder Sprecher darf nur das behaupten, was er selbst glaubt.

2.2. Wer eine Aussage oder Norm, die nicht Gegenstand der Diskussion ist, angreift, muß hierfür einen Grund angeben.

3.1. Jedes sprach- und handlungsfähige Subjekt darf an Diskursen teilnehmen.

3.2.1. Jeder darf jede Behauptung problematisieren.

3.2.2. Jeder darf jede Behauptung in den Diskurs einführen.

3.2.3. Jeder darf seine Einstellungen, Wünsche und Bedürfnisse äußern.

3.3. Kein Sprecher darf durch innerhalb oder außerhalb des Diskurses herrschenden Zwang daran gehindert werden, seine in 3.1. und 3.2. festgelegten Rechte wahrzunehmen.

Ob dieses Regelwerk vollständig ist, sei dahingestellt. Die Diskursregeln legen Grundzüge einer »Moral im Diskurs« (MID) fest.[274] Die Diskursethik begründet somit eine MID mitsamt sich daraus ergebenden kommunikativen Tugenden[275] sowie eine diskursiv gerechtfertigte Konzeption von Moralität.[276] Beide Dimensionen von Moralität sind miteinander konsistent. Beide tragen anthropologischen Prämissen Rechnung. Die MID bezieht sich auf das Sprachwesen Mensch, das als solches ein vernünftiges und potentiell logisches Wesen ist[277], während die Konzeption von Moralität auf das leiblich versehrbare, umfassend bedürftige und sozial auf Anerkennung angewiesene Gemeinschaftswesen Mensch (sowie vielleicht auf einige Mitgeschöpfe) Bezug nimmt. Da sich die Teilnehmer auf praktische Diskurse einlassen, ist es nicht erforderlich, sie – wie im Kontraktualismus – als rationale Egoisten zu modellieren. Diskursteilnehmer haben Zugang zu ihren moralischen Gefühlen und Überzeugungen.[278] Sie sind von ihren Wertvorstellungen, von Solidaritäten und Traditionen nicht abgeschnitten, sondern verfügen über ein kulturelles Orientierungswissen i.w.S., das sie unter Beachtung der Diskursregeln und des Universalisierungsgrundsatzes in die Argumentation einfließen lassen können.

Aus den Diskursregeln allein läßt sich das Diskursprinzip der Moral nicht ableiten.[279] Es bedarf somit weiterer Prämissen. Was die Logik der Ableitung anbetrifft, so macht die von Habermas skizzierte Ableitung von D und U nicht von der sog. »materialen Implikation«[280], sondern von der Schlußfolgerungsart der sog. »pragmatic implication« Gebrauch.[281] Was die inhaltlichen Prämissen anbetrifft, so hat Habermas in späteren Versionen der *Notizen zu einem Begründungsprogramm* einen Satz abgeändert, wobei die Formulierung »wissen, was es heißt, eine Handlungsnorm zu rechtfertigen« an die Stelle einer ursprünglichen Formulierung rückte, die zirkulär zu U war. Diese opake »Wissen-was-es-heißt«-Formulierung muß man hinsichtlich der in ihr eingeschlossenen Prämissen explizieren, die zu D führen. D kann man auf diese Weise m. E. folgendermaßen begründen[282]:

1. Personen können auf verschiedene Weise handeln.
2. Handlungsweisen und deontische Operatoren bedürfen einer Zuordnung.
3. Wer eine Zuordnung vorschlägt, der erhebt einen Sollgeltungsanspruch.
4. Fragen dieser Zuordnung sind Fragen der normativen Richtigkeit.
5. Normen sind generalisierte regelförmige Verhaltenserwartungen.
6. Zuordnungen von deontischen Operatoren zu Handlungsweisen werden durch Argumente gerechtfertigt. (Unter modernen Bedingungen scheiden andere Vornahmen der Zuordnung als Formen der Rechtfertigung aus.)
7. Mit Argumenten will man überzeugen. (Man erheischt die Zustimmung aller, indem man argumentiert.)
8. Wer sich auf normative Argumentationen einläßt, akzeptiert implizit eine Reihe von Diskursregeln. Diese lassen sich explizieren. Die Unterstellung der allgemeinen Beachtung der Regeln konstituiert eine ideale Gesprächssituation.
9. Nur argumentativ gerechtfertigte Normen verdienen das Prädikat »gültig«.
10. Wer in bezug auf die Zuordnungen von Handlungsweisen zu deontischen Operatoren, d.h., wer über Normen als generalisierte Verhal-

> tenserwartungen argumentiert, der erkennt implizit an, daß nur diejenigen Normen das Prädikat »gültig« verdienen, die argumentativ gerechtfertigt werden bzw. die Zustimmung aller von der Normgeltung Betroffenen als Teilnehmer an praktischen Diskursen finden könnten (D).

Moralität ist demnach (im Unterschied zu Moralen, moralischen Intuitionen usw.) nicht diskursunabhängig bestimmbar. Die zur Prüfung vorgeschlagenen Inhalte von Moralität werden durch die Zustimmungswürdigkeit in idealen Sprechsituationen als gültig erwiesen und in diesem Sinne »konstituiert«. Diese These muß man als Diskursethiker vertreten. Das bedeutet nicht, daß die Moralität im Diskurs (im Sinne Walzers) »erfunden« würde. Unsere diskursiven Bemühungen können auch prüfenden oder vergewissernden Charakter annehmen. Habermas weist ausdrücklich darauf hin, daß Diskurse nicht primär zur Erzeugung, sondern zur Prüfung von vorgeschlagenen Normen dienen.

Diese Begründung von D ist gewiß keine Letztbegründung, da die Prämissen oder deren Verbindung zur Konklusion angezweifelt werden können. Natürlich tauchen hinter den Prämissen substantielle Fragen auf, etwa wie man Handlungen aus Verhaltensweisen gleichsam herauspräparieren kann (1).[283] Diese Frage zählt in die Handlungstheorie, die von der Ethik vorausgesetzt wird. Jede Ethik muß ein Handlungskonzept und insofern ein Äquivalent von 1 aufweisen. Ähnliches gilt für 2. Man steht aber innerhalb des hier vorgeschlagenen Begründungskonzeptes nicht mehr vor der fatalen Alternative, entweder (durch Letztbegründung) alles oder (aufgrund von »petitio principii«, »regressus ad infinitum« oder dogmatischem Abbruch) gar nichts begründet zu haben. Die Alternative zwischen total letztbegründet und völlig unbegründet wurde ja mitsamt dem PZB verabschiedet. Werden einzelne Prämissen dieses Begründungsvorschlags (etwa 1, 6 oder

7) angezweifelt, so kann man versuchen, die angezweifelte Prämisse in der Form eines »Subarguments« zu begründen. Die Argumente, die zur Begründung einzelner Prämissen herangezogen werden, dürfen eine sich allmählich verzweigende und aufeinander verweisende Struktur ergeben, die in lebensweltliches Wissen hineinführen wird. Die einzelnen Subargumente müssen dabei nicht strikt linear bzw. »kettenförmig« verlaufen.

Es fragt sich sub specie des STK, ob in diesem Begründungsvorschlag *theoriespezifische Begriffe* auftauchen, d.h. solche, die bereits im Sinne der gesamten Theorie definiert sind. Selbst wenn dem so wäre, so folgt nicht, daß die gesamte Theorie zirkulär und wertlos (oder eine bloße Sprachregelung) ist, sondern nur, daß einige Begriffe nicht theorieneutral verstanden werden. Das Problem theoretischer Termini wird im STK undramatisch gesehen. Wünschenswert ist gewiß ein möglichst theorieunspezifisches Ensemble von Prämissen. Die logisch-semantischen Diskursregeln sind nicht theoriespezifisch. Regel 1.2. entspricht dem Universalisierungsgrundsatz bei Hare.[284] Die Diskursregel 1.3. bezieht sich auf mögliche Äquivokationen und sonstige Mißverständnisse, die auf begrifflichen Mehrdeutigkeiten beruhen (fallacies of ambiguity). Die Regel 2.1. entspricht dem obersten Konversationspostulat bei Grice.[285] Demnach könnten allenfalls Regeln aus der Regelgruppe 3., die sich auf die Rechte von Diskursteilnehmern bezieht, theoriespezifisch sein. Allerdings sind diese Regeln moralisch intuitiv so plausibel, daß man sie auch anerkennen kann, wenn man kein Diskursethiker ist, sondern nur meint, der moralische Standpunkt habe wesentlich etwas mit der gleichmäßigen Berücksichtigung aller Interessen, Standpunkte und Wertvorstellungen zu tun. Sie lassen sich zudem durch reflexive Argumente stützen.[286]

Unbestreitbar ist, daß bereits die Diskursregeln eine Reihe möglicher Normen (»mulier taceat«, Führerprinzip, Unterdrückung freier Meinungsäußerung usw.) als ungültig erkennen lassen. Dies ist, wie ich an anderer Stelle gezeigt habe[287], für die Diskursethik kein Problem, da diese inkompatiblen Normen im Prinzip jederzeit unter Diskursbedingungen überprüft werden könnten. Es erscheint schwer vorstellbar, daß Normen, die den Diskursregeln widersprechen, die frei gewährte Zustimmung aller Betroffenen finden können.

In der Prämisse 7 taucht ein Begriff des Argumentierens auf, der stark theoriespezifisch sein könnte. Die Begriffe des Argumentes (als einer linguistischen Entität) und des Argumentierens (als einer performativen Tätigkeit) müssen daher genauer untersucht werden. Gezeigt werden müßte, daß diese Begriffe das Bestimmungsmoment »präsumtiver Überzeugungskraft für alle« enthalten – und nicht nur, daß Diskursethiker den Ausdruck »Argument« so definieren. Diese Frage muß in der Argumentationstheorie behandelt werden. Dies kann hier nicht geleistet werden. Insofern liegt hier eine Begründungslücke vor.

Das Kernelement U ist mit der (Modell-)Vorstellung der Universalisierbarkeit von Argumenten in moralischen Diskursen verknüpft. D läßt sich zwar nicht aus U ableiten, wie dies Habermas ursprünglich anvisierte, wohl aber U aus D, sobald eine Zusatzprämisse eingeführt wird.[288] Diese normativ-ethische Prämisse 11 läßt sich auf verschiedene Weisen formulieren.

11 a: Der Gebrauch des Systems der Personalpronomina (ich, du) hat egalitäre Implikationen für Anerkennungsverhältnisse zwischen Sprechenden.[289]

11 b: Im vernünftigen Leben erkennen sich die Beteiligten gegenseitig praktisch als Personen an. Ihre jeweiligen Standpunkte, Wertvorstellungen und Interessen sind gleichermaßen und gleichmäßig zu berücksichtigen.[290]

11 c: Wir wissen, daß unter den Bedingungen des modernen Wertplura-

lismus und der Vielfalt der Lebensstile Sollgeltungsansprüche nur mit Argumenten eingelöst werden können, die sich verallgemeinern lassen und »lebensstilneutral« sind.

Wenn nun gemäß D eine Norm gültig nur dann ist, wenn sie idealiter allgemeine Zustimmung findet (G → Z) und wenn bei allgemeiner Zustimmung auch die Folgen und Nebenwirkungen einer (hinreichend) allgemeinen Normbefolgung idealiter anerkannt werden (Z → F), dann ist eine Norm nur dann gültig, wenn auch ihre absehbaren Folgen und Nebenwirkungen akzeptiert werden können: (G → Z) & (Z → F) ⇒ (G → F). Wenn mindestens eine der 11-Annahmen begründet werden kann (11. x), dann ist für jeden, der sich auf praktische Diskurse einläßt, U (ohne eine *unqualifizierte* Interessenformel) unausweichlich: (G → F) & (11. x) ⇒ U.

Die Begründung 11 c ist intuitiv recht plausibel; allerdings wurde bei der Ableitung von D in der Prämisse 6 bereits eine modernitätstheoretische Annahme aufgenommen, so daß es besser wäre, eine solche Annahme nicht noch einmal bemühen zu müssen. Es wäre im Sinne des Theoriedesigns der Diskursethik am besten, wenn die Prämisse 11 a begründet werden könnte. Voraussetzen bei dieser Begründung dürfen wir das Interesse an Moralität, das Primat kommunikativen Handelns sowie die Ergebnisse der metaethischen und anthropologischen Überlegungen. Einen ersten, minimalen Gleichheitsaspekt erhält man dadurch, daß Sprecher sich aufeinander als auf distinkte Entitäten beziehen müssen, die das gemeinsame Merkmal des Sprechenkönnens verbindet. Daraus folgt jedoch keine Anerkennung als Gleichberechtigte.[291] Die Sprecher beziehen sich in Rede und Gegenrede aufeinander. Sie gebrauchen hierbei das System der Personalpronomina. Die darin enthaltene »Du«-Erfahrung ist eine Erfahrung des anderen, der sich ebenso wie ich um die argumentative Klärung eines normativen Problems bemüht, das einer Lösung zugeführt werden soll, die für uns beide gleichermaßen verbindlich sein soll. Die Erfahrung der Wechselrede ist zudem eine Erfahrung des Miteinander. Es geht nicht um einen Austausch von Information, sondern dieses diskursive Miteinander ist auf einen Raum von Gründen[292] bezogen sowie auf all die Verpflichtungen und Berechtigungen, die in der Bedeutung von Sprechaktverben enthalten sind. Der Zugang zu diesem Raum muß strikt egalitär gedacht werden, da sich andernfalls nicht verstehen ließe, was es bedeuten könnte, moralische Gründe miteinander zu teilen. Dieses Miteinander in der Argumentation nötigt unter der Voraussetzung eines Interesses an Moralität zu einer egalitären und reziproken Anerkennung aller Argumentierenden zumindest in dem Sinne, daß es schwerfällt, diese Aspekte der Kommunikation anzuerkennen und gleichwohl die egalitäre Anerkennung des anderen explizit zurückzuweisen. Die Erläuterungen zur »Du«-Erfahrung könnten gewiß noch vertieft und ausgebaut werden; sie können auch in der vorliegenden Form plausibel machen, warum eine Prämisse, die zu U führt, als tragfähig eingeschätzt werden kann.

Durch D und U sind die Basiselemente der Diskursethik bestimmt. Die Basiselemente erklären, was es heißt, diese Ethik zu vertreten und zu versuchen, sie anzuwenden, d.h., ihr Geltung zu verschaffen. Dem Kern läßt sich das Charakteristikum der Prozeduralität zuordnen. Die Diskursethik ist also im Prinzip prozedural, aber sie wird als ausgearbeitete ethische Theorie nicht *durchgängig* prozedural sein können. Vielmehr entwickelt sich im Verlauf der Theorieentwicklung eine in ihren Details noch weitgehend unverstandene Dialektik von Form qua Prozeduralität und Inhalten qua Normativität. Ein Aspekt dieser Dialektik betrifft das Verhältnis unterschiedlicher Schlußfolgerungsarten. Eine Schlußfolgerungsart ist präsuppositionslogischer (oder auch »retorsiver«) Art. Sie bezieht sich auf D und U, d.h. auf den Theoriekern.

Eine zweite Art der Schlußfolgerung bezieht sich auf die mögliche Deduktion aus den Prämissen, die sich im Kern der Theorie, etwa in den Diskursregeln, befinden. Sie wäre »progressiver« Art. Varianten der Diskursethik unterscheiden sich nicht zuletzt durch ihre Haltung zu der Möglichkeit, aus dem Theoriekern heraus weiter zu folgern (und dadurch auch normative Inhalte zu gewinnen) oder aber dies aufgrund der Prozeduralität des Theoriekerns für unstatthaft zu erklären. Man kann es niemandem verwehren, aus vorliegenden Prämissen und logischen Regeln versuchsweise Schlüsse zu ziehen, die so gewonnenen Ergebnisse in Sollgeltungsansprüche zu überführen und sie einer diskursiven Überprüfung auszusetzen. So kann man bspw. behaupten, die Diskursethik impliziere, daß die heute Unmündigen mündig werden sollen, und damit sei die Grundvorstellung einer Pädagogik begründet. Ich sehe keine gravierenden Schwierigkeiten, solche präsumtiven Implikate zu Sollgeltungsansprüchen umzuformulieren.

Da im Kern der Theorie eine Verfahrensidee steht, folgt in prozeduraler Hinsicht, daß konzeptionelle Variationen dieser Idee erarbeitet werden können. Grundmodell dieser Konzepte muß die formale Rekonstruktion einer Situation praktischer Diskurse sein. Dieses Grundmodell ist durch Begriffe der TkH charakterisiert. Das Grundmodell der Diskursethik (M_{DE}) besteht aus folgenden Komponenten: 1. (mindestens) zwei sprach- und handlungsfähige Subjekte, die 2. im Vollzug kommunikativen Handelns entdecken, daß sie 3. hinsichtlich einer normativ relevanten Frage 4. geteilter Meinung sind (Dissens). Jeder Dissens eröffnet die Möglichkeit, ihn mit Gründen auszutragen, weshalb 5. jederzeit ein Übergang vom kommunikativen Handeln zu Diskursen möglich ist.[293] Beide Sprecher schöpfen 6. aus einem Reservoir lebensweltlicher bzw. intuitiver Moralvorstellungen, müssen sich auf der Diskursebene 7. an den Diskursregeln und an U orientieren und beziehen sich 8. auf eine formale Welt legitim geregelter Interaktionen (Normen, Regeln, Institutionen usw.). Deren Inhalte wandern über Sozialisationsprozesse in das lebensweltliche Wissen ein. Dadurch reproduziert sich die sittliche Kultur. Dieses Grundmodell ist nicht das Modell eines Redners, der sich an ein zu überzeugendes Auditorium bzw. Publikum wendet[294], sondern entscheidend ist der reziproke Austausch von Gründen durch Proponent und Opponent. Die Dualität von Proponent und Opponent muß verstanden werden als die Möglichkeit aller Betroffenen bzw. aller Normadressaten, sich mit eigenen Beiträgen in Diskurse einzuschalten. Das Grundmodell kann konzeptionell variiert werden. Der idealisierende Zug dieser Konzepte wird durch den Begriff der Approximation, der realisierende Zug durch den Begriff der Spezifikation ausgedrückt.

Der Diskursbegriff ergibt ein allgemeines (Verfahrens-)Modell für eine Pluralität möglicher diskursiver Verfahrensformen. Zu deren Umsetzung bedarf es institutioneller Vorkehrungen.[295] Die Diskursethik strebt die Durchführung realer praktischer Diskurse in geeigneten Arenen und Foren an. In diesem harmlosen Sinne hat die Diskursethik ein teleologisches Moment. An die Stelle von Apels Begründungsteil B rücken politisch und soziologisch aufgeklärte Konzepte und Institutionen für die Durchführung diskursiver Verfahren der moralischen oder staatsbürgerlichen Urteilsbildung in komplexen Gesellschaften.[296]

Der Kern der Diskursethik (K_{DE}) ist nun mit Anwendungen in Verbindung zu bringen. Das heißt, die Grundzüge einer *diskursiv gerechtfertigten Moral* zu bestimmen. Aus diskursethischer Sicht wäre diese Moral gleichbedeutend mit Moralität. Es läßt sich eine Reihe von moralisch-ethischen Diskursen identifizieren, die sich hierauf beziehen und die daher zu den paradigmatischen Anwendungen (Ip) der Diskursethik zu rechnen sind. Zu Ip der Diskursethik zählen gewiß der Diskurs um die Begründung universell gültiger Moralnormen (Ip1) sowie der Diskurs um die Begründung und Auslegung von Menschen- und Bürgerrechten (Ip2). Des weiteren rechnen Diskurse über grundlegende Praxisnormen (Ip3) und über das sog. Inklusionsproblem (Ip4) zu diesen paradigmatischen Anwendungen.

Unterlassungspflichten sind paradigmatisch für moralische Pflichten überhaupt. Ihr deontologischer Sinn (das Nicht-tun-Dürfen) kann mit einer prudentiell ansetzenden Begründungsstrategie verknüpft werden. Dies ist kein ethischer Kunstfehler, wenn man davon ausgeht, daß hierbei Diskursteilnehmer nur zu einem Gedankenexperiment aufgefordert werden, mit dessen Hilfe man begründen kann, was die meisten intuitiv anerkennen. Man kann somit Unterlassungspflichten begründen (Ip1), indem man eine kontraktualistische Ausgangssituation wählt und zunächst aus der Perspektive eines rationalen Egoisten eine Reihe von Normen einführt, deren Befolgung durch alle anderen für diesen Akteur prima facie günstig ist. Kluge Egoisten wollen, daß alle anderen ihre Handlungsfähigkeit, ihre Freiheit, ihr Leben, ihre Gesundheit sowie ihr Eigentum respektieren, sie nicht täuschen und belügen, demütigen usw. Dies sind rationale Wünsche in bezug auf basale Güter.[297] Rationale Egoisten wünschen in der Regel auch, daß diese Normen gegenüber den Personen eingehalten werden, die ihnen die liebsten sind. Keiner wünscht sich eine Welt, in der er ständig um geliebte Menschen fürchten muß. Der Inhalt rationaler Wünsche führt zu einer plausiblen (Kandidaten-)Liste für universell gültige Prima-facie-Unterlassungsnormen. Eine solche Liste von Grundnormen besteht, wenn man sich an dem Vorschlag von Gert orientiert, aus einem »modernen Dekalog«. Dessen Normen lauten in einer leichten Modifikation:

1. Du sollst nicht töten.
2. Du sollst keine Schmerzen verursachen.
3. Du sollst niemanden unfähig machen.

4. Du sollst niemandem seine Freiheit oder Chancen entziehen.
5. Du sollst niemandem seine Rechte beschneiden.
6. Du sollst nicht stehlen.
7. Du sollst Deine Versprechen halten.
8. Du sollst nicht täuschen oder betrügen.
9. Du sollst den Gesetzen gehorchen.
10. Du sollst Deine sonstigen Pflichten erfüllen.

Spieltheoretisch lassen sich nun folgende Präferenzkonstellationen rationaler Egoisten einführen.[298] 1. Alle außer mir sollen Moralnormen befolgen. 2. Alle sollen Moralnormen befolgen. 3. Keiner soll Moralnormen befolgen. 4. Keiner außer mir soll Moralnormen befolgen. Ein kluger Egoist hat folgende Präferenzen: 1 > 2 > 3 > 4. Die Präferenz für 1 war das Problem des egoistischen Vorbehaltes, das im Rahmen einer kontraktualistischen Ethik nicht zu lösen ist. Zugunsten von 1 kann man aber gemäß D und U (oder einem anderen Universalisierungsgrundsatz) nicht öffentlich argumentieren. Das öffentliche Äußern des egoistischen Vorbehalts ist mit Blick auf die auch vom Egoisten gewünschte allgemeine Befolgung von Unterlassungsgeboten praktisch unvereinbar.[299] Das verbleibende Problem liegt darin, zu erklären, warum der rationale Egoist den deontologischen Sinn solcher Gebote akzeptieren muß. Ich möchte folgende Antwort vorschlagen: Die im kontraktualistischen Gedankenexperiment vollzogene Begründung wird mit den moralischen Intuitionen verglichen, von denen die Beteiligten abstrahiert haben, und in ein reflektiertes Überlegungsgleichgewicht gebracht. Die Normen dieses modernen Dekalogs können präsumieren, U zu genügen. Sie lassen sich mit verallgemeinerbaren Werten und Grundgütern in Verbindung bringen[300] und zugleich als Normierungen begreifen, die auf die Unversehrtheit von Personen als frei handelnden Wesen abzielen. In diesem Sinne sichern sie zugleich Strukturen gegenseitiger Anerkennung, ohne die kommunikatives Handeln nicht erfolgreich sein kann.[301] Insofern zählen sie zur Konzeption von Moralität. (Hares Erzengel wird wohl keine grundlegend anderen Normen für die Ebene intuitiven Denkens in Erwägung ziehen.)

Es handelt sich allerdings nur um Unterlassungsgebote. Durch sie werden die nach Art und Ausmaß unbestimmteren (Kant: unvollkommenen) Hilfspflichten sowie die vielen kulturellen Ziele und Ideale nicht erfaßt. Pflichten gegenüber sich selbst bestehen in diesem Dekalog nicht. Insofern wird an die Position Mills angeschlossen, wonach das Individuum sich selbst gegenüber souverän ist.[302] Die zehnte dieser Moralnormen verweist auf Rollenpflichten; die neunte bezieht sich auf einen qualifizierten staatsbürgerlichen Rechtsgehorsam.[303]

Was Menschenrechte anbetrifft, so unterstützt eine breite Mehrheit der Ethiker eine Menschenrechtsposition.[304] Abgelehnt wird jedoch mehrheitlich eine naturrechtliche Position, der zufolge Menschen Rechte einfach »von Natur aus haben«. Rechte werden vielmehr aufgrund von Gründen eingeräumt, zuerkannt, verliehen usw. Auch hier liegt ein paradigmatischer intendierter Anwendungsfall der Diskursethik vor (Ip2). Habermas führt in bezug auf Ip2 fünf Rechtstypen klassifikatorisch ein, die vorgängig gegenüber ihrer politischen Ausgestaltung in bestimmten (national-)staatlichen Verfassungen sind und die sich, so die These, Bürger zuerkennen müssen, wenn sie ihr Zusammenleben mit den Mitteln des positiven Rechts legitim regeln wollen. Dadurch soll der interne Zusammenhang von Menschenrechten und Volkssouveränität diskurstheoretisch einsichtig werden. Hat man Rechte begründet, so kann man die ihnen korrespondierenden Pflichten anderer Personen, Grenzen der staatlichen Gewaltausübung sowie entsprechende Verbotsnormen begründen. Die fünf Rechtstypen sind bei Habermas folgendermaßen klassifiziert:

1. Grundrechte, die sich aus der politisch autonomen Ausgestaltung des Rechts auf das größtmögliche Maß gleicher subjektiver Handlungsfreiheiten ergeben.
2. Grundrechte, die sich aus der politisch autonomen Ausgestaltung des Status eines Mitglieds in einer freiwilligen Assoziation von Rechtsgenossen ergeben.
3. Grundrechte, die sich unmittelbar aus der Einklagbarkeit von Rechten und der politisch autonomen Ausgestaltung des individuellen Rechtsschutzes ergeben.
4. Grundrechte auf die chancengleiche Teilnahme an Prozessen der Meinungs- und Willensbildung, worin Bürger ihre politische Autonomie ausüben und wodurch sie legitimes Recht setzen.
5. Grundrechte auf die Gewährung von Lebensbedingungen, die in dem Maße sozial, technisch und ökologisch gesichert sind, wie dies für eine chancengleiche Nutzung der unter 1 bis 4 genannten bürgerlichen Rechte unter gegebenen Verhältnissen jeweils notwendig ist.

Klassifikationen begründen nichts. Die Typen 1 bis 4 lassen sich für Habermas absolut, die Teilhaberechte des Typs 5 nur relativ zu diesen begründen. Die Begründung der ersten vier Rechtstypen beruht 1. auf den Voraussetzungen eines unter Verweis auf Kant eingeführten ursprünglichen Menschenrechts auf subjektive Handlungsfreiheiten überhaupt (mit Hannah Arendt gesprochen: auf dem Recht, Rechte zu haben), das sich im Begriff einer Rechtsperson, d.h. eines subjektiven Rechtsträgers, ausdrückt, 2. auf der evolutionär entstandenen Rechtsform, 3. auf dem vorausgesetzten Diskursprinzip, 4. auf einem Demokratieprinzip sowie 5. auf der Perspektive eines »Theoretikers«, der den Bürgern sagt, welche Rechte sie sich (eigentlich) zuerkennen müßten.

»Das Diskursprinzip soll erst auf dem Wege der rechtsförmigen Institutionalisierung die Gestalt eines Demokratieprinzips annehmen [...]. Der entscheidende Gedanke ist, daß sich das Demokratieprinzip der Verschränkung von Diskursprinzip und Rechtsform verdankt. Diese Verschränkung verstehe ich als eine logische Genese von Rechten. [...] Die logische Genese dieser Rechte bildet einen Kreisprozeß, in dem sich der Kode des Rechts und der Mechanismus für die Erzeugung legitimen Rechts, also das Demokratieprinzip, gleichursprünglich konstituieren.«[305]

Hier stellen sich Begründungsfragen, die mindestens ebenso schwerwiegend sind wie der Verdacht, die Rechte des Typs 4 würden in der Diskurstheorie des Rechtes gegenüber den klassischen Freiheits- und Abwehrrechten (Typ 1) übergebührlich betont, worin eine politische Gefahr liege. Unklar ist auch die Formel »politisch autonome Ausgestaltung« in bezug auf 1, da die Inanspruchnahme liberaler Freiheitsrechte keiner öffentlichen Rechtfertigung bedarf. Das eigentliche Begründungsargument bleibt aufgrund seiner Skizzenhaftigkeit unbefriedigend. Die These, dieses System der Rechte gebe die Bedingungen an, »unter denen die für eine politisch autonome Rechtsetzung notwendigen Kommunikationsformen ihrerseits rechtlich institutionalisiert werden können«[306], kann nicht als eingelöst betrachtet werden. Es erscheint mir in bezug auf Ip2 daher zulässig, andere Begründungsmodelle oder Gedankenfiguren zu verwenden (etwa die von Rawls oder von Gewirth). Es ist unter unserem Begründungskonzept nicht erforderlich, daß eine einzige Begründungsfigur alle Rechtstypen gleichermaßen gut begründet. Es genügt, wenn die Frage nach der »richtigen« Verbindung bestimmter Handlungsweisen oder Ansprüche (right claims) mit dem R-Operator die Einheit eines praktischen Diskurses über Rechte herstellt. Innerhalb dieses Diskurses können Klassifikationen, Hierarchisierungen und Begründungen unterschiedlicher Art vorgenommen werden. So können Korrelationen mit den Grundnormen aus Ip1 hergestellt werden. Moralischen Pflichten korrespondieren Rechte (auf Leben, körperliche Unversehrtheit, Eigentum usw.). Die Rawlssche Wahlsituation in der »original position« führt zu einem größtmöglichen System von Freiheitsrechten (Typ 1), während die Reflexion auf Bedingungen des Handelnkönnens im Sinne von Gewirth zur Formulierung eines Sollgeltungsanspruches führt, der auch die gegenseitige Zuerkennung eines Sets von Grundgütern betrifft (Typ 5). Die Rechtsform als solche könnte Typ 2 und 3 begründen. Habermas' Argument des gegenseitigen Einräumenmüssens dürfte besonders für Teilnahmerechte (Typ 4) triftig sein. Das Problem der »politisch autonomen Ausgestaltung« kann von Rechtstyp zu Rechtstyp unterschiedlich interpretiert werden.

Durch die Wahrnehmung der Teilnahmerechte (Typ 4) soll das Diskursprinzip zur Anwendung gelangen.[307] Der Rechtstheoretiker, der ein begriffliches Argument zugunsten eines Einräumenmüssens bestimmter Rechtstypen, darunter Teilnahmerechte, formuliert hat, überantwortet die politische Debatte um die institutionelle Einrichtung, die konzeptionelle Ausgestaltung und die Themen möglicher diskursiver Verfahren, in denen diese Teilnahmerechte ausgeübt werden können, den Bürgern konkreter Rechtsgemeinschaften. Während also die Begründung der Rechtstypen eine *paradigmatische* Anwendung der Diskursethik (Ip2) darstellt, erstrecken sich die dadurch gegebenen Rechte der Gruppe 4 auf weitere mögliche Anwendungen der Diskursethik durch Staatsbürger, die diese Rechte in bezug auf Fragen der politisch-normativen Urteils- und Willensbildung in Anspruch nehmen und sie ausüben. Diese Rechte müssen gleichsam gelebt werden. Das Baselement D soll also über die Ausübung von begründeten Rechten von den Rechtsträgern selbst auf all die Themen bezogen werden, die einer diskursiven Bearbeitung zugänglich sind. Diese Formulierung läßt sich auf konzeptionell bestimmte diskursive Verfahren übertragen.[308]

Unter der Ebene der rechtsphilosophischen Ansätze liegt die Ebene verfassungsgebundener Grundrechtstheorien. Diese verfassungsgebundenen Theorien können an Ip2 gleichsam angehängt werden und bilden neue Elemente von I, d.h. spezifische Anwendungen von Ip2 in konkreten Verfassungs- und Rechtsordnungen, in denen Bürger über die Fortbildung »ihrer« Verfassung debattieren. Daraus ergibt sich die Konzeption eines »Verfassungspatriotismus« (das Wort stammt von Dolf Sternberger), d.h. eines Patriotismus, der sich primär auf normative Grundsätze des Gemeinwesens und weitaus weniger auf umstrittene vorpolitische Gemeinsamkeiten (Herkunft, Sprache, Lebensform, Traditionen) bezieht. Dies besagt, daß wir uns als Staatsbürger nur auf genuin staatsbürgerliche, nicht aber auf religiöse, kulturelle oder weltanschauliche Traditionen verpflichten können.

Argumentationstheoretisch ist die Logik des Anmeldens und Einklagens, aber auch das Aberkennen und Kritisieren von Rechtsansprüchen interessant. Die Fragen, die durch brisante Themen wie soziale Teilhaberechte i.w.S., Rechte für Personen, die nicht Mitglieder eines Staatsverbandes sind (Asylrecht), die Beziehung von Menschen- und Bürgerrechten, mögliche Rechte für Tiere sowie ein von Vertriebenenverbänden geltend gemachtes sog. »Recht auf Heimat« aufgeworfen werden, machen klar, daß das »right claiming« als Argumentationsprozeß zu betrachten ist. Eine Theorie der Menschenrechte mündet sub specie von Ip2 ein in eine Argumentationstheorie des »right claiming«.

Eine zentrale Frage der Ethik ist es, welchen Wesen gegenüber direkte moralische Unterlassungs- oder Hilfspflichten bestehen. Dieses Problem liegt gleichsam quer zu der üblichen Einteilung von Ethiktheorien. Man bezeichnet es häufig als »demarcation problem«; ich möchte es hier als Inklusionsproblem bezeichnen. Das Inklusionsproblem wird in der Umweltethik besonders intensiv diskutiert; es handelt sich aber um ein allgemeines (meta-) ethisches Problem. Mir erscheint das Inklusionsproblem als derart grundlegend für die Bestimmung von Moralität, daß ich die diskursive Erörterung dieser Frage als eine paradigmatische Anwendung der Diskursethik verstehen möchte (Ip3).[309] In bezug auf Ip1 ist Ip3 ein grundlegendes Interpretament. Man kann geltend machen, daß Ip1 und Ip3 in einem engen Zusammenhang, womöglich im Verhältnis einer wechselseitigen Voraussetzung stehen.

Das Inklusionsproblem impliziert die Frage nach moralisch relevanten Eigenschaften, die als Kriterien einer Grenzziehung dienen können, durch die die »moral community« festgelegt, d.h. diskriminiert wird. In diesem Sinne ist jede Inklusionsbestimmung, die nicht alles Existierende einschließt (Holismus), immer zugleich auch eine Exklusion. Es wird ein Schnitt durch die Menge der Entitäten und Prozesse gelegt, die es in der Realität gibt. Weil jede partielle Inklusion eine Exklusion darstellt, sind die Kriterien, die diesem Schnitt zugrunde gelegt werden, zu begründen. Moralisch relevante Eigenschaften (oder Potentiale zu ihrer Ausbildung) sind solche, aufgrund deren wir die moralische Schutzwürdigkeit eines Wesens und damit moralische Pflichten ihm gegenüber anzuerkennen (mehr oder minder strikt) genötigt sind. Eine Person P hat eine Pflicht O, etwas zu tun oder zu unterlassen, gegenüber einer Entität E genau dann, wenn diese E eine moralisch relevante Eigenschaft M besitzt. Es ist hier die Eigenschaft des anderen Wesens, die eine Pflicht für P begründet, nicht eine Eigenschaft von P.

Ob diese Grenze moralischer Berücksichtigungswürdigkeit auf eine nicht beliebige (nicht willkürliche) und diskursiv verbindliche Weise gezogen werden kann, ist nicht entschieden. Man kann, wie die Debatte in der Umweltethik zeigt, vom moralischen Standpunkt aus zu unterschiedlichen Antworten auf diese Frage gelangen. Die begründende Ausweisung einer moralisch relevanten Eigenschaft darf nicht zirkulär sein oder einen naturalistischen Fehlschluß begehen. Eine reine definitorische Festlegung ist unbefriedigend. Eine Begründung muß nicht notwendigerweise mit reflexiven oder transzendentalen Argumenten erfolgen. Insofern können alle Argumente nur Grade der Plausibilität aufweisen.

Man unterscheidet üblicherweise die Positionen von Personalismus, Humanismus, Pathozentrismus, Biozentrismus, Ökozentrismus und Holismus. Der Personalismus bezieht nur Wesen mit bestimmten mentalen Fähigkeiten, der Humanismus alle menschlichen, der Pathozentrismus alle leidensfähigen, der Biozentrismus alle lebendigen und der Holismus alle existierenden (natürlichen) Wesen in die »moral community« ein. Es geht somit darum, welche dieser Positionen am plausibelsten ist. Die Diskursethik ist, was häufig verkannt wurde, in ihrem Theoriekern auf keine bestimmte Position festgelegt. Viele gingen fälschlicherweise davon aus, daß für Diskursethiker sprachunfähige Wesen moralisch unbeachtlich seien, Diskursethiker daher notwendigerweise Anthropozentriker sein müßten. Die Differenzierung zwischen Theoriekern und Anwendungen behebt diesen Irrtum.

Damit ein Wesen zum Mitglied der »moral community« wird, muß ihm, so lautet eine weitverbreitete Lösung, etwas etwas ausmachen (Leid, Schmerz, Angst, Verletzung von Interessen u. dergl.). Viele Ethiker vertreten daher eine pathozentrische (oder besser: sentientistische) Position (sentire = empfinden). Für Utilitaristen[310] und Mitleidsethiker[311] ist diese Position naheliegend; auch unter Kantianern ist sie mittlerweile etabliert. Der Sentientismus als Inklusionslösung würde demnach zur Bestimmung von Moralität zählen. Ein diskursethisches Argument hierfür formuliert Micha Werner. Es besagt, daß man sich diskursiv darauf einigen können sollte, zwei Wesen A und B moralisch gleich zu behandeln, wenn folgendes gilt: Wesen A war zum Zeitpunkt t1 ein sprach- und handlungsfähiges Wesen, dem gegenüber moralische Pflichten gemäß Ip1 bestanden und das gemäß Ip2 mit Rechten ausgestattet war. A verliert nun durch ein kontingentes Ereignis (Unfall) seine Fähigkeiten und ist in t2 zwar noch empfindungsfähig, aber nicht mehr sprachfähig. Wesen B war zu keinem Zeitpunkt jemals sprachfähig, weist aber die gleichen Eigenschaften wie A in t2 auf. Wenn nun ein diskursiver Konsens darüber erzielt werden könnte, daß A in t2 moralisch berücksichtigt zu werden verdient, liegt kein guter Grund vor, B moralisch nicht zu berücksichtigen, sofern Gleiches gleich zu behandeln ist. Natürlich fragt sich, welche Gründe dafür sprechen, A in t2 moralisch zu berücksichtigen. Werner schlägt zur Beantwortung der ersten Frage vor, daß Diskursteilnehmer füreinander moralische Achtung für den Fall des Verlustes der Diskursfähigkeit reklamieren (so daß es sich daher nicht um ein kontraktualistisches Argument handelt). Diese Achtung Wesen vom B-Typus zu versagen ist mit der Übernahme einer Begründungslast verbunden. Akzeptiert man dieses Argument, so hätte man eine sentientistische Position auf diskursethischer Grundlage plausibilisiert. Diese deckt sich mit unseren moralischen Intuitionen, die sich auf höhere Tiere beziehen. Ob dieses Argument das Inklusionsproblem endgültig beantwortet, ist fraglich; denn Werner setzt voraus, daß Empfindungsfähigkeit (und nicht Lebendigkeit oder Existenz) die moralisch relevante Eigenschaft ist. Entitäten, denen wir weder Interessen noch Bedürfnisse zuschreiben können, haben für ihn nicht einmal den Status von Anwärtern moralischen Respekts. Das Argument führt zu der Einsicht, daß hinter den Sentientismus nicht mehr zurückgegangen werden kann; es schließt den Biozentrismus nicht definitiv aus. Der Grundgedanke des Biozentrismus, daß die teleonomen Strebungen von belebten Organismen (Spinoza: »conatus«) eine moralisch relevante Eigenschaft darstellen, läßt sich allerdings nicht befriedigend in Argumente überführen, obwohl sich die entsprechende Intuition hartnäckig hält.[312] Es erscheint vielen intuitiv moralisch falsch, einen Schmetterling oder eine Schnecke zu töten, selbst wenn sicher wäre, daß diese Lebewesen unempfindlich sind. Es wäre, intuitiv gesehen, auch falsch, das Netz einer Spinne mutwillig zu zerstören oder Fliegen die Flügel auszureißen.

Vertritt man eine sentientistische (oder biozentrische) Auffassung in bezug auf Ip3, so steht man vor der Wahl, diese *egalitaristisch* oder *gradualistisch* zu konzipieren. Eine egalitaristische Konzeption vertritt die Gleichwertigkeit sämtlicher Mitglieder der »moral community«, während einer gradualistischen Position zufolge Abstufungen etwa in der Behandlung von Menschen und verschiedenen Tierarten gemacht werden dürfen. Die Kontroverse um Gradualismus und Egalitarismus dreht sich darum, ob es zulässig ist, die »moral community« als eine »Zwei-Klassen-Gesellschaft« zu konzipieren, oder ob allen Mitgliedern die gleiche Berücksichtigungswürdigkeit zukommt. Bei Personen würden wir eine graduelle Abstufung moralischer Rücksichtnahme (etwa nach Intelligenzquotient) für unzulässig halten. Wenn dies der Fall ist, bedarf es eines Grundes, warum man graduell abstufen darf, sobald man die »moral community« über den Menschen hinaus erweitert. Ein solcher Grund ist nicht leicht zu finden – und dies hat Konsequenzen für die Frage, warum wir Tiere aufgrund von Gründen meinen töten zu dürfen, mit denen wir die Tötung von Menschen niemals moralisch rechtfertigen können (Nahrungs- oder Forschungszwecke). Egalitaristische Positionen wiederum haben kontraintuitive Konsequenzen. Im Zweifelsfall würden wir ein Menschenkind und nicht fünf Welpen aus einem brennenden Haus retten und kaum Verständnis für den aufbringen, der anders handelte. Die wenigsten würden intuitiv *sämtliche* Formen der Tierhaltung, der Fischerei, der Jagd usw. für unmoralisch erklären oder weltweit ächten wollen.

Die egalitaristischen Ansätze unterscheiden zumeist zwischen »basalen« und »peripheren« Interessen und gewichten in Konfliktfällen die basalen Interessen von außermenschlichen Lebewesen höher als die nichtbasalen Interessen von Menschen. Dies führt zu radikalen Konsequenzen, da oberhalb des durch »basic needs« bestimmten Existenzminimums Handlungen, durch die andere empfindungsfähige Lebewesen in ihren basalen Interessen geschädigt werden, nicht mehr zu rechtfertigen sind. Egalitaristische Positionen vertreten hier häufig eine lexikographische Rangfolge: Erst wenn alle basalen Bedürfnisse von empfindungsfähigen Lebewesen befriedigt sind, dürfen höhere Bedürfnisse von Menschen befriedigt werden.

Der Ökozentrismus bricht mit dem von Patho- und Biozentrismus akzeptierten Grundsatz, daß nur Einzelwesen moralisch zu berücksichtigen sind. So betrachtet, liegt der radikale Bruch nicht an der Grenze der Anthropozentrik, sondern vielmehr dort, wo überindividuelle natürliche Ganzheiten (wholes) in die »moral community« aufgenommen oder sogar in den Kern einer Ethiktheorie gerückt werden.[313] Dies hat zur Konsequenz, daß der Wert eines Individuums an seinem Beitrag für das Ganze gemessen werden kann. Paradigmatisch findet sich diese Position in einem Aufsatz von Callicott: *Animal Liberation: A Triangular Affair.* Für Callicott ist »the good of the biotic community the ultimate measure of the moral value, the rightness or wrongness, of actions«[314]. Daraus ergibt sich folgerichtig: »The effect upon ecological systems is the decisive factor in the determination of the ethical quality of actions.«[315] Diese Position gab Anlaß zu einer ausgedehnten Debatte über die möglichen »ökofaschistischen« Konsequenzen einer ökozentrischen Position.[316] Eine konsequent ökozentrische Konzeption von Moralität hat menschenverachtende Konsequenzen und ist für die Diskursethik nicht akzeptabel. Diese Konsequenzen treten auf, sobald ein ökozentrisches Moralprinzip eingeführt wird. Es gibt aber noch eine zweite Lesart, die Callicott mittlerweile favorisiert. Diese besagt, daß ökozentrische Vorstellungen zu unseren bisherigen Moralvorstellungen hinzutreten, diese nicht negieren, sondern ihnen gleichsam einen neuen Ring am wachsenden Baum der »moral evolution« hinzufügen. »Ältere moralische Verbindlichkeiten, die früheren Stufen sozialer Entwicklung entsprechen, bleiben in Kraft.«[317]

Selbst in dieser schwächeren Lesart muß der Ökozentrismus erklären, welche Eigenschaften von Ökosystemen moralisch von Belang sein könnten. Hier ist zu betonen, daß die neueren Entwicklungen in der wissenschaftlichen Ökologie den Begründungsversuchen der Ökozentriker eher zuwiderlaufen. »Superorganismus«-Vorstellungen sind wissenschaftlich überholt. Die lineare teleologische Deutung von Ökosystemen (Sukzession in Richtung auf Klimaxstadien) ist durch ein Mosaik-Zyklus-Modell abgelöst worden. Kein Ökosystem »strebt« bewußt einen Zustand an. Es gibt keine identifizierbaren Gleichgewichtszentren. Teleologische Deutungen ökosystemarer Prozesse führen in die Irre. Der umgangssprachliche Stabilitätsbegriff (»Die Brücke ist stabil«) darf nicht von der Ökosystemforschung übernommen werden. Es ist nur mit großen begrifflichen Verrenkungen möglich, ökologischen Systemen »Interessen« zu attestieren.

Die Debatten der Umweltethik der vergangenen Jahre haben mich zu dem (provisorischen und im Lichte neuer Gründe revidierbaren) Urteil geführt, daß ein gradualistischer Sentientismus die beste Lösung des Inklusionsproblems ist. Dies impliziert, daß einige Moralnormen aus Ip1 auf leidensfähige Wesen übertragen und angewandt werden müssen. Grundlegend betrifft dies die Moralnormen 2 und 3, vielleicht auch das Tötungsverbot.[318] Daraus folgt nicht, daß Tiere Rechte oder eine Würde haben. Sie sind aber keine Sachen und von der menschlichen Gemeinschaft mit den Mitteln des Rechtes zu schützen (Tierschutzgesetz). Die gegenwärtige Massentierhaltung in den Industrieländern ist moralisch nicht zu rechtfertigen. Menschliche Luxusbedürfnisse (Golfplätze, Autobahnen) können die Zerstörung der Lebensräume höherer Tiere nicht rechtfertigen. Ob der Tierschutz Verfassungsrang genießen soll, ist eine Frage, die unterschiedlich beantwortet werden kann.

Den egalitaristischen Pathozentrismus und den gradualistischen Biozentrismus kann man als Ideale persönlicher Lebensführung wählen. Als Ideale sind diese Positionen keineswegs kontraintuitiv. Wenn man diesen Idealen in der Lebensführung nicht immer gerecht wird, so ist das anders zu bewerten als ein Verstoß gegen Moralnormen. Als Komponente existentieller Selbstachtung ist die Haltung der »Ehrfurcht vor dem Leben«[319] auch im Rahmen einer Diskursethik unproblematisch. Denn eine solche Ehrfurcht ist kein moralischer Respekt, und sie nivelliert auch nicht die Unterschiede zwischen Amöben und Menschen. Wetlesen hat die biozentrische Intuition in eine Konzeption der moralischen Selbstachtung eingefügt. Er räumt ein, daß diese Form der Argumentation nicht von der Frage zu lösen ist, »what kind of person I wish to be«[320]. Für eine solche biozentrische Haltung muß man in der eigenen Lebensführung einstehen; sie zählt vom diskursethischen Standpunkt (bis auf weiteres) nicht zum Kernbestand von Moralität.

Ip3 läßt sich auf die Frage beziehen, ob es moralischen Fortschritt gibt. Es läßt sich womöglich eine langfristige Tendenz aufweisen, den Anwendungsbereich moralischer Grundgehalte (Unterlassungspflichten, Zuerkennung von Rechten, Hilfspflichten) immer weniger selektiv zu interpretieren. Diese Interpretationen sind es, die uns dazu bewegen, den Kreis der »moral community« über den Menschen hinaus zu erweitern. Moralischer Fortschritt ist somit nicht darin zu sehen, daß wir bislang ungeahnte Moralprinzipien oder Normen neu entdecken (oder erfinden), sondern daß wir im Medium diskursiver Prozesse den Anwendungsbereich anerkannter Normen durch sog. Ausdehnungsargumente erweitern.[321] Dies impliziert jedoch nicht, daß eine »moral evolution« vorprogrammiert sei, die im Ökozentrismus oder im Holismus enden müßte. Man darf die Lösung des Inklusionsproblems nicht in eine »Selbstläufer-Konzeption« von »moral evolution« abschieben. Es läßt sich kein Standpunkt einnehmen, von dem aus man die Zukunft der »moral evolution« vorhersagen könnte. Die genaue

Prüfung von Ausdehnungsargumenten kann ergeben, daß eine bestimmte Grenze ungleich plausibler ist als eine andere.

Eine weitere paradigmatische Anwendung der Diskursethik (Ip4), die bereits in den Bereich der anwendungsorientierten Ethik fällt (Ebene 5), betrifft Grundnormen bestimmter Praxisfelder (Medizin, Wissenschaft, Sport, Recht, Technik usw.). Ip4 bezieht sich auf das handelnde Inganghalten von genuin menschlichen Praxisformen, denen ein normativer Sinn innewohnt. Zu jeder Praxis gehören derartige Normen, die funktional für die jeweilige Praxis, konstitutiv für deren Gelingen (Aristoteles: »eupraxia«) und zugleich rückgebunden an allgemeine Moralnormen sind. Ip4 wächst aus Ip1 heraus, da Praxisnormen basale Rollenpflichten implizieren, auf die sich die zehnte Moralnorm bezieht. So setzt die Norm der Medizinethik »salus aegroti suprema lex« moralische Grundnormen voraus. Das »Informed-consent«-Prinzip verweist auf Rechtsansprüche von Patienten. Beide Normen sind zugleich an Sinnunterstellungen ärztlichen Handelns gebunden (Worumwillen der Heilkunst). Für die Norm »pacta sunt servanda« gilt in bezug auf die Ökonomie Gleiches wie für die Fairneßnorm in bezug auf den Sport, Grundnormen pädagogischen Handelns, das interne Wahrheitsethos der Wissenschaft[322] usw. Die Diskursethik schlägt für Ip4 somit vor, die normativen Sinnbezüge menschlicher Praxisformen und -felder mit der Metapraxis der Argumentation zu vermitteln.[323] Ip4 holt daher die Motive des Aristotelismus bezüglich des Glückens oder Gelingens von Praxis (eupraxia) in die Diskursethik ein. Daraus ergibt sich nicht zuletzt, daß eine rein zweckrationale Handlungstheorie keine geeignete Grundlage für eine umfassende Philosophie menschlicher Praxis ist.[324]

Praxisnormen werden häufig in *Standeskodizes* niedergelegt. Durch die Anerkennung von Kodizes konstituieren sich Professionen, deren Mitglieder mit ihrer Tätigkeit einen moralischen Anspruch verbinden (Medizin, Pädagogik, Seelsorge, Jurisprudenz,

Ingenieurskunst usw.). An vielen Standeskodizes läßt sich studieren, daß in ihnen normative Gehalte aus Ip1 und Ip2 zumeist vorausgesetzt werden. Die Mitglieder dieser Professionen können angesichts neuer Herausforderungen im Medium diskursiver Auseinandersetzungen ihre Standeskodizes fortbilden. So ist es bspw. strittig, ob die Rolle des Arztes so interpretiert werden soll, daß sie Formen aktiver Sterbehilfe mit einschließt. Die Diskursethik wird für die Fortbildung von Standeskodizes geeignete diskursive Verfahren innerhalb der Standesorganisationen vorschlagen. Dies führt zu konzeptionellen und institutionentheoretischen Fragen.

Alle weiteren praktischen Diskurse sind sowohl durch K_{DE} als auch durch die normativen Gehalte von Ip *partiell* bestimmt. Wohlgemerkt: nur partiell, da allgemeine Moral- oder Praxisnormen oftmals zu unspezifisch sind, um viele der Fragen eindeutig beantworten zu können, die sich in den verschiedenen Bereichen angewandter Ethik stellen. Das Diskursprinzip verweist auf die prozeduralen Aspekte der Legitimation von Entscheidungen, während die inhaltlichen Normen und Rechte wichtig für die Entwicklung von Kriterien sind, die in diskursiven Verfahren geltend gemacht werden können. Das Diskursprinzip kann also zu *Verfahrenskonzepten*, die Moralnormen (Ip1), die Rechtstypen (Ip2) und die basalen Rollenpflichten (Ip4) können zu *Kriterien* spezifiziert werden, die es erlauben, Handlungs- und Regulierungsoptionen zu beurteilen. Vorschläge für diskursive und partizipative Verfahrenskonzepte und Kriterien sind also auf kontrollierbare Weise an K_{DE}, M_{DE} und Ip rückgebunden.[325] Sie können im Technik-, Umwelt- und Medizinbereich eingesetzt werden.

In argumentationstheoretischer Hinsicht verwandeln sich im Horizont der Diskursethik unterschiedliche Ethikansätze in Argumentationsmuster (Topoi). Diese sind Elemente innerhalb praktischer Diskurse. Insofern ist es für die Diskursethik unproblematisch, in praktischen Diskursen konsequentielle Argumente zuzulassen (bspw. Dammbruchargumente in der Bioethik oder die Problematik unerwünschter Nebenfolgen in der Technikbewertung). Ähnliches gilt für prudentielle Argumente. Die Erweiterung der Arten zulässiger Gründe hat im Bereich angewandter Ethik allerdings einen Preis: Man erhält heterogene Argumentationsräume und benötigt Orientierung für den Umgang mit dem wachsenden Konfliktpotential dieses »Pools« heterogener Gründe.[326] Die Ausarbeitung einer auf dieser Problematik aufbauenden Argumentationstheorie steht noch in ihren Anfängen.

Angewandte Ethik und Demokratietheorie verhalten sich in diskursethischer Perspektive komplementär zueinander. Die angewandte Ethik zeigt, welche inhaltlich-substantiellen Argumentationsmuster zur Zeit in unterschiedlichen Bereichen verfügbar sind. Die Demokratietheorie erläutert das Zusammenspiel zwischen der Staatsbürgerrolle, informellen Öffentlichkeiten, diskursiven und partizipativen Verfahren, institutionalisierten Deliberationen (bspw. in Gremien der Politikberatung) und formellen Entscheidungsverfahren (Parlament).[327] Dabei kommen informellen Öffentlichkeiten die Aufgaben der Sensibilisierung für neue Themen und deren Beschreibung zu, während Lösungsstrategien von Expertenkulturen konzipiert und von demokratisch ermächtigten Politikern verabschiedet werden müssen. Durch die öffentliche Sensibilisierung für bestimmte Themen können die variablen Grenzen zwischen politischer und privater Sphäre sowie zwischen normativen und eudämonistischen Fragen immer wieder neu thematisiert werden.

Ich möchte einen Vorschlag von Friedrich Kambartel aufgreifen, der die Differenz zwischen Einsicht und Einwilligung betrifft.[328] Einsichten beziehen sich auf begründete moralische Überzeugungen, während sich Einwilligungen auf Vereinbarungen, d.h. auf Prozesse politischer Willensbildung beziehen. Moralische Einsichten sind begründete Überzeugungen, die zur Konzeption von Moralität rechnen. Sie lassen sich nicht abstufen oder relativieren, und man muß sie »kompromißlos« vertreten. Probleme treten nur bei Ausnahmen und bei Normkonflikten auf. Bei moralischen Fragen sind die Mehrheitsregel und die Kompromißforderung nicht anwendbar, bei politischen Fragen sind sie unverzichtbar. Daß man nicht töten soll, daß Menschen ein Recht haben, ihre Meinung frei zu äußern, daß grundlose Grausamkeit gegenüber Tieren schlecht ist, daß einem Seelsorger die Schweigepflicht auferlegt ist, ist zum Bereich der Einsichten zu zählen, während bspw. Kriterien der naturschutzfachlichen Bewertung, umweltpolitische Zielsetzungen, Kriterien für die Genehmigung der Freisetzung gentechnisch veränderter Organismen oder die Details der Regulierungspraxis humangenetischer Beratung zum Bereich möglicher Einwilligungen zählen. Über Einsichten verhandelt man nicht, während im Bereich der Einwilligungen Formen des »bargaining« zulässig sein können. Zu Formen der Einwilligung kann man ein pragmatischeres Verhältnis haben. Die Grenzziehung zwischen Einsicht oder Einwilligung ist allerdings längst nicht immer klar. Schwierigkeiten einer Konsensbildung entstehen dadurch, daß Akteure uneins darüber sein können, ob über eine regelungsbedürftige Materie Einsichten gewonnen oder nur eine Einwilligung herbeigeführt werden soll. Je weiter man sich von K_{DE} und Ip_{DE} entfernt, um so mehr gewinnt der Anteil von Vereinbarungen an Bedeutung. Erst dann, aber dann werden die Vorzüge einer liberalen und undogmatischen Kompromißkultur deutlich.[329] Man kann sagen, Ip sei der Bereich möglicher Einsichten, während die offene Menge I sukzessive durch Formen der Einwilligung geprägt und schließlich charakterisiert wird.

Die Behandlung der Querschnittshemen wirft viele Detailfragen, aber keine unüberwindbaren Schwierigkeiten auf: Der Verantwortungsbegriff wird im Sinne von Hans Lenk auf eine diskursive Situation des »Rede-und-Antwort-stehen-können-Müssens« bezogen und im Anschluß an Ropohl zu mehrstelligen Konzepten der Verantwortungszuschreibungen operationalisiert.[330] Aus den Normen von Ip können (gemäßigt tutioristische) Kriterien zur Risikobewertung gewonnen werden, die als Leitlinien für Risikodiskurse dienen können.[331] Auf den äußeren Schalen der Diskursethik müssen Konzepte integriert werden, die die Rolle der Urteilskraft, Kompromißbildung, Abwägungen usw. betreffen. Dies heißt nicht, daß diese Begriffe »durch die Hintertür« wieder eindringen, sondern daß sie im Kontext der Theoriebildung außerhalb des Theoriekerns sachadäquat plaziert werden.

Im Anschluß an diese Darlegungen seien einige Sätze werbenden Charakters erlaubt, die sich auf die genannten Kriterien einer Theoriewahl in der Ethik beziehen. Die Diskursethik läßt sich gemäß des STK klar gliedern. Sie weist eine verteidigungsfähige metaethische Position auf und ist an eine umfassende Sprachtheorie (TkH) sowie an anthropologische Prämissen zurückgebunden. Der Theorierahmen ist intern konsistent und vereinbar mit wissenschaftlicher Rationalität. Die Diskursethik erlaubt die Herstellung eines Überlegungsgleichgewichtes im Sinne von John Rawls. Sie ist nicht mit kontraintuitiven Konsequenzen wie der Utilitarismus behaftet. Ihr Theoriekern ist intern nicht schlechter begründet als die Ethik Kants und die Ethik von Gewirth. Die Einbettungskapazität der Diskursethik ist hoch, was sich an den paradigmatischen Anwendungen ablesen läßt. Die Diskursethik vermag in Ip1 die deontologische Idee moralischer Pflichten, in Ip2 die Anliegen einer »Right-based-morality« sowie vernunftrechtlicher Traditionen, in Ip3 das Anliegen, den Anthropozentrismus zu überwinden[332], und in Ip4 die Aristotelische Idee der »eupraxia« in ihren Theorierahmen einzugliedern – und sie bleibt dabei in ihrem Kern doch, was sie ist, nämlich eine prozedurale Sprachethik in kantischer Traditionslinie. Insofern sie auch eine »Moral im Diskurs« vorweisen kann, nimmt sie das Anliegen hermeneutischer Ethiken auf, die das Einander-verstehen-Wollen betonen. Andere berechtigte moralische Anliegen wie das der Gleichstellung der Frau in allen Lebensbereichen sowie die Diskussion hierfür geeigneter Strategien bedürfen keiner »neuen« feministischen Ethik, sondern können als thematisch bestimmte praktische Diskurse verstanden werden. Ähnliches gilt für Fragen distributiver Gerechtigkeit. Diese berechtigten moralischen Anliegen überleben gleichsam im Schoß einer umfassenden ethischen Basis- und Rahmentheorie. Die Diskursethik ist keineswegs anthropozentrisch borniert und nicht ignorant gegenüber ökologischen Herausforderungen. Die Rolle des Ethikers wird eher bescheiden definiert. Die Vielfalt soziokultureller Lebensformen wird nicht geschmälert, sondern durch einen normativen Rahmen überwölbt und damit gesichert. Das prozedurale Grundmodell des Diskurses läßt sich konzeptionell spezifizieren.

Die Schließung offener deontischer Relationen ist möglich, wobei kulturelle Spielräume dieser Schließungen anzuerkennen sind. In bezug auf die Hilfspflichten wäre ein neuer Anwendungsfall diskursiv zu erörtern. Tugenden wären aus den Moralnormen und aus Praxisnormen abzuleiten, so daß auch das Anliegen tugendethischer Ansätze, allerdings nicht deren Theorieabstinenz, eingeholt werden könnte.

Keine Ethiktheorie ist perfekt. Besonders auffällig ist das Fehlen einer Argumentationstheorie. Nicht befriedigend geklärt sind die Idee eines Vorrangs moralischer Gründe, der Umgang mit heterogenen Argumentationsräumen und, damit eng zusammenhängend, das Problem des Umgangs mit begründeten Dissensen. Fraglich ist auch, ob die Diskursethik bei der Lösung von »hard cases« hilfreich ist.

Mit Blick auf die eingeführten Kriterien rationaler Theoriewahl gibt es somit Gründe, trotz etlicher Desiderate die These von der »epistemischen Überlegenheit« der Diskursethik anderen Ethiktheorien gegenüber zu verteidigen.[333]

Anhang

Anmerkungen

1 Vgl. W. Kamlah, Philosophische Anthropologie. Sprachliche Grundlegung und Ethik, Mannheim 1972.

2 Vgl. Platon, Gorgias, 487a. Dort sagt Sokrates zu Kallikles: »Ich weiß gewiß, daß, was du mir zugibst von meinen Meinungen, dieses dann gewiß die Wahrheit selbst ist. Ich denke mir nämlich, wer eine vollständige Prüfung anstellen soll mit einer Seele, ob sie recht lebe oder nicht, muß dreierlei haben, welches du alles hast, Einsicht, Wohlwollen und Freimütigkeit.« Platon, Werke I, Übersetzung Schleiermacher.

3 Das Wort »Ethos« wird gelegentlich verwendet, um moralische Grundgehalte menschlicher Praxisformen zu bezeichnen. In diesem Sinne wäre dann bspw. vom »medizinischen Ethos« zu sprechen.

4 Vgl. C. Darwin, Die Abstammung des Menschen (1871), Stuttgart 1908.

5 Vgl. G. Anscombe, Modern Moral Philosophy, in: dies., Ethics, Religion and Politics, Oxford 1981, S. 26-42.

6 Ebenda, S. 33.

7 Vgl. P. Winch, Versuchen zu verstehen, Frankfurt/M. 1992, S. 220 ff.

8 Erlernt ein Angehöriger einer Moralgemeinschaft die Metasprache, so kann er zu seinen eigenen Überzeugungen eine distanzierte Einstellung einnehmen. Diese Distanzierung kann in den Modi von Selbstobjektivierung, Selbstrelativierung oder Selbstkritik vorgenommen werden.

9 G. Lohmann, Gesellschaftskritik und normativer Maßstab. Überlegungen zu Marx, in: A. Honneth/U. Jaeggi (Hrsg.), Arbeit, Handlung, Normativität, Frankfurt/M. 1980, S. 248 f.

10 Diese Begründungsproblematik wurde im orthodoxen Marxismus-Leninismus durch Formulierungen wie der einer »wahren Ideologie des Proletariats« verdeckt. Auf die Ethik des orthodoxen Kommunismus als einer zielorientierten Ethikkonzeption ist zurückzukommen.

11 Vgl. E. Jäckel, Hitlers Weltanschauung, Stuttgart 1981.

12 Die betreffende Moral kann dann Handlungen gutheißen, die normalerweise nicht als »gut« gelten: die Vernichtung der Ungläubigen, Ketzer, Klassenfeinde, Volksschädlinge usw.

13 N. Luhmann, Soziologie der Moral, in: N. Luhmann/S. Pfürtner (Hrsg.), Theorietechnik und Moral, Frankfurt/M. 1978, S. 8-116.

14 W. Stegmaier, Diplomatie der Zeichen. Orientierung im Dialog eigener und fremder Vernunft, in: J. Simon/W. Stegmaier (Hrsg.), Fremde Vernunft, Frankfurt/M. 1998, S. 139-158.

15 Vgl. L. Wingert, Gemeinsinn und Moral, Frankfurt/M. 1993, S. 170.

16 Vgl. die Arbeiten von Piaget, Kohlberg, Nunner-Winckler sowie zum Überblick: R. Oerter/L. Montada, Entwicklungspsychologie, München/Weinheim 1987, S. 738-765.

17 Diese Möglichkeit, etwas Implizites (einen Begründungsstandard oder ein Deutungsmuster) sprachlich zu explizieren, zählt zu den grundlegenden Bedingungen der Möglichkeit von Ethik überhaupt. Zur sprachphilosophischen Grundlegung vgl.: R. B. Brandom, Making it Explicit, Harvard 1998.

18 Auch universalistische Moralen erlauben es, nahestehende und geliebte Personen in bestimmten Kontexten zu bevorzugen, und machen insofern Zugeständnisse an tiefsitzende (und evolutionär erklärliche) partikularistische Denkmuster.

19 Vgl. L. Wingert, Gemeinsinn und Moral, a.a.O.

20 N. Luhmann, Ethik als Reflexionstheorie der Moral, in: ders., Gesellschaftsstruktur und Semantik, Frankfurt/M. 1998, S. 358-447.

21 Ändern sich bspw. die materiellen Bedingungen, so können sich funktional sinnvolle Restriktionen in unnötige Repressionen verwandeln. Auch das Umgekehrte ist möglich. Angesichts der ökologischen Krise lassen sich Restriktionen begründen, die in früheren Zeiten unnötig und repressiv gewesen wären. Restriktionen sind nicht unabhängig von der Dichte der Bevölkerung, dem Stand der Technik und der Knappheit der Güter.

22 Diese Zielbestimmung ist in der Sprache einer bestimmten Ethiktheorie formuliert (nämlich der Diskursethik), aber dies impliziert nicht deren Vorzugswürdigkeit.

23 Vgl. M. Walzer, Kritik und Gemeinsinn, Berlin 1990.

24 E. Tugendhat, Vorlesungen über Ethik, Frankfurt/M. 1994.

25 J. Habermas, Richtigkeit vs. Wahrheit, in: Deutsche Zeitschrift für Philosophie, Bd. 46, Heft 2, 1998, S. 179-208.

26 Hier sind neben der klassifikatorischen Unterscheidung in sog. Bereichsethiken verschiedene Konzeptionen angewandter Ethik zu unterscheiden. Davon handelt, wie gesagt, diese Abhandlung nicht.

27 Vgl. J. P. Wils, Anmerkungen zur Wiederkehr der Anthropologie, in: ders. (Hrsg.), Anthropologie und Ethik, Tübingen/Basel 1997, S. 9-40.

28 Vgl. L. Siep, Ethik und Anthropologie, in: A. Barkhaus/M. Mayer/N. Roughley/D. Thürnau (Hrsg.), Identität – Leiblichkeit – Normativität, Frankfurt/M. 1996, S. 274-298.

29 Vgl. D. Wyss, Strukturen der Moral, Göttingen 1968.

30 H. Plessner, Die Stufen des Organischen und der Mensch, Berlin/New York 1975, S. 303.

31 Ebenda, S. 304. D. Wyss glaubt, daß altruistisches Verhalten nur denkbar ist, wenn man ein »verinnerlichtes Bild« des verallgemeinerten anderen annimmt. Vgl. D. Wyss, Strukturen der Moral, a.a.O. Ähnliche Annahmen finden sich in der Ethik G.H. Meads. Vgl. hierzu H. Joas, Praktische Intersubjektivität, Frankfurt/M. 1980, insb. Kap. 6.

32 Vgl. E. Canetti, Masse und Macht, München 1976.

33 Der Kreis dieser moralisch zu schützenden bzw. zu berücksichtigenden Wesen wird als »moral community« bezeichnet. Jede Ethiktheorie muß eine Position hierzu entwickeln. Es ist rational möglich, diesen Kreis über den der Menschen hinaus auszuweiten.

34 Vgl. auch: J. Habermas, Moralität und Sittlichkeit, in: W. Kuhlmann (Hrsg.), Moralität und Sittlichkeit. Das Problem Hegels und die Diskursethik, Frankfurt/M. 1986, S. 16-37.

35 Moralität wäre demnach schützend und nicht, wie der Utilitarismus glaubt, maximierend in bezug auf individuelle Glückszustände oder, wie Nietzsche glaubte, steigernd in bezug auf das »Leben« oder die »Mächtigkeit und Pracht des Typus Mensch« (F. Nietzsche, Genealogie der Moral, Vorrede, Nr. 6).

36 Vgl. L. Wingert, Gemeinsinn und Moral, a.a.O., S. 17.

37 Zur neueren Diskussion zum Motivationsproblem vgl.: S. Svavarsdóttir, Moral Cognitivism and Motivation, in: The Philosophical Review, Bd. 108, Nr. 2, 1999, S. 161-219.

38 Vgl. M. Seel, Versuch über die Form des Glücks, Frankfurt/M. 1995.

39 Vgl. H. Engelhardt, Konsens: Auf wieviel können wir hoffen? Eine

begriffliche Erkundung, veranschaulicht an neueren Debatten über die Verwendung von Reproduktionstechnologien beim Menschen, in: K. Bayertz (Hrsg.), Moralischer Konsens, Frankfurt/M. 1996, S. 30-59. Vgl. auch: B. Schöne-Seifert, Medizinethik, in: J. Nida-Rümelin (Hrsg.), Angewandte Ethik, Stuttgart 1996, S. 552-648.

40 Vgl. M. Kettner, Neue Perspektiven der Diskursethik, in: A. Grunwald/S. Saupe (Hrsg.), Ethik in der Technikgestaltung, Berlin/Heidelberg 1999, S. 153-195.

41 Vgl. J. Mackie, Ethik, Stuttgart 1983, S. 43 ff.

42 Vgl. G. H. von Wright, Norm und Handlung, Königstein 1979, S. 102.

43 »Nur Gästen ist das Parken erlaubt«, »Nach 22 Uhr ist laute Musik verboten«, »In Brandfällen darf der Aufzug nicht benutzt werden« usw.

44 Wenn man davon ausgehen kann, daß eine staatliche Verfassung Grundsätze der Gerechtigkeit verkörpert, so erübrigt sich der in Klammern gesetzte Halbsatz.

45 Vgl. B. Gert, Die moralischen Regeln, Frankfurt/M. 1983, S. 18.

46 Vgl. I. Kant, Metaphysik der Sitten, in: ders., Werke, hrsg. von W. Weischedel, Bd. VIII, Frankfurt/M. 1984, S. 323-326.

47 Vgl. I. Tammelo, Theorie der Gerechtigkeit, Freiburg/München 1977.

48 Vgl. G. Kalinowski, Einfuhrung in die Normenlogik, Frankfurt/M. 1972; G.H. von Wright, The Logic of Practical Discourse, in: R. Klibansky (Hrsg.), Contemporary Philosophy, Florenz 1968, S. 141-167; R. Hilpinen (Hrsg.), Deontic Logic: Introductory and Systematic Readings, Dordrecht 1981; T. Zoglauer, Normenkonflikte. Zur Logik und Rationalität ethischen Argumentierens, Habil. Cottbus 1995.

49 Der voreheliche Geschlechtsverkehr wird nicht mehr hinsichtlich der Frage »bedingt erlaubt« (bei Verlobung) oder »verboten« thematisiert, sondern ist einfach kein moralisches Thema mehr.

50 Die Rede vom Rechte-Haben meint, daß wir den moralischen Anspruch auf ein Recht aufgrund von Gründen anzuerkennen bereit sind.

51 Vgl. A. Schweitzer, Kultur und Ethik, München 1923; M. Gorke, Artensterben, Stuttgart 1999.

52 Vgl. K. Ott, Ipso Facto. Zur ethischen Begründung normativer Implikate wissenschaftlicher Praxis, Frankfurt/M. 1997.

53 Vgl. G. H. von Wright, Erklären und Verstehen, Frankfurt/M. 1974, S. 26 f.

54 Dieses Beispiel zeigt zudem, daß die Techniken der Subsumtionslogik die Jurisprudenz nicht davor bewahren können, Unrechtsregime

zu unterstützen. Rechtsethisch wurde dies unter der Frage nach den überpositiven Grundlagen des positiven Rechts erörtert.

55 G. Kamp, Deontische Logiken und normative Sprachen, in: C. Hubig/ H. Poser (Hrsg.), Cognitio humana – Dynamik des Wissens und der Werte, Leipzig 1996, S. 1079-1106.

56 Vgl. J.C. Wolf, Ein Pluralismus von prima-facie-Pflichten als Alternative zu monistischen Theorien der Ethik, in: Zeitschrift für philosophische Forschung, Bd. 50, Heft 4, S. 601-610.

57 Hierzu provozierend: W. Kersting, Theorien der sozialen Gerechtigkeit, Stuttgart 2000.

58 Vgl. E. Tugendhat, Vorlesungen über Ethik, a.a.O., insb. die vierte Vorlesung.

59 Das Verständnis des Begriffs eines wirklichen Moralprinzips hat darunter gelitten, daß Erwartungsaffekte wie Hoffnung oder Zuschreibungskonzepte wie Verantwortung in Buchtiteln zu Prinzipien erklärt wurden (»Prinzip Hoffnung«, »Prinzip Verantwortung«).

60 »Mit dem Wort ›Wirklichkeit‹ werden Systeme von Aussagen titelartig überschrieben, in denen wir gegen einen Anschein, auf den wir uns reflektierend beziehen, ein besseres Verständnis oder eine bessere Erklärung setzen. Wir sagen, die neuen Urteile stellten die wirklichen Verhältnisse besser dar als die alten, oberflächlicheren.« (P. Stekeler-Weithofer, Vernunft und Wirklichkeit. Zu Hegels Analyse reflektierender Urteile, in: Deutsche Zeitschrift für Philosophie, Bd. 44, Nr. 2, 1996, S. 190) »Wirklichkeit« ist demnach ein Reflexionsbegriff mit primär diskursinterner Funktion, der vom Begriff der äußeren Realität scharf zu unterscheiden ist.

61 Vgl. H. Albert, Traktat über kritische Vernunft, Hamburg 1980, S. 15.

62 H. Keuth, Wozu Aufklärung?, in: K. Salamun (Hrsg.), Geistige Tendenzen der Zeit, Frankfurt/M./Berlin 1996, S. 117.

63 L. Radzik, A Normative Regress Problem, in: American Philosophical Quarterly, Bd. 36, Nr. 1, 1999, S. 38.

64 U. Czaniera, Kohärentistische Begründung der Moral, in: Zeitschrift für philosophische Forschung, Bd. 54, Heft 1, 2000, S. 70.

65 Vgl. J. Nida-Rümelin, Theoretische und angewandte Ethik: Paradigmen, Begründungen, Bereiche, in: ders. (Hrsg.), Angewandte Ethik, Stuttgart 1996, S. 2-85.

66 Vgl. H. Albert, Traktat über kritische Vernunft, a.a.O., S. 61.

67 E. Tugendhat, Vorlesungen über Ethik, a.a.O., S. 25.

68 Vgl. M. Willaschek, Wissen, Zweifel, Kontext. Eine kontextualistische Zurückweisung des Skeptizismus, in: Zeitschrift für philosophische Forschung, Bd. 54, Heft 2, 2000, S. 151-171.

69 Vorausgesetzt ist dabei, daß die Handhabung dieses Begründungsbegriffes nicht in strategischer Einstellung erfolgen darf. Diese Voraussetzung ist für die Ethik selbstverständlich. Zum Ethos des Ethikers gehört ein Verbot des strategischen Gebrauchs der Moralsprache.

70 Begründungslastzuweisungen sind ihrerseits zu begründen. Häufig wird gesagt, Gleichbehandlung sei nicht begründungsbedürftig, sondern vielmehr Ungleichbehandlung. In Risikodebatten ist die Zuweisung der Begründungslast oftmals ausschlaggebend.

71 Vgl. W. Balzer, Empirische Theorien: Modelle – Strukturen – Beispiele, Braunschweig 1982.

72 Vgl. W. Balzer/H. Göttner, Eine logisch rekonstruierte Literaturtheorie: Roman Jacobson, in: W. Balzer (Hrsg.), Zur Logik empirischer Theorien, Berlin/New York 1983, S. 304-331.

73 Vgl. W. Diederich/H.F. Friedrich, Sneed'sche Strukturen in Marx' »Kapital«, in: Neue Hefte für Philosophie, Heft 13, 1978, S. 47-80.

74 Vgl. W. Stegmüller, Neue Wege der Wissenschaftsphilosophie, Berlin/Heidelberg; C.U. Moulines, Zur Typologie wissenschaftlicher Entwicklung nach strukturalistischer Deutung, in: C. Hubig (Hrsg.), Cognitio humana – Dynamik des Wissens und der Werte, Berlin 1997, S. 397-410. Die mengentheoretisch-technischen Details des STK wurden beiseite gelassen.

75 Der »moral point of view« ist nicht die Perspektive des Eigeninteresses, nicht die Perspektive eines idealen extramundanen Beobachters und nicht der Standpunkt willkürlicher Entscheidungen und Festlegungen. Er ist ein überpersönlicher, unparteilicher, an Moralität interessierter Standpunkt.

76 W. Stegmüller, Neue Wege der Wissenschaftsphilosophie, a.a.O., S. 6.

77 Vgl. T.S. Kuhn, Die Struktur wissenschaftlicher Revolutionen, Frankfurt/M. 1979, S. 199.

78 Vgl. B. Hooker, Ross-style Pluralism versus Rule-Consequentialism, in: Mind, Bd. 105, 1996, S. 531-552.

79 I. Law, Rule-Consequentialism's Dilemma, in: Ethical Theory and Moral Practice, Bd. 2, 1999, S. 270.

80 Vgl. K. Ott, Strukturprobleme angewandter Ethik und Möglichkeiten ihrer Lösung, in: ders., Vom Begründen zum Handeln, Tübingen 1996, S. 51-85.

81 Darstellungstechnisch ist die formale Präsentation und Beurteilung einer Ethiktheorie unter der Perspektive dreier unterschiedlicher Schematisierungen allerdings äußerst kompliziert und erfordert geschulte und ausdauernde Leser. Die Darstellung wird im folgenden nicht strikt anhand dieser Perspektivik organisiert. Der Leser möge sich gleichwohl hieran orientieren.

82 H. von Foerster, Wissen und Gewissen. Versuch einer Brücke, Frankfurt/M. 1983, S. 49.

83 Vgl. K. Ott, Zum Verhältnis von Radikalem Konstruktivismus und Ethik, in: G. Rusch/S. Schmidt (Hrsg.), Konstruktivismus und Ethik, Frankfurt/M. 1995, S. 280-320.

84 Vgl. R.W. Trapp, Freiheit und Vernunft beim moralischen Argumentieren: Wo genau liegen sie? in: C. Fehige/G. Meggle (Hrsg.), Zum moralischen Denken, Frankfurt/M. 1995, Bd. 1, S. 107-178.

85 Zur frühen Rezeption der Kantischen Ethik vgl. die Dokumente in: R. Bittner/K. Cramer (Hrsg.), Materialien zu Kants »Kritik der praktischen Vernunft«, Frankfurt/M. 1975.

86 »Der kategorische Imperativ riecht nach Grausamkeit« (Genealogie der Moral, Zweite Abhandlung, 6), oder auch: »Kant gibt mit seiner Moral zu verstehn: ›was an mir achtbar ist, das ist, daß ich gehorchen kann – und bei euch soll es nicht anders stehn als bei mir!‹« (Jenseits von Gut und Böse, Fünftes Hauptstück, 187).

87 Vgl. H. Rickert, Über logische und ethische Geltung, in: Kant-Studien, Bd. XIX, Berlin 1914, S. 182-221.

88 Zu den Konzeptionen eines neokantianischen Sozialismus vgl. die Dokumente in: H.J. Sandkühler/R. de la Vega (Hrsg.), Marxismus und Ethik, Frankfurt/M. 1974. Belege für den Sozialismus der Neokantianer finden sich auch bei: H.L. Ollig, Der Neukantianismus, Stuttgart 1979, Kap. 3.

89 Vgl. E. Tugendhat, Vorlesungen über Ethik, a.a.O.

90 Vgl. J.E. Erdmann, Grundriss der Geschichte der Philosophie, Bd. 2: Philosophie der Neuzeit, Berlin 1870, S. 329.

91 »Gegenwärtige Grundlegung ist aber nichts mehr, als die Aufsuchung und Festsetzung des obersten Prinzips der Moralität.« (VII, S. 16)

92 Einen guten Überblick über die Diskussion verschaffen die Beiträge im Heft 22 der *Neuen Hefte für Philosophie* zum Thema »Kants Ethik heute« aus dem Jahre 1983. Eine gründliche Interpretation der *Grundlegung* bietet Tugendhat in seinen *Vorlesungen über Ethik*. Zu Kants *Kritik der praktischen Vernunft* sowie zur Ethik Kants im allgemeinen vgl.: W. Stegmaier/H. Frank, Immanuel Kant: Kritik der praktischen Vernunft, Stuttgart 1997, S. 61-94. Die hier versuchte Darstellung ist demgegenüber eine einführende und vereinfachende Kurzfassung.

93 I. Craemer-Ruegenberg, Logische und andere Eigenschaften des kategorischen Imperativs, in: Neue Hefte für Philosophie, Heft 22, 1983, S. 49.

94 Vgl. M. Forschner, Reine Morallehre und Anthropologie, in: Neue Hefte für Philosophie, Heft 22, 1983, S. 25-44.

95 Zu einigen Motiven hinter Kants Vernunftphilosophie vgl.: F. Stenzler, Die Verfassung der Vernunft, Berlin 1984.

96 O. Schwemmer, Die Praktische Ohnmacht der reinen Vernunft, in: Neue Hefte für Philosophie, Heft 22, 1983, S. 1-24.

97 Ähnliches gilt auch für »normative requirements« im Sinne von: J. Broome, Normative Requirements, in: Ratio (New Series), Bd. XII, Nr. 4, 1999, S. 398-419.

98 Die Literatur zu diesem Rationalitätstypus ist nicht mehr zu überschauen.

99 Ein reiner Wille würde aus Achtung vor dem Gesetz handeln; ein heiliger Wille würde dies aus Neigung tun.

100 Zum Verständnis dessen, worin die Synthetizität des kategorischen Imperativs besteht, vgl.: I. Craemer-Ruegenberg, Logische und andere Eigenschaften des kategorischen Imperativs, a.a.O., 1983, S. 51 ff. in Auseinandersetzung mit Interpretationen von G. Patzig und K.H. Ilting. Es geht, wie Craemer-Ruegenberg vermutet, Kant um etwas, was in der Synthesis moralischen Wollens hinzukommt: nämlich die Idee des reinen, für sich praktischen Willens.

101 Vgl. J. Aul, Aspekte des Universalisierungspostulats in Kants Ethik, in: Neue Hefte für Philosophie, Heft 22, 1983, S. 62-94.

102 Vgl. ebenda, S. 71.

103 Ebenda, S. 87.

104 »Niemals Schulden machen«, »Nie etwas an der Tür kaufen«, »Never drink before sunset« usw.

105 Man kann es sich ebensogut zur Maxime machen, Notleidenden zu helfen, wie auch, Bettlern niemals etwas zu geben. Man kann es sich zur Maxime machen, Freunde nie im Stich zu lassen, aber auch, Freundschaften als strategische Koalitionen auf Zeit zu betrachten.

106 R. Bubner, Selbstbezüglichkeit als Struktur transzendentaler Argumente, in: W. Kuhlmann/D. Böhler (Hrsg.), Kommunikation und Reflexion, Frankfurt/M. 1982, S. 304-332.

107 Vgl. M. Forschner, Reine Morallehre und Anthropologie, in: Neue Hefte für Philosophie, Heft 22, 1983, S. 25-44.

108 Ebenda, S. 31, Fußnote.

109 Vgl. E. Tugendhat, Vorlesungen über Ethik, a.a.O., S. 140 ff.

110 Ebenda, S. 142.

111 E. Erdmann, Grundriss der Geschichte der Philosophie, Bd. 2, a.a.O., S. 330.

112 Vgl. ebenda, S. 331.

113 Vgl. J. Aul, Aspekte des Universalisierungspostulats in Kants Ethik, a.a.O., S. 72.

114 Ebenda, S. 77.

115 Die Option, Handlungen nur anhand ihrer tatsächlichen Folgen zu bewerten, ist unhaltbar und wird im folgenden nicht berücksichtigt.

116 A. Schischkin, Die Grundlagen der kommunistischen Moral, Berlin/Ost 1959, S. 102.

117 Ebenda, S. 106 f.

118 L. Trotzki, zit. nach: J. Freund, Die doppelte Ethik, in: Neue Hefte für Philosophie, Heft 21, 1982, S. 11.

119 Vgl. A. Bohnen, Der hedonistische Kalkül und die Wohlfahrtsökonomik. Über die Rolle der utilitaristischen Ethik im wirtschaftswissenschaftlichen Denken, in: U. Gähde/W. Schrader (Hrsg.), Der klassische Utilitarismus, Berlin 1992, S. 318-339.

120 H. Unnerstall, Rechte zukünftiger Generationen, Würzburg 1999, S. 307.

121 J. Bentham, The Principles of Morals and Legislation (1781), Buffalo 1988, S. 1 f.

122 J. St. Mill, Utilitarianism (1863), Buffalo 1987, S. 22.

123 Ebenda, S. 53.

124 Ebenda, S. 54.

125 Ders., zit. nach: J. L. Mackie, Ethik, Stuttgart 1983, S. 179.

126 Vgl. J. L. Mackie, Ethik, a.a.O., S. 181 f.

127 H. Sidgwick, Die Methoden der Ethik, Leipzig 1909.

128 Vgl. J. C. Smart, Extremer und eingeschränkter Utilitarismus, in: O. Höffe (Hrsg.), Einführung in die utilitaristische Ethik, München 1975, S. 121-132.

129 P. Singer, Praktische Ethik, Stuttgart 1994, S. 31.

130 D. Birnbacher, Utilitarismus und ökologische Ethik: eine Mésalliance?, in: E. M. Engels (Hrsg.), Biologie und Ethik, Stuttgart 1999, S. 49.

131 R. M. Hare, Moralisches Denken, Frankfurt/M. 1992, S. 204.

132 So etwa Peter Singer, Dieter Birnbacher oder Richard M. Hare.

133 H. Sidgwick, zit. nach: P. Laslett/J. S. Fishkin, Justice between Age Groups and Generations, New Haven/London 1992, S. 19.

134 Vgl. M. Williams, Discounting versus Maximum Sustainable Yield, in: R. J. Sikora/B. Barry (Hrsg.), Obligations to Future Generations, Philadelphia 1978, S. 169-185.

135 Intensity, duration, certainty, propinquity/remoteness, fecundity, purity, extent.

136 Sense, wealth, skill, amity, good name, power, piety, benevolence, malevolence, memory, imagination, expectation, association, relief.

137 J. St. Mill, Utilitarianism, a.a.O., S. 18.

138 J. Harsanyi, Morality and the theory of rational behaviour, in: A. Sen/ B. Williams (Hrsg.), Utilitarianism and beyond, Cambridge 1982, S. 56.

139 Ebenda, S. 44.

140 J. Bentham, An Introduction to the Principles of Morals and Legislation, a.a.O., S. 31.

141 D. Birnbacher, Utilitarismus und ökologische Ethik: eine Mésalliance?, a.a.O., S. 45.

142 Eine scharfsinnige Kritik findet sich bereits bei: H. Nohl, Die sittli-chen Grunderfahrungen, Frankfurt/M. 1949. Ablehnend auch: J. L. Mackie, Ethik, a.a.O.; E. Tugendhat, Vorlesungen über Ethik, a.a.O.

143 U. Gähde, Zum Wandel des Nutzenbegriffs im klassischen Utilitarismus, in: U. Gähde/W. Schrader (Hrsg.), Der klassische Utilitarismus, Berlin 1992, S. 83-110.

144 A. Kusser, Welchen Nutzen maximiert der Utilitarist? Das Argument der Präferenzveränderung und sein Hintergrund, in: C. Fehige/G. Meggle (Hrsg.), Zum moralischen Denken, Bd. 1, a.a.O., S. 113-138.

145 R.M. Hare, Repliken, in: C. Fehige/G. Meggle (Hrsg.), Zum moralischen Denken, Frankfurt/M. 1995, Bd. 2, S. 283.

146 Vgl. W. Lenzen, Hare über Abtreibung, Empfängnisverhütung und Zeugungspflicht, in: C. Fehige/G. Meggle (Hrsg.), Zum moralischen Denken, Bd. 2, a.a.O., S. 225-239.
147 Vgl. D. Birnbacher, Tun und Unterlassen, Stuttgart 1997.
148 Vgl. G. Harman, Das Wesen der Moral, Frankfurt/M. 1981.
149 Vgl. ebenda, S. 178.
150 R.M. Hare, Moralisches Denken, a.a.O.
151 Vgl. A. Kusser, Welchen Nutzen maximiert der Utilitarist? Das Argument der Präferenzveränderung und sein Hintergrund, a.a.O., S. 113-138.
152 Ebenda, S. 134.
153 Vgl. I. Law, Rule-Consequentialism's Dilemma, a.a.O., S. 263-275.
154 So etwa J.C. Smart, An Outline of a System of Utilitarian Ethics, in: J.C. Smart/B. Williams (Hrsg.), Utilitarianism: For and Against, Cambridge 1973.
155 Vgl. W. Frankena, Analytische Ethik, München 1972, S. 59.
156 Vgl. R.M. Hare, Die Sprache der Moral, Frankfurt/M. 1972.
157 Vgl. ders., Moralisches Denken, a.a.O.
158 W. Hinsch, Präferenzen im moralischen Denken, in: C. Fehige/G. Meggle (Hrsg.), Zum moralischen Denken, Bd. 2, a.a.O., S. 87-112.
159 R. M. Hare, Moralisches Denken, a.a.O., S. 97.
160 Vgl. ders., Repliken, a.a.O., S. 339.
161 Vgl. K. Baier, Der Standpunkt der Moral. Eine rationale Grundlegung der Ethik, Düsseldorf 1974.
162 R.M. Hare, Repliken, a.a.O., S. 379.
163 Zum Kontraktualismus siehe: R. Dworkin, Bürgerrechte ernstgenommen, Frankfurt/M. 1984; D. Gauthier, Morals by Agreement, Oxford 1986; W. Kersting, Die politische Philosophie des Gesellschaftsvertrages, Darmstadt 1994.
164 Vgl. H. Kliemt, Moralische Institutionen, Freiburg/München 1985; W. Kersting, Theorien der sozialen Gerechtigkeit, Stuttgart 2000.
165 Zu T. Hobbes siehe: J. Bernhardt, Thomas Hobbes, in: F. Châtelet (Hrsg.), Geschichte der Philosophie, Bd. 3, Frankfurt/M. 1974, S. 119-139; E. Reibstein, Volkssouveränität und Freiheitsrechte, Bd. 2, Freiburg/München 1972, S. 25-38.
166 Vgl. H. Kliemt, Moralische Institutionen, a.a.O.
167 J. Bernhardt, Thomas Hobbes, a.a.O., S. 133.

168 D. Gauthier, Morals by Agreement, a.a.O., S. 1.

169 Vgl. J. Nida-Rümelin, Theoretische und angewandte Ethik: Paradigmen, Begründungen, Bereiche, in: ders. (Hrsg.), Angewandte Ethik, Stuttgart 1996, S. 2-85; S. Grotefeld, Rationalität, Vernunft und Moralbegründung, in: A. Bondolfi/S. Grotefeld/R. Neuberth (Hrsg.), Ethik, Vernunft und Rationalität, Münster 1997, S. 55-89.

170 Zur Diskussion des Ansatzes von D. Gauthier vgl. die Beiträge in: D. Gauthier/R. Sugden (Hrsg.), Rationality, Justice and the Social Contract, New York/London 1993.

171 R.W. Trapp, Freiheit und Vernunft beim moralischen Argumentieren: Wo genau liegen sie? Entwurf einer Alternative zu Hares Konzept der Ethikbegründung, in: C. Fehige/G. Meggle (Hrsg.), Zum moralischen Denken, a.a.O., S. 167.

172 Etwa bei: B. Gert, Die moralischen Regeln, Frankfurt/M. 1983.

173 Rawls begründet mit einem Schleier-Argument Grundsätze der Gerechtigkeit.

174 Vgl. A. Engländer, Die neuen Vertragstheorien im Licht der Kontraktualismuskritik von David Hume, in: Archiv für Rechts- und Sozialphilosophie (ARSP), Bd. 86/1, 2000, S. 2-28.

175 Ebenda, S. 9.

176 Vgl. W. Kersting, Liberalismus, Kommunitarismus, Republikanismus, in: K.O. Apel/M. Kettner (Hrsg.), Zur Anwendung der Diskursethik in Politik, Recht und Wissenschaft, Frankfurt/M. 1992, S. 127-148.

177 Vgl. A. Engländer, Die neuen Vertragstheorien im Licht der Kontraktualismuskritik von David Hume, a.a.O., S. 2-28.

178 Vgl. S. Grotefeld, Rationalität, Vernunft und Moralbegründung, a.a.O., S. 55-89.

179 Vgl. E. Tugendhat, Vorlesungen über Ethik, a.a.O.

180 Vgl. P. Laslett, Is There a Generational Contract? in: P. Laslett/J.S. Fishkin (Hrsg.), Justice between Age Groups and Generations, a.a.O., S. 24-47.

181 Ebenda, S. 46.

182 Vgl. J. Rawls, A Theory of Justice, Oxford 1973.

183 Vgl. ders., Die Idee des politischen Liberalismus, Frankfurt/M. 1992, S. 258.

184 Ders., A Theory of Justice, a.a.O., S. 7.

185 Ebenda, S. 21.

186 Vgl. I. Tammelo, Theorie der Gerechtigkeit, Freiburg/München 1977. Rawls hat seine Theorie der Gerechtigkeit nie als umfassende Ethiktheorie verstanden.

187 Dies hat die Konsequenz, daß Fragen ökonomischer Effizienz nie über Gerechtigkeitsprinzipien gestellt werden dürfen.

188 J. Rawls, A Theory of Justice, a.a.O., S. 13.

189 Ebenda, S. 18.

190 Die Idee des »veil of ignorance« stammt nicht von Rawls, sondern von Harsanyi.

191 N. Daniels, Introduction, in: ders. (Hrsg.), Reading Rawls, Oxford 1975, S. xix.

192 Vgl. T. Nagel, Rawls on Justice, in: N. Daniels (Hrsg.), Reading Rawls, a.a.O., S. 7.

193 Vgl. R.M. Hare, Rawls' Theory of Justice, in: N. Daniels (Hrsg.), Reading Rawls, a.a.O., S. 101.

194 J. Rawls, A Theory of Justice, a.a.O., S. 19.

195 Ebenda, S. 15.

196 Ebenda, S. 60.

197 H. Unnerstall, Rechte zukünftiger Generationen, Würzburg 1999.

198 J. Rawls, A Theory of Justice, a.a.O., S. 62.

199 Ebenda.

200 So bei W. Kersting, Theorien der sozialen Gerechtigkeit, a.a.O.

201 Vgl. K. Steigleder, Gewirth und die Begründung der normativen Ethik, in: Zeitschrift für philosophische Forschung, Bd. 51, 1997.

202 A. Gewirth, Reason and Morality, Chicago/London 1978, S. 25.

203 Ebenda, S. 42-47.

204 Ebenda, S. 47.

205 Vgl. M. Düwell, Ästhetische Erfahrung und Moral, Freiburg/München 1999, insb. S. 173-180.

206 Gemäß des STK-Konzeptes ist es zulässig, daß Vertreter des Gewirth-Ansatzes hierüber unterschiedlicher Meinung sind.

207 Vgl. F. von Kutschera, Drei Versuche einer rationalen Begründung der Ethik: Singer, Hare, Gewirth, in: C. Fehige/G. Meggle, Zum moralischen Denken, Bd. 1, a.a.O., S. 54-76.

208 Ebenda, S. 74.

209 Ich sehe auch nicht, daß sich durch die gesonderte Kennzeichnung der Schritte 11 und 13 als Prämissen 1 und 2, worauf Gewirth-An-

hänger großen Wert legen, etwas Grundlegendes ändert. Richtig ist, daß diese Prämissen insofern einen Sonderstatus haben, als sie sich nicht auf Handlungsvoraussetzungen, sondern auf externe Beeinträchtigungspotentiale beziehen.

210 Vgl. K. Steigleder, Die Begründung des moralischen Sollens, Tübingen 1992.

211 Vgl. ebenda, S. 156 f. Vgl. auch: ders., Grundlegung der normativen Ethik, Freiburg/München 1999, S. 66 u.ö.

212 Ders., Gewirth und die Begründung der normativen Ethik, a.a.O., S. 264.

213 Ich selbst bin diesem Mißverständnis erlegen.

214 K. Steigleder, Grundlegung der normativen Ethik, a.a.O., S. 67.

215 »Entsprechend haben die Rechtsansprüche den Status von in seiner Binnenperspektive begründeten normativen Ansprüchen des Handelnden an alle bzw. gegenüber allen anderen Handlungsfähigen, ohne als solche schon normative Ansprüche für alle anderen Handlungsfähigen zu sein.« (K. Steigleder, Grundlegung der normativen Ethik, a.a.O., S. 76)

216 A. Gewirth, Reason and Morality, a.a.O., S. 78.

217 Ebenda, S. 79.

218 Ebenda, S. 80.

219 Vgl. K. Steigleder, Grundlegung der normativen Ethik, a.a.O., S. 10.

220 M. Düwell, Ästhetische Erfahrung und Moral, a.a.O., S. 266.

221 Vgl. K. Steigleder, Die Begründung des moralischen Sollens, a.a.O., S. 207 f.

222 A. Gewirth, Reason and Morality, a.a.O., S. 112.

223 K. Steigleder, Grundlegung der normativen Ethik, a.a.O., S. 66.

224 A. Gewirth, Reason and Morality, a.a.O., S. 105.

225 Ebenda, S. 105.

226 K. Steigleder, Gewirth und die Begründung der normativen Ethik, a.a.O., S. 113.

227 Ebenda, S. 114.

228 M. Düwell, Ästhetische Erfahrung und Moral, a.a.O., S. 227.

229 Vgl. K. Steigleder, Grundlegung der normativen Ethik, a.a.O., S. 125.

230 Vgl. ebenda, insb. Kap. VI.

231 Vgl. M. Düwell, Die Bedeutung ethischer Diskurse in einer wertepluralen Welt, in: M. Kettner (Hrsg.), Angewandte Ethik als Politikum, Frankfurt/M. 2000, S. 76-114.

232 Vgl. J. Habermas, Moralität und Sittlichkeit, in: W. Kuhlmann (Hrsg.), Moralität und Sittlichkeit. Das Problem Hegels und die Diskursethik, Frankfurt/M. 1986, S. 16-37.

233 M. Buber, Ich und Du, in: ders., Werke, Bd. 1, München/Heidelberg 1923 bzw. 1962, S. 81.

234 Vgl. E. Levinas, Die Bedeutung und der Sinn (1964), in: ders., Humanismus des anderen Menschen, Hamburg 1989, S. 9-60.

235 Vgl. K.-O. Apel, Das Apriori der Kommunikationsgemeinschaft und die Grundlagen der Ethik, in: ders., Transformation der Philosophie, Bd. 2, Frankfurt/M. 1976, S. 358-435; W. Kuhlmann, Reflexive Letztbegründung, Freiburg 1985.

236 Vgl. J. Habermas, Moralbewußtsein und kommunikatives Handeln, Frankfurt/M. 1983; ders., Faktizität und Geltung, Frankfurt/M. 1992.

237 Daneben finden sich frühe, vom sog. Erlanger Konstruktivismus geprägte Ansätze (F. Kambartel), ferner pragmatistische (R. Bernstein, T. McCarthy) sowie hegelianisch-hermeneutische Varianten (S. Benhabib, A. Honneth), die aus Platzgründen hier nicht dargestellt werden können.

238 Vgl. K. Ott, Über den Theoriekern und einige intendierte Anwendungen der Diskursethik, in: Zeitschrift für Philosophische Forschung, Bd. 52, Heft 2, 1998, S. 268-291.

239 Vgl. J. Habermas, Nachmetaphysisches Denken, Frankfurt/M. 1988.

240 Vgl. ders., Der philosophische Diskurs der Moderne, Frankfurt/M. 1985.

241 Vgl. L. Wingert, Gemeinsinn und Moral, Frankfurt/M. 1993.

242 Das erste Argument trifft insofern zu, als die »Gegenstände« der historischen Wissenschaften immer auch virtuelle Kommunikationspartner sind, deren Verhaltensweisen und Erzeugnisse es zu verstehen gilt. Es ist andererseits unbestreitbar, daß Historiker die Wertvorstellungen in ihrem Gegenstandsbereich als soziale Tatsachen objektivieren können müssen. Die Methoden der historischen Geisteswissenschaften liefern kein wirklich zwingendes Argument gegen die »Szientismus-Existentialismus-Doublette«.

243 K.-O. Apel, Das Apriori der Kommunikationsgemeinschaft und die Grundlagen der Ethik, a.a.O., S. 295.

244 Vgl. ebenda, S. 400.

245 Vgl. ebenda, S. 414.

246 Vgl. ebenda, S. 400.

247 Ebenda.
248 Ebenda, S. 415.
249 Ebenda, S. 415.
250 Ebenda, S. 429.
251 Ebenda, S. 416.
252 Vgl. W. Kuhlmann, Reflexive Letztbegründung, Freiburg 1985.
253 Ebenda, S. 75.
254 Ebenda, S. 89.
255 Vgl. ebenda, S. 107-144.
256 Vgl. J. Habermas, Moralbewußtsein und kommunikatives Handeln, a.a.O.; ders., Erläuterungen zur Diskursethik, Frankfurt/M. 1991; ders., Faktizität und Geltung, a.a.O.
257 Ders., Erläuterungen zur Diskursethik, a.a.O., S. 195.
258 Ausführlicher hierzu: K. Ott, Jürgen Habermas: Theorie des kommunikativen Handelns, in: W. Erhart/H. Jaumann (Hrsg.), Jahrhundertbücher, München 2000, S. 383-406.
259 Vgl. L. Wingert, Gemeinsinn und Moral, a.a.O., R. B. Brandom, Making it Explicit, Harvard 1998.
260 Derartige Rekonstruktionen sind nicht mit hermeneutischen Deutungen zu verwechseln; man eignet sich nicht fremden Sinn verstehend an, sondern eigene Kompetenzen, die man gleichwohl mit anderen teilt.
261 J. Habermas, Moralität und Sittlichkeit, a.a.O., S. 349.
262 Vgl. B. Peters, Rationalität, Recht und Gesellschaft, Frankfurt/M. 1991.
263 Vgl. N. Gottschalk-Mazouz, Diskursethik, Berlin 2000.
264 Exemplarisch hierfür: O. Renn, Ethische Anforderungen an den Diskurs, in: A. Grunwald/S. Saupe (Hrsg.), Ethik in der Technikgestaltung, Berlin/Heidelberg 1999, S. 63-94.
265 Vgl. B. Skorupinski/K. Ott, Technikfolgenabschätzung und Ethik, Zürich 2000.
266 Vgl. J. Habermas, Theorie des kommunikativen Handelns, Bd. 1, Frankfurt/M. 1981, S. 169.
267 Man sagt etwas (lokutionär), man handelt, indem man etwas sagt (illokutionär), und man bewirkt etwas dadurch, daß man handelt, indem man etwas sagt (perlokutionär). Vgl. J. Austin, How to Do Things with Words, Oxford 1970.
268 J. Habermas, Theorie des kommunikativen Handelns, Bd. 1, a.a.O., S. 387.

269 Ders., Faktizität und Geltung, a.a.O., S. 138.

270 Ders., Moralbewußtsein und kommunikatives Handeln, a.a.O., S. 103. Die Klammern um die umstrittene Interessenformulierung stammen von mir, da ich glaube, daß man U ohne diese Formulierung besser verteidigen und begründen kann. Vgl. K. Ott, Strukturprobleme angewandter Ethik und Möglichkeiten ihrer Lösung, in: ders., Vom Begründen zum Handeln, Tübingen 1996, S. 45.

271 N. Gottschalk-Mazouz hält U für überflüssig. Sein Argument lautet, daß man »unter Bedingungen der Morderne [...] schlichtweg erwarten« dürfe, daß Diskursteilnehmer keinen inegalitären Normen zustimmen werden. Diese modernitätstheoretische Prämisse kann man jedoch auch zur Begründung von U einsetzen (so Rehg); Gottschalk-Mazouz scheint sie an die Stelle von U setzen zu wollen. Vgl. N. Gottschalk-Mazouz, Diskursethik, a.a.O., S. 70.

272 Entgegen der ursprünglichen Auffassung von: J. Habermas, Moralbewußtsein und kommunikatives Handeln, a.a.O.

273 Vgl. ebenda.

274 Vgl. M. Kettner, Neue Perspektiven der Diskursethik, in: A. Grunwald/S. Saupe (Hrsg.), Ethik in der Technikgestaltung, a.a.O., S. 153-195.

275 Vgl. A. Honneth, Kampf um Anerkennung, Frankfurt/M. 1992.

276 Vgl. M. Kettner, Neue Perspektiven der Diskursethik, a.a.O., S. 153-195.

277 Vgl. R.B. Brandom, Making it Explicit, a.a.O.

278 Praktische Diskurse werden nicht unter einem Schleier der Unwissenheit (wie bei Rawls) geführt.

279 Vgl. E. Tugendhat, Vorlesungen über Ethik, a.a.O.

280 So aber bei: J. Habermas, Moralbewußtsein und kommunikatives Handeln, a.a.O., S. 107.

281 Vgl. K. Ott, Ipso Facto. Zur ethischen Begründung normativer Implikate wissenschaftlicher Praxis, Frankfurt/M. 1997.

282 Vgl. ders., Über den Theoriekern und einige intendierte Anwendungen der Diskursethik, a.a.O., S. 268-291.

283 Dies könnte klarstellen, warum es keine Norm geben kann, beim Niesen stets die Augen offenzuhalten oder nie von sexuellen Dingen zu träumen.

284 Vgl. R.M. Hare, Die Sprache der Moral, Frankfurt/M. 1972.

285 Vgl. H.P. Grice, Logic and Conversation, in: P. Cole/J. Morgan (Hrsg.), Syntax and Semantics, Bd. 3, London 1975, S. 41-58.

286 Vgl. J. Habermas, Moralbewußtsein und kommunikatives Handeln, a.a.O., S. 107.
287 Vgl. K. Ott, Ipso Facto. Zur ethischen Begründung normativer Implikate wissenschaftlicher Praxis, a.a.O.
288 So H. Keuth, Erkenntnis oder Entscheidung, Tübingen 1993, in einer ausführlichen Analyse.
289 Vgl. W. von Humboldt, Ueber die Verschiedenheiten des menschlichen Sprachbaues (1829), in: ders., Schriften zur Sprachphilosophie. Werke, hrsg. von A. Flitner/K. Giel, Bd. III, Darmstadt 1979, S. 144-367.
290 Vgl. F. Kambartel, Philosophie der humanen Welt, Frankfurt/M. 1989, insb. Teil I: »Moralität und Vernunft«.
291 Vgl. L. Wingert, Gemeinsinn und Moral, a.a.O.
292 Vgl. R. B. Brandom, Making it Explicit, a.a.O., bes. Kap. 2.
293 Vgl. A. Oefsti, Abwandlungen, Würzburg 1994.
294 Im Sinne von: C. Perelman, Juristische Logik als Argumentationslehre, Freiburg/München 1979, insb. Teil II.
295 Vgl. J. Habermas, Moralbewußtsein und kommunikatives Handeln, a.a.O., S. 127.
296 Vgl. B. Skorupinski/K. Ott, Technikfolgenabschätzung und Ethik, a.a.O.
297 Vgl. B. Gert, Die moralischen Regeln, Frankfurt/M. 1983.
298 Vgl. J. Nida-Rümelin, Practical reason, collective rationality and contractarianism, in: D. Gauthier/R. Sugden, Rationality, Justice and the Social Contract, a.a.O., S. 53-74.
299 Vgl. ebenda, S. 65.
300 Vgl. G. Ropohl, Ethik und Technikbewertung, Frankfurt/M. 1996.
301 Vgl. J. Habermas, Erläuterungen zur Diskursethik, a.a.O., S. 174.
302 Vgl. J. Mill, Über die Freiheit, Leipzig/Weimar 1991, S. 18. Vgl. hierzu: B. Jennings, Liberale Autonomie und bürgerliche Interdependenz: Politische Kontexte angewandter Ethik, in: M. Kettner (Hrsg.), Angewandte Ethik als Politikum, Frankfurt/M. 2000, S. 63.
303 Akte zivilen Ungehorsams, die das geltende Recht verletzen, können unter bestimmten Bedingungen zulässig sein. Wie eine Rechtsordnung auf zivilen Ungehorsam reagieren soll, ist eine Anschlußfrage.
304 Vgl. E. Tugendhat, Vorlesungen über Ethik, a.a.O.; O. Höffe, Gerechtigkeit als Tausch? Ein ökonomisches Prinzip für die Ethik, in: H. Lenk/M. Maring (Hrsg.), Wirtschaft und Ethik, Stuttgart 1992, S. 119-133; R. Dworkin, Bürgerrechte ernstgenommen, a.a.O.; J. Nida-Rüme-

lin, Theoretische und angewandte Ethik: Paradigmen, Begründungen, Bereiche, in: ders. (Hrsg.), Angewandte Ethik, Stuttgart 1996, S. 2-85.

305 J. Habermas, Faktizität und Geltung, a.a.O., S. 154 f.

306 Ebenda, S. 134.

307 Vgl. ebenda, S. 161.

308 Vgl. B. Skorupinski/K. Ott, Technikfolgenabschätzung und Ethik, a.a.O.

309 Habermas' Moralbegriff ist anthropozentrisch definiert, was zu der Fehldeutung geführt hat, daß die Diskursethik insgesamt auf den Anthropozentrismus festgelegt sei.

310 Vgl. P. Singer, Praktische Ethik, Stuttgart 1994; R.M. Hare, Moral Reasoning about the Environment, in: Journal of Applied Philosophy, Bd. 4, Nr. 1, 1987, S. 3-14.

311 Vgl. U. Wolf, Das Tier in der Moral, Frankfurt/M. 1990.

312 Vgl. R. Attfield, The Ethics of the Global Environment, Edinburgh 1999; D. von der Pfordten, Eine Ökologische Ethik der Berücksichtigung anderer Lebewesen, in: K. Ott/M. Gorke (Hrsg.), Spektrum der Umweltethik, Marburg 2000, S. 41-65; K. Blumer, Phänomenologie der Achtung – Grundlagen einer Ethik für Tierversuche, in: Nova Acta Leopoldina, Bd. 82, Nr. 315, 2000.

313 Wie etwa bei: L. Westra, The Principle of Integrity, Boston 1994; dies., Living In Integrity. A Global Ethic to Restore a Fragmented Earth, Boston 1998.

314 J.B. Callicott, Animal Liberation: A Triangular Affair, in: R. Elliot, (Hrsg.), Environmental Ethics, Oxford 1995, S. 43.

315 Ebenda, S. 40.

316 Vgl. M. Zimmerman, The Threat of Ecofaschism, in Social Theory and Practice, Bd. 21, Nr. 2, 1995, S. 207-238.

317 J.B. Callicott, Conservation Values and Ethics, in: G. Meffe/R. Carroll, (Hrsg.), Principles of Conservation Biology, Sunderland 1997.

318 Vgl. dazu: K. Ott, Das Tötungsproblem in der Tierethik der Gegenwart, in: E.-M. Engels, Biologie und Ethik, Stuttgart 1999, S. 127-160; J.-C. Wolf, Moralische Argumente für den Tierschutz, in: E.M. Engels, Biologie und Ethik, Stuttgart 1999, S. 100-126.

319 A. Schweitzer, Kultur und Ethik, München 1923.

320 J. Wetlesen, The Moral Status of Beings who are not Persons: A Casuistic Argument, in: Environmental Values, Bd. 8, 1999, S. 287-323.

321 Vgl. M. Moody-Adams, The Idea Of Moral Progress, in: Metaphilosophy, Bd. 30, Nr. 3, 1999, S. 168-185.

322 Vgl. K. Ott, Ipso Facto. Zur ethischen Begründung normativer Implikate wissenschaftlicher Praxis, a.a.O.

323 Vgl. ders., Über den Theoriekern und einige intendierte Anwendungen der Diskursethik, a.a.O., S. 268-291; A. Cortina, Der Status der Anwendungsethik, in: Archiv für Rechts- und Sozialphilosophie (ARSP), Bd. 84, Heft 2, 1998, S. 392-404.

324 Vgl. F. Kaulbach, Einführung in die Philosophie des Handelns, Darmstadt 1982.

325 Vgl. B. Skorupinski/K. Ott, Technikfolgenabschätzung und Ethik, a.a.O.

326 Vgl. J. Bohman, Öffentlicher Vernunftgebrauch. Das rationalitätstheoretische Grundproblem des politischen Liberalismus, in: K.-O. Apel/ M. Kettner (Hrsg.), Die eine Vernunft und die vielen Rationalitäten, Frankfurt/M. 1996, S. 266-295.

327 Vgl. J. Habermas, Faktizität und Geltung, a.a.O., insb. Kap. VII und VIII.

328 Vgl. F. Kambartel, Wahrheit und Vernunft. Zur Entwicklung ihrer praktischen Grundlagen, in: C. Hubig (Hrsg.), Cognitio humana – Dynamik des Wissens und der Werte, Berlin 1998.

329 Vgl. M. Greiffenhagen, Kulturen des Kompromisses, Opladen 1999.

330 Vgl. G. Ropohl, Ethik und Technikbewertung, Frankfurt/M. 1996.

331 Vgl. J. Busse/K. Ott, Ethik in der Informatik, Tübingen 1999.

332 Eine sentientistische Deutung der »moral community« holt Motive der Mitleidsethik ein.

333 Vgl. K. Ott, Über den Theoriekern und einige intendierte Anwendungen der Diskursethik, a.a.O., S. 268-291.

Literaturhinweise

Albert, Hans, Traktat über kritische Vernunft, 4., verb. Aufl., Tübingen 1980.

Anscombe, G. E. M., Modern Moral Philosophy, in: ders., Ethics, Religion and Politics, Oxford 1981, S. 26-42.

Apel, Karl-Otto, Das Apriori der Kommunikationsgemeinschaft und die Grundlagen der Ethik, in: ders., Transformation der Philosophie, Bd. 2, Frankfurt/M. 1976, S. 358-435.

Austin, John L., Zur Theorie der Sprechakte (How to do things with Words), 2. Aufl., Stuttgart 1989.

Baier, Kurt, Der Standpunkt der Moral. Eine rationale Grundlegung der Ethik, Düsseldorf 1974.

Bernstein, Richard, Beyond Objectivism and Relativism, Oxford 1983.

Bittner, Rüdiger/Cramer, Konrad, Materialien zu Kants »Kritik der praktischen Vernunft«, Frankfurt/M. 1975.

Blumer, Karin Ruth, Phänomenologie der Achtung – Grundlagen einer Ethik für Tierversuche, in: Nova Acta Leopoldina, Bd. 82, Nr. 315, 2000.

Bohman, James, Öffentlicher Vernunftgebrauch, in: Apel, Karl-Otto/Kettner, Matthias (Hrsg.), Die eine Vernunft und die vielen Rationalitäten, Frankfurt/M. 1996, S. 266-295.

Bohnen, Alfred, Der hedonistische Kalkül und die Wohlfahrtsökonomik. Über die Rolle der utilitaristischen Ethik im wirtschaftswissenschaftlichen Denken, in: Gähde, Ulrich/Schrader, Wolfgang H. (Hrsg.), Der klassische Utilitarismus, Berlin 1992, S. 318-339.

Bothe, Michael, Friedensbegriff im Verfassungs- und Völkerrecht, in: Lutz-Bachmann, Matthias/Bohman, James (Hrsg.), Frieden durch Recht, Frankfurt/M. 1996, S. 187-199.

Brower, Bruce. W., Dispositional Ethical Realism, in: Ethics 103, 1993, S. 221-249.

Buber, Martin, Ich und Du (1923), in: ders., Werke, Bd. 1, München/Heidelberg 1962, S. 77-170.
Bubner, Rüdiger, Selbstbezüglichkeit als Struktur transzendentaler Argumente, in: Kuhlmann, Wolfgang/Böhler, Dietrich (Hrsg.), Kommunikation und Reflexion, Frankfurt/M. 1982, S. 304-332.
Busse, Johannes/Ott, Konrad, Ethik in der Informatik, Tübingen 1999.
Callicott, J. Baird, Die begrifflichen Grundlagen der »land ethic«, in: Krebs, Angelika, Naturethik, Frankfurt/M. 1997, S. 221-246.
Cortina, Adela, Der Status der Anwendungsethik, in: Archiv für Rechts- und Sozialphilosophie, Bd. 84, Heft 2, 1998, S. 392-404.
Czaniera, Uwe, Kohärentistische Begründung der Moral – eine neue Parallele zur Wissenschaft und ihre Probleme, in: Zeitschrift für philosophische Forschung, Bd. 54, Heft 1, 2000, S. 67-85.
Darwin, Charles, Die Abstammung des Menschen, Stuttgart 1982.
Diederich, Werner/Fulda, Hans Friedrich, Sneed'sche Strukturen in Marx' »Kapital«, in: neue hefte für philosophie, Heft 13, 1978, S. 47-80.
Düwell, Marcus, Ästhetische Erfahrung und Moral, Freiburg/München 1999.
Ders., Die Bedeutung ethischer Diskurse in einer wertepluralen Welt, in: Kettner, Matthias (Hrsg.), Angewandte Ethik als Politikum, Frankfurt/M. 2000, S. 76-114.
Ders./Hübenthal, Christoph/Werner, Micha (Hrsg.), Handbuch Ethik, Stuttgart 2002.
Ellscheidt, Günter, Über das Gleichheitsprinzip des klassischen Utilitarismus, in: Philosophisches Jahrbuch, 108. Jahrgang, 2001, S. 58-78.
Engelhardt Jr., H. Tristram, Konsens: Auf wieviel können wir hoffen? Eine begriffliche Erkundung, veranschaulicht an neueren Debatten über die Verwendung von Reproduktionstechnologien beim Menschen, in: Bayertz, Kurt, Moralischer Konsens, Frankfurt/M. 1996, S. 30-59.
Engländer, Armin, Die neuen Vertragstheorien im Licht der Kontraktualismuskritik von David Hume, in: ARSP, Bd. 86/1, 2000, S. 2-28.
Foerster, Heinz von, Wissen und Gewissen. Versuch einer Brücke, hrsg. von Schmidt, Siegfried J., Frankfurt/M. 1983.
Frankena, William K., Analytische Ethik, München 1972.
Ders., Ethik und die Umwelt, in: Krebs, Angelika, Naturethik, Frankfurt/M. 1997, S. 271-295.
Frazier, Robert L., Moral Relevance and Ceteris Paribus Principles, in: Ratio VII, 1995, S. 113-127.

Frey, R. G., Introduction: Utilitarianism and Persons, in: ders., Utility and Rights, Minnesota 1984.
Gähde, Ulrich/ Schrader, Wolfgang H. (Hrsg.), Der klassische Utilitarismus, Berlin 1992.
Gauthier, D., Morals by Agreement, Oxford 1986.
Gehlen, Arnold, Der Mensch. Seine Natur und seine Stellung in der Welt, Berlin 1944.
Ders., Moral und Hypermoral, Wiesbaden 1986.
Gesang, Bernward, Der Nutzenbegriff des Utilitarismus, in: Erkenntnis, Bd. 52, 2000, S. 373-401.
Greiffenhagen, Martin, Kulturen des Kompromisses, Opladen 1999.
Grotefeld, Stefan, Rationalität, Vernunft und Moralbegründung, in: Bondolfi, Alberto/Grotefeld, Stefan/Neuberth, Rudi (Hrsg.), Ethik, Vernunft und Rationalität, Münster 1997, S. 55-89.
Habermas, Jürgen, Theorie des kommunikativen Handelns, 2 Bde., Frankfurt/M. 1981.
Ders., Moralbewußtsein und kommunikatives Handeln, Frankfurt/M. 1983.
Ders., Der philosophische Diskurs der Moderne, Frankfurt/M. 1985.
Ders., Entgegnung, in: Honneth, Axel/Jonas, Hans (Hrsg.), Kommunikatives Handeln, Frankfurt/M. 1986, S. 327-405.
Ders., Erläuterungen zur Diskursethik, Frankfurt/M. 1991.
Ders., Faktizität und Geltung, Frankfurt/M. 1992.
Ders., Reconciliation through the Public Use of Reason: Remarks on John Rawls's Political Liberalism, in: The Journal of Philosophy, Bd. XCII, Nr. 3, 1995, S. 109-131.
Ders., Kants Idee des ewigen Friedens – aus dem historischen Abstand von zweihundert Jahren, in: Lutz-Bachmann, Matthias/Bohman, James (Hrsg.), Frieden durch Recht, Frankfurt/M. 1996; S. 7-24.
Ders., Richtigkeit vs. Wahrheit, in: Deutsche Zeitschrift für Philosophie, Bd. 46, Heft 2, 1998, S. 179-208.
Hare, R.M., Moralisches Denken, Frankfurt/M. 1981.
Ders., Die Sprache der Moral, Frankfurt/M. 1983.
Ders., Moral Reasoning about the Environment, in: Journal of Applied Philosophy, Bd. 4, Nr. 1, 1987, S. 3-14.
Hart, H.L.A., Der Positivismus und die Trennung von Recht und Moral, in: ders., Recht und Moral, Göttingen 1971, S. 14-57.

Harsanyi, John C., Morality and the theory of rational behaviour, in: Sen, Amartya/Williams, Bernard, Utilitarianism and beyond, Cambridge 1982.
Herman, Barbara, The Practice of Moral Judgment, Cambridge/Mass./ London 1993.
Hilpinen, Risto, Deontic Logic: Introductory And Systematic Readings, Dordrecht 1981.
Hinsch, Wilfried, Ungerechtfertigte Ungleichheiten, Berlin 2002.
Höffe, Otfried, Gerechtigkeit als Tausch? Ein ökonomisches Prinzip für die Ethik, in: Lenk, Hans/Maring, Matthias (Hrsg.), Wirtschaft und Ethik, Stuttgart 1992, S. 119-133.
Hörz, H.E./Wilke, U., u.a., Ethik, 2., durchges. Aufl., Berlin 1989.
Humboldt, Wilhelm von, Ueber die Verschiedenheiten des menschlichen Sprachbaues (1829), in: ders., Schriften zur Sprachphilosophie. Werke, hrsg. von Flitner, Andreas/Giel, Klaus, Bd. 3, Darmstadt 1979, S. 144-367.
Jäckel, Eberhard, Hitlers Weltanschauung, Stuttgart 1981.
Jennings, Bruce, Liberale Autonomie und bürgerliche Interdependenz: Politische Kontexte angewandter Ethik, in: Kettner, Matthias (Hrsg.), Angewandte Ethik als Politikum, Frankfurt/M. 2000, S. 51-75.
Kalinowski, Georges, Einführung in die Normenlogik, Frankfurt/M. 1972.
Kambartel, Friedrich, Wie ist praktische Philosophie konstruktiv möglich?, in: ders. (Hrsg.), Praktische Philosophie und konstruktive Wissenschaftstheorie, Frankfurt/M. 1974, S. 9-33.
Ders., Wahrheit und Vernunft. Zur Entwicklung ihrer praktischen Grundlagen, in: Hubig, Christoph (Hrsg.), Cognitio humana – Dynamik des Wissens und der Werte, Berlin 1998.
Kamp, Georg, Deontische Logiken und normative Sprachen, in: Hubig, Christoph/Poser, Hans (Hrsg.), Cognitio humana – Dynamik des Wissens und der Werte, Leipzig 1996, S. 1079-1106.
Kant, Immanuel, Kritik der praktischen Vernunft. Grundlegung zur Metaphysik der Sitten, Frankfurt/M. 1956.
Ders., Anthropologie in pragmatischer Hinsicht, Frankfurt/M. 1964.
Ders., Schriften zur Anthropologie, Geschichtsphilosophie, Politik und Pädagogik 1, Frankfurt/M. 1964.
Kellerwessel, Wulf, Normenbegründung in der analytischen Ethik, Würzburg 2003.

Kettner, Matthias, Ansatz zu einer Taxonomie performativer Selbstwidersprüche, in: Dorschel, Andreas/Kettner, Mattias/Kuhlmann, Wolfgang/Niquet, Marcel (Hrsg.), Transzendentalpragmatik, Frankfurt/M. 1993, S. 187-211.

Ders., Neue Perspektiven der Diskursethik, in: Grunwald, Armin/Saupe, Stephan (Hrsg.), Ethik in der Technikgestaltung, Berlin/Heidelberg 1999, S. 153-195.

Ders., Angewandte Ethik als Politikum, Frankfurt/M. 2000.

Keuth, Herbert, Wissenschaft und Werturteil, Tübingen 1989.

Ders., Erkenntnis oder Entscheidung, Tübingen 1993.

Ders., Wozu Aufklärung, in: Salamun, Kurt (Hrsg.), Geistige Tendenzen der Zeit, Frankfurt/M./Berlin 1996, S. 113-135.

Kliemt, Hartmut, Moralische Institutionen, Freiburg/München 1985.

Kuhlmann, Wolfgang, Reflexive Letztbegründung, Freiburg 1985.

Kuhn, Thomas S., Die Struktur wissenschaftlicher Revolutionen, Frankfurt/M. 1969.

Kutschera, Franz von, Drei Versuche einer rationalen Begründung der Ethik: Singer, Hare, Gewirth, in: Fehige, Christoph/Meggle, Georg, Zum moralischen Denken, Frankfurt/M. 1995, S. 54-76.

Larmore, Charles, Strukturen moralischer Komplexität, Weimar 1987.

Law, Iain, Rule-Consequentialism's Dilemma, in: Ethical Theory and Moral Practice, Bd. 2, 1999, S. 263-275.

Levinas, Emmanuel, Die Bedeutung und der Sinn (1964), in: ders., Humanismus des anderen Menschen, Hamburg 1989.

Luhmann, Niklas, Ethik als Reflexionstheorie der Moral, in: ders., Gesellschaftsstruktur und Semantik, Frankfurt/M. 1998, S. 358-447.

MacIntyre, Alasdair, After Virtue, London 1981.

Mackie, John Leslie, Ethik. Die Erfindung des moralisch Richtigen und Falschen, Stuttgart 1977.

McCarthy, Thomas, Ideale und Illusionen, Frankfurt/M. 1993.

McMahon, Christopher, Why There Is No Issue Between Habermas and Rawls, in: The Journal of Philosophy, Vol. XCIX, No. 3, 2002, S. 111-129.

Mill, John Stuart, Utilitarianism, Buffalo 1987.

Ders., Über die Freiheit, Leipzig/Weimar 1991.

Moody-Adams, Michele M., The Idea Of Moral Progress, in: Metaphilosophy, Bd. 30, Nr. 3, 1999, S. 168-185.

Müller, Olaf, John Stuart Mills Argument für den Utilitarismus, in: Meixner, Uwe/Newen, Albert (Hrsg.), Philosophiegeschichte und Logische Analyse. Schwerpunkt: Geschichte der Ethik, Paderborn 2003, S. 167-191.

Nida-Rümelin, Julian, Practical reason, collective rationality and contractarianism, in: Gauthier, David/Sugden, Robert, Rationality, Justice and the Social Contract, New York/London 1993, S. 53-74.

Ders., Theoretische und angewandte Ethik: Paradigmen, Begründungen, Bereiche, in: ders. (Hrsg.), Angewandte Ethik, Stuttgart 1996, S. 2-85.

Niquet, Marcel/Herrero, Francisco/Hanke, Michael (Hrsg.), Diskursethik, Würzburg 2001.

Nohl, Herman, Die sittlichen Grunderfahrungen, Frankfurt/M. 1949.

Oefsti, Audun, Abwandlungen, Würzburg 1994.

Oerter, Rolf/Montada, Leo, u.a., Entwicklungspsychologie, München/Weinheim 1987.

Ott, Konrad, Menschenkenntnis als Wissenschaft, Frankfurt/M. 1991.

Ders., Zum Verhältnis von Radikalem Konstruktivismus und Ethik, in: Rusch, Gebhard/Schmidt, Siegfried J. (Hrsg.), Konstruktivismus und Ethik, Frankfurt/M. 1995, S. 280-320.

Ders., Strukturprobleme angewandter Ethik und Möglichkeiten ihrer Lösung, in: ders., Vom Begründen zum Handeln, Tübingen 1996, S. 51-85.

Ders., Ipso Facto. Zur ethischen Begründung normativer Implikate wissenschaftlicher Praxis, Frankfurt/M. 1997.

Ders., Über den Theoriekern und einige intendierte Anwendungen der Diskursethik, in: Zeitschrift für Philosophische Forschung, Bd. 52, Heft 2, 1998, S. 268-291.

Ders., Das Tötungsproblem in der Tierethik der Gegenwart, in: Engels, Eve-Marie, Biologie und Ethik, Stuttgart 1999, S. 127-160.

Peters, Bernhard, Rationalität, Recht und Gesellschaft, Frankfurt/M. 1991.

Pfafferott, Gerhard, Ethik und Hermeneutik, Meisenheim 1981.

Pfordten, Dietmar von der, Eine Ökologische Ethik der Berücksichtigung anderer Lebewesen, in: Ott, Konrad/Gorke, Martin (Hrsg.), Spektrum der Umweltethik, Marburg 2000, S. 41-65.

Platon, Gorgias, in: ders., Sämtliche Werke, hrsg. von Otto, Walter/Grassi, Ernesto, Bd. 1, Hamburg 1959, S. 197-284.

Plessner, Helmuth, Die Stufen des Organischen und der Mensch, Berlin/New York 1975.

Pogge, Thomas (Hrsg.), Global Justice, Oxford.

Puntel, L. Bruno, Wahrheitstheorien in der neueren Philosophie, Darmstadt 1978.
Radzik, Linda, A Normative Regress Problem, in: American Philosophical Quarterly, Bd. 36, Nr. 1, 1999, S. 35-48.
Rawls, John, Reply to Habermas, in: The Journal of Philosophy, Bd. XCII, Nr. 3, 1995, S. 132-180.
Rehg, William, Discourse and the Moral Point of View, in: Inquiry, Bd. 34, 1991, S. 27-48.
Rickert, Heinrich, Über logische und ethische Geltung, in: Kant-Studien, Bd. XIX, Berlin 1914.
Riedinger, Monika, Das Wort »gut« in der angelsächsischen Metaethik, München 1984.
Ropohl, Günter, Ethik und Technikbewertung, Frankfurt/M. 1996.
Sandkühler, Hans Jörg/Vega, Rafael de la, Marxismus und Ethik, Frankfurt/M. 1974.
Schaber, Peter, Moralische Tatsachen, in: Fehige, Christoph/Meggle, Georg (Hrsg.), Zum moralischen Denken, Bd. 1, Frankfurt/M. 1995, S. 313-334.
Ders., Moralischer Realismus, Freiburg/München 1997.
Schischkin, A., Die Grundlagen der kommunistischen Moral, Berlin 1959.
Schmitt, Carl, Der Begriff des Politischen, Berlin 1996.
Schroth, Jörg, Die Universalisierbarkeit moralischer Urteile, Paderborn 2001.
Siep, Ludwig, Ethik und Anthropologie, in: Barkhaus, Annette/Mayer, Matthias/Roughley, Neil/Thürnau, Donatus (Hrsg.), Identität Leiblichkeit Normativität, Frankfurt/M. 1996, S. 274-298.
Simmel, Georg, Einleitung in die Moralwissenschaft, Frankfurt/M. 1989.
Singer, Peter, Praktische Ethik, Stuttgart 1994.
Stegmaier, Werner/Frank, Hartwig, Immanuel Kant: Kritik der praktischen Vernunft, Stuttgart 1997.
Stegmaier, Werner, Diplomatie der Zeichen. Orientierung im Dialog eigener und fremder Vernunft, in: Simon, Josef/Stegmaier, Werner (Hrsg.), Fremde Vernunft, Frankfurt/M. 1998.
Stegmüller, Wolfgang, Erklärung, Voraussage, wissenschaftliche Systematisierung und nichterklärende Information, in: ders., Aufsätze zur Wissenschaftstheorie, Darmstadt 1980, S. 57-78.
Steigleder, Klaus, Gewirth und die Begründung der normativen Ethik, in: Zeitschrift für philosophische Forschung, Bd. 51, Heft 2, 1997, S. 251-267.
Ders., Grundlegung der normativen Ethik, München 1999.

Ders., Kants Moralphilosophie, Stuttgart 2002.
Stekeler-Weithofer, Pirmin, Vernunft und Wirklichkeit. Zu Hegels Analyse reflektierender Urteile, in: Deutsche Zeitschrift für Philosophie, Bd. 44, Nr. 2, 1996, S. 187-208.
Stemmer, Peter, Moralischer Kontraktualismus, in: Zeitschrift für philosophische Forschung, Bd. 56, Heft 1, 2002, S. 1-21.
Svavarsdóttir, Sigrún, Moral Cognitivism and Motivation, in: The Philosophical Review, Bd. 108, Nr. 2, 1999, S. 161-219.
Tammelo, Ilmar, Theorie der Gerechtigkeit, Freiburg/München 1977.
Trapp, Rainer W., Die ideengeschichtliche und theoretische Entwicklung der Wertbasis des klassischen Utilitarismus, in: Gähde, Ulrich/Schrader, Wolfgang H. (Hrsg.), Der klassische Utilitarismus, Berlin 1992, S. 172-265.
Tugendhat, Ernst, Vorlesungen über Ethik, Frankfurt/M. 1993.
Unnerstall, Herwig, Rechte zukünftiger Generationen, Würzburg 1999.
Walzer, Michael, Kritik und Gemeinsinn, Berlin 1990.
Wedgwood, Ralph, The Price of Non-Reductive Moral Realism, in: Ethical Theory and Moral Practice, Nr. 2, 1999, S. 199-215.
Werner, Micha H., Dezisionismus, unveröff. Manuskipt, 1999.
Ders., Diskursethik als Maximenethik, Würzburg 2003.
Westra, Laura, An Environmental Proposal for Ethics, Boston 1994.
Dies., Living In Integrity. A Global Ethic to Restore a Fragmented Earth, Boston 1998.
Wimmer, Reiner, Dezisionistischer und naturalistischer Irrationalismus in der Ethik, in: Fehige, Christoph/Meggle, Georg (Hrsg.), Zum moralischen Denken, Bd 1, Frankfurt/M. 1995, S. 298-312.
Winch, Peter, Versuchen zu verstehen, Frankfurt/M. 1992.
Wittgenstein, Ludwig, Philosophische Untersuchungen, Frankfurt/M. 1982.
Wolf, Ursula, Das Tier in der Moral, Frankfurt/M. 1990.
Wright, Georg Henrik von, The Logic Of Preference, Edinburgh 1963.
Wyss, Dieter, Strukturen der Moral, Göttingen 1968.
Zoglauer, Thomas, Normenkonflikte. Zur Logik und Rationalität ethischen Argumentierens, Cottbus 1995.

Konrad Ott, geb. 1959, studierte Philosophie, Geschichte und Germanistik. 1989 Promotion in Frankfurt/M. Mehrere Jahre am Graduiertenkolleg des Zentrums für Ethik in den Wissenschaften der Universität Tübingen. Habilitation 1995. Seit 1997 Professor für Umweltethik an der Universität Greifswald. Forschungsschwerpunkte: Allgemeine und angewandte Ethik, Diskursethik, Umweltethik, Nachhaltigkeit, Geschichte des Naturschutzes, Technikfolgenabschätzung.